高中信息技术课程总结性评价

GAOZHONG XINXI JISHU KECHENG
ZONGJIEXING PINGJIA

朱彩兰　李艺／著

教育科学出版社
·北京·

序言

Preface

2003 年 9 月，教育部颁布《普通高中技术课程标准（实验）》，这一里程碑式的事件标志着高中信息技术课程进入了一个全新的发展阶段。自 2004 年 9 月至今，已有广东、山东、海南、宁夏、江苏、天津、福建、山西等多个省（直辖市或自治区）陆续成为新课程的实验区。经过广大信息技术教师以及其他致力于高中信息技术课程研究的人员的艰辛探索和不懈努力，新课程的理念与思想逐步向课程的各个领域渗透，这一年轻的课程正在不断走向成熟和完善。从评价尤其是总结性评价来看，虽然不乏积极的努力与尝试，也确实积累了不少优秀的试题设计案例，但总体情况不容乐观。多数试题在命题方面还存在着诸多问题，究其原因，一个重要方面在于缺乏正确的理论指导。为了使新课程理念和总结性评价实践更好地结合，一定程度上解决目前存在的问题，为一线教师在开展总结性评价时提供更多的借鉴和参考，我们组织撰写了本书。

如何设计试题（试卷）才能充分彰显新课程理念，并对信息技术课程的发展产生积极的引导作用是我们在构建本书内容的过程中始终在思考的一个问题，也是研究的目标与核心。经过广泛深入的国内外调研以及编写组成员的潜心研究，我们主要得出了以下结论，同时这也是本书的核心内容。

第一，相对于目前的国内机考而言，只要能够设计高质量的试题进行纸笔考试，其效果将比机考更好，从实施的角度分析，也较易实现，因此可为信息技术课程进入高考提供条件。

第二，所谓“高质量”的试题是指试题（试卷）设计充分体现过程性、人性化、面向三大目标的基本原则。

第三，“情感态度与价值观”在信息技术课程的总结性评价中不仅是可以实现的，而且也是必须实现的。

第四，就试题属性而言，仅用传统的“客观题”与“主观题”区分不够明确。因此，我们提出了“半客观题”与“微型主观题”的概念，用来更加准确地描述题目的属性。不同属性的题目可以用多种题型来表现。

全书由六部分构成，第一章从宏观层面对教育评价、总结性评价以及信息技术课程总结性评价的发展历程及现状等进行了系统地梳理。第二章全面分析了英国、美国及中国香港地区的信息技术课程总结性评价，并提炼出可为我国信息技术课程借鉴的部分。第三章从整体上介绍了试题设计过程中应坚持的基本原则，即过程性、人性化、面向三大目标。第四章和第五章则分别从客观题、半客观题、大型主观题、微型主观题的角度对每种评价方式的定义、特征、命题思路等作了详细阐释，并对各种评价方式的异同进行了辨析。第六章从评价的过程出发，结合具体案例阐述了组卷的规划与原则以及考试的具体实施过程。

为了更好地解释与表述我们倡导的思想和理念，并为教师及研究人员提供借鉴与参考，书中选取了相当数量的较为典型的试题设计案例。但由于缺少足够的实践检验与时间锤炼，试题难以达到尽善尽美，望读者予以谅解。

本书由南京师范大学朱彩兰、李艺主持撰写，具体撰写工作分工如下：第一章，解放军理工大学通信工程学院初晓婧；第二章第一节，南京团市委刘璇；第二章第二节和第三节，南京中华中学谢伟；第三章，朱彩兰；第四章，南京一中张钰、余晓珺；第五章，南京师范大学丁婧、沈阳师范大学教育技术学院冯友梅；第六章，南京梅园中学曹书成。本书仅代表作者对信息技术课程总结性评价的思考，由于能力有限，书中难免有不成熟甚至错误之处，敬请广大读者批评指正。

著　者

2010 年 6 月

目录

Contents

第五章 主观题的研究与分析

第一章 | Chapter 1

研究背景

第一节

教育评价的分类及功能

一、教育评价概述

（一）教育评价的发展历程简述

教育评价是整个教育系统中不可或缺的重要一环，正如加德纳（Howard Gardner）所言："过去和现在我都相信评估对于教育是最有力的手段。"①

我国是世界上最早进行正规的学校教育评价的国家，据《学记》记载，早在西周时代国家就设有定期的学业考查制度，当时教育评价的主要功能是对学习者业已取得的学业成果进行评定，即判断、辨别学习者在知识和能力方面是否达到了某种社会规定的水平和程度，这可以说是教育评价最基础、最原始的功能，也是人类形成的最早的关于教育评价的理念。后来，随着社会的发展和社会对人才需求的增加，教育评价的选拔功能日渐凸显，汉武帝在设立"太学"之初，就规定按考试成绩授予学生不同的官职。日后，隋炀帝推行的科举取士制度，更是将教育评价的选拔功能发挥得淋漓尽致。但是在其后的几百年中，我国关于教育评价的研究并没有什么突破性的新理念，直至近代由于历史、政治等原因，这方面的研究几乎进入了停滞的状态。

到20世纪中期，因社会发展的需求，国外关于教育评价的研究异军突起，教育评价作为一种专业活动受到政府、社会和学校的普遍重视。来自美国俄亥俄州大学的泰勒提出的著名的"泰勒模式"给教育评价的"选

---

① 肖远军. 教育评价原理及应用［M］. 杭州：浙江大学出版社，2004：40.

拔”理念带来了巨大的冲击，他提出了“调控”的思想，认为教育评价最主要的任务就是对现实的教学过程进行监控，看教学过程是否偏离教学目标，并通过反馈不断调整和改进教学过程，以确保既定的教学目标得以实现，而不是对学生进行仅凭成绩开展的“优胜劣汰”。后来，布卢姆在其著作《教育评价》中，又对这一思想进行了非常完整、全面地阐述。

在20世纪80年代中期，艾斯纳提出了“唤起个性化表现”的评价理念，该理念追求的是通过评价唤起评价对象的个性化表现，即强调在真实的教学情境中，通过让学生操作，或者完成真实性的任务来进行评价，这种评价理念不是对“调控”思想的否定，而是继续对其进行补充、深化和发展。这一理念无疑给沉闷了许久的教育评价研究注入了新的活力，它不仅体现出新的教育思想和理念的变革，还昭示了教育评价研究的未来发展方向。

在国外教育评价发展日趋成熟的同时，我国具有现代意义的教育评价的研究和实践于20世纪80年代重新起航，从最初的借鉴、改造国外的理论和经验，到初步形成规范，再到结合我国现实的创新发展，直至现在已经基本形成了具有中国特色的教育评价体系。

特别是近年来，随着新课程改革的全面推行、新课程标准的贯彻实施、新教育理念的深入理解，广大教育工作者积极探索、勇于尝试、大胆创新，在教学中取得了丰硕的成果，可是现行的教育评价体系却没有跟上教学发展的步伐，仍然存在强调甄别与选拔功能，忽视改进与激励功能；注重学习成绩，忽视学生的全面发展和个体差异；关注结果而忽视过程，评价方法单一等诸多问题，这些都是亟待解决的问题。

（二）教育评价的常见分类

划分教育评价的类型，可以更好地把握和运用评价的理论和方法，更好地为教育实践服务。根据不同的划分标准，可以把教育评价划分为不同的评价类型。

1. 根据评价运行的过程进行划分

可以分为安置性评价、形成性评价、诊断性评价与总结性评价。

（1）安置性评价。

安置性评价是指在特定教育教学活动开始之前，为了了解评价对象的基础、条件等背景资料，使教育方案更有效地实施而进行的预测性评价。

（2）形成性评价。

形成性评价是指在教育教学活动过程中对活动过程和效果进行的评价，其目的是为了了解目标达成的情况，以便及时调控教育教学活动，保证教育目标的实现。

（3）诊断性评价。

诊断性评价是指对学生长期存在的和周期性出现的学习困难进行诊断分析，探究其原因的评价活动。

（4）总结性评价。

总结性评价是指在课程（或单元）教学结束后用来确定教学目标完成程度的评价活动。主要用于给学生的表现打分，或证明学生对预期的学习目标的掌握情况。总结性评价中使用的方法是由教学目标决定的，通常包括教师编制的成就测验，对各种行为表现的评定（如实验、口头报告）以及对作品的评价（如作文、绘画、研究报告）。虽然总结性评价的主要目的是评分，或证明学生的成就，但它也为判断课程目标是否恰当、教学是否有效提供了信息依据。

2. 根据评价主体进行划分

可以分为自我评价与他人评价。

（1）自我评价。

自我评价亦称内部评价，是指评价对象（集体或个人）根据一定的标准，自己对自己的工作、学习、品德等方面的表现进行的评价。

（2）他人评价。

他人评价亦称外部评价，是指评价对象以外的组织或个人依据评价标准对评价对象进行的评价活动。

3. 根据评价的价值标准进行划分

可以分为相对评价、绝对评价和个体内差异评价。

（1）相对评价。

相对评价又称常模参照评价，是指在一个团体内，以自己所处地位与他人所处地位相比较的评价，其评价参照系设在所属团体之中。相对评价的目的在于明确个体在总体中的地位。

（2）绝对评价。

绝对评价又称目标参照评价，是指以评价对象实际达到的目标与既定目标相比较而作出评价结论的评价，它所关心的是评价对象是否达到了既定的教育目标及其达到程度。

（3）个体内差异评价。

个体内差异评价是指把评价对象中的各个元素的过去和现在相比较，或者一个元素的若干个侧面相互比较的评价活动。个体内差异评价充分照顾个体间或个体内某些方面的差异，不会对评价对象产生压力。

4. 根据评价的方法进行划分

可以分为质性评价和量化评价。

（1）质性评价。

质性评价是指在特定背景下，通过现场观察甚至亲自参与，或者是与有关人员进行深入交谈以及查阅有关书面材料等方式，对评价对象的属性在概念或程度上作质的规定，然后进行分析评定，以说明评价对象的性质和程度。

（2）量化评价。

量化评价是指对评价对象进行数量化的分析和计算，从而判断出它的价值的评价。

二、教育评价的功能

（一）导向功能

评价的导向功能是指评价可以引导评价对象趋向于理想的目标。合理的评价活动具有明确的评价目的、预设的评价标准以及严格的评价程序，就像一根“指挥棒”，对教育发展起着“定标导航”的作用。

在当前由“应试教育”向素质教育转轨的过程中，把“知识、考分、升学”的评价标准转向以“素质”为核心的“知识、能力、全面发展、个性完善”的评价标准，其导向功能尤其突出。

（二）鉴定功能

评价的鉴定功能是指通过评价活动认定评价对象是否合格。它使评价者能确切掌握评价对象的水平，便于确定和筛选；也可以使评价对象根据评价结论找到自身努力的方向。

早期的教育评价偏重于鉴定和筛选的功能，其目的是“选拔适合教育的儿童”，而现代教育评价强调反馈矫正功能，希望“创造适合儿童的教育”，但评价的鉴定功能仍然是不可缺少的。

（三）改进功能

评价的改进功能是指通过评价发现存在的问题，并及时提供反馈信息，促使评价对象不断完善与优化。

（四）反馈功能

评价的反馈功能是指评价者将有目的地系统采集的有关评价对象的信息及其意义，传递给评价对象，然后收集评价对象的返回信息，以此来实现评价信息的循环，借此不断修正评价对象或评价者的行为。

将评价的结果以科学的、恰当的、具有建设性的方式反馈给评价对象，促使其最大限度地接受，从而对自身建立更为客观、全面的认识，促进其进一步的发展，这也是评价的最大效益。

（五）展示、激励功能

评价的展示功能是指通过评价活动搜集的信息，为评价对象提供一个自我展示的机会和平台，让自己和他人了解被评者的成绩和努力。评价的激励功能是指正确应用教育评价，能够激发评价对象的内在动力，调动他们的潜能，增进他们工作的积极性与创造性等。一般来说，得到正评价（奖赏、肯定的评价）时，积极性比较高，得到负评价（惩罚、否定的评价）时，积极性会降低。因此，在教育评价和激励中，重视评价对象的这一心理反应，调动评价对象的内部动机，让其看到自己的进步和成绩，具有十分重要的意义。

（六）检查、监控功能

评价的检查功能是指评价者对评价对象的实际状况与评价标准或预定目标的符合程度的衡量与判断。

评价的监控功能是指通过依据预期目标制定的评价系统和评价标准，监控评价对象的变化情况，对于偏离目标的行为及时进行调整，实现对评价对象的控制。

第二节

总结性评价简述

一、总结性评价发展概述

总结性评价是从“评价运行的过程”这个维度对教育评价进行分类时所划分出的一种评价形式，它只是整个教育评价体系的冰山一角。之所以要把它提出来单独进行介绍不仅是因为它与本书主题有密切的联系，还因为从教育评价发展伊始到现在，有许多专家和教师曾对总结性评价提出了强烈的质疑和尖锐的批评。然而毋庸置疑的是，在教育评价发展初期，总结性评价是唯一的一种评价形式，虽然后来评价方式逐渐多样化，但是它一直占据着教育评价的主流地位，并且它确实对教育的整体发展、人才的培养和社会的进步起到了积极的作用，在教育评价领域有其不可替代性。

本章第一节中已经有所述及，教育评价起源于中国，我国第一部教育专著《学记》中对学生的考核评价是这样描述的：“比年入学，中年考校。一年视离经辨志，三年视敬业乐群，五年视博习亲师，七年视论学取友，谓之小成；九年知类通达，强立而不反，谓之大成。”① 由此可以知道，当时是学生入学后，隔一年进行一次考试，而且对考核评价的目标、时距以及规格要求等作了明确规定，通过这段话我们能够看到现代总结性评价的雏形，后来的科举考试可以说是总结性评价的进一步发展。西方国家最初

① 肖远军．教育评价原理及应用［M］．杭州：浙江大学出版社，2004：44.

引入的教育评价就借鉴了我国古代科举考试这种类似总结性评价的思想和形式。

后来由于多方面的原因，我国在教育评价领域的研究被迫中断，而西方国家关于教育评价的思考和实践却从未止步。在20世纪三四十年代，“教育评价之父”泰勒提出的“泰勒模式”在教育评价中起到的作用和产生的效果与我们现在探讨的总结性评价是极其相似的。1965年，斯塔弗宾在使用“泰勒模式”时发现，在学习环境不同、学生程度和需求有差异的情况下，单一的目标难以符合要求，于是他提出了“CIPP模式”，在这个模式中提出了背景评价、输入评价、过程评价和结果评价四种类型，其中“结果评价”从本质上来说就属于总结性评价。1967年，斯克里文（Michael Scriven）在《评价方法论》一文中正式提出了“形成性评价”与“总结性评价”这两个概念及其之间的区别，目的是为了形成适合教育对象的评价方式。至此，“总结性评价”的名称正式确定，同时它一统天下的格局被打破，并逐渐形成“安置性评价”“形成性评价”“总结性评价”三足鼎立的局面。

我国现代总结性评价研究复苏的一个标志性事件就是1977年恢复高考。时光荏苒，至今高考已经走过了三十多年，在这三十多年里，高考一直是大众普遍关注的话题，为了做到公正、合理、科学地评价和选拔学生，我国对高考改革的探讨和实践从未停止过，虽然国外已有的比较成熟的理论基础和实践经验可以直接为我所用，但是我们不能只满足于借鉴他国的成果，还要创造出具有中国特色的东西。实施素质教育和新课程改革以后，人们发现改革高考形式可以更加符合中国的实际国情，所以近年采用了“3+X”“3+2+X”等考试形式，个别地区还允许自主命题，兼顾了基础与拓展；在内容的设计上更加注重人的全面发展，比如题目的设计人性化、贴近学生的生活、注重对学生解决问题能力的考查等，体现了教育的真正意图。高考仅仅是总结性评价中一种比较典型且为大众所熟知的评价形式，但是从对高考的一系列改革中我们可以体会到总结性评价理念的转变和成熟，总结性评价不仅仅是简单的“选拔和甄别”，它还有其他更重要的目的和意义。

二、总结性评价的功能及特点

（一）总结性评价的功能

1. 对学生的鉴定甄别、选拔淘汰功能

通过考试区分和认定学生对教学目标所要求的内容的掌握程度，提供选拔优秀者、淘汰不合格者的依据。

这是总结性评价应用最广泛，同时也最受质疑的功能。通常学校以成绩论英雄，教师以分数辨人才，但这并不是总结性评价本身造成的问题，而是由于社会导向、大众的思维定式和其他许多方面的因素，导致大众对总结性评价产生了误解和怀疑，并把它推到了舆论的风口浪尖。

2. 对教学和学习的反思功能

通过比较总结性评价的结果和教学目标来对教学过程进行分析和反思，从而使教师发现前段教学中的遗漏或者失误，为以后在教学中弥补和改进欠缺提供参考；掌握学生目前的学习水平，在制订未来的教学计划时能做到有的放矢。而学生可以通过考试找到学习中的薄弱环节，明确未来的努力方向，及时调整学习计划。

总结性评价的这一功能与形成性评价极其相似。比如，一个学期的期中考试是对这半个学期的一个总结性评价，但是对这整个学期来说，它又是学期中的一次形成性评价。

3. 对教师教学能力评定的参照功能

在对教师教学质量进行评估时，可以将对学生进行总结性评价的结果作为评估的一个重要方面。因为对学生进行总结性评价的结果是在详细、统一的标准下得出的，是客观公正，而且具有一定权威性的。

（二）总结性评价的优点和不足

总结性评价的优点在于它简便易行，评价实施者熟悉这种评价形式并且积累了丰富的管理和实践经验；评价过程较为客观，有很强的说服力。

总结性评价的缺点是只具有事后检验的性质，对评价对象本身的改进和完善无能为力；只看最终结果，不问结果是如何形成的，容易出现评价

结果虚假现象；总结性评价的标准是预先设定的，如果目标制定得不妥当，会影响总结性评价的可靠性。

第三节 信息技术课程的总结性评价

一、信息技术课程总结性评价概述

信息技术课程，包括它的前身计算机课程，在成为课程之初并不受社会各界的重视，所以关于课程的总结性评价形式和内容的研究相对较少。随着信息技术的飞速发展及其在生活、学习等方面的广泛应用，加大对信息技术教育的改革力度和进程已成为必然，信息技术课程的地位也随之逐步上升，如何开展信息技术课程的总结性评价就成了一个无法回避的问题。一些国家和地区开设信息技术课程较早，在一轮又一轮的实践检验和调整改革之后，它们形成了一套自己的比较稳定的评价体系。我国信息技术课程的总结性评价在经历了最初的困惑和迷茫之后，也进入了一个崭新的发展阶段。

（一）海外发展现状

自 20 世纪 90 年代以来，国外中小学课程改革的一个共同趋势就是加强信息技术教育，虽然各国采用的课程名称不尽相同，课程的内容也各有千秋，但是都强调培养和提高学生的信息素养这一目标。尽管表述方式多样，其他国家和地区的课程目标与我国的知识与技能、过程与方法、情感态度与价值观三维一体的课程目标有异曲同工之妙。因此对这些国家和地区信息技术课程的总结性评价进行考查和分析，具有现实的借鉴意义。

本书第二章将以英国、美国及我国香港地区为例，介绍其信息技术课程总结性评价的实施情况，此处不再赘述。

（二）国内发展现状

回顾我国信息技术课程的发展，自“计算机课程”开始，至今只有短短三十年左右。这是一门年轻的课程，“计算机课程”更名为“信息技术课程”昭示着课程形式和内容更加多样化。2003 年颁布的《普通高中技术课程标准（实验）》更像一支催化剂，激起了全国信息技术工作者的热情。许多教师都希望在这个全新的舞台上能让信息技术课程的独特光芒闪耀出来。然而，时至今日，信息技术课程仍然没有摆脱在学校课程中作为可有可无的“配角”的尴尬处境。究其原因，主要是由于信息技术课程没有与高利害的考试挂钩，这样学校评估、教师评定、学生评价等方面都没有信息技术课程的“话语权”，使得学校的硬件软件的支持、信息技术教师的地位、学生的学习兴趣和动力等也都得不到保障，信息技术课程的发展便无从谈起了。从长远来看，要使信息技术课程拥有持久的生命力，一个关键的问题就是建立完善的评价体系。

在 20 世纪 80 年代计算机课程起步阶段，由于受到对课程的认识不同、师资缺乏和软硬件设施缺乏等因素的限制，课程的开设和评价方法都十分实际。当时课程的主要考试形式是笔试，重点是考查学生对计算机工作原理、简单 DOS 命令的理解与掌握以及程序设计知识等。随着计算机应用的逐步普及，特别是随着 Windows 和以 Office 系列办公软件为代表的计算机应用软件的广泛应用，计算机工具论的思想逐步占据主导地位。1986 年，第三次全国计算机教育工作会议后，受计算机工具论的影响，原国家教委于 1987 年颁发了《全国中小学计算机教育纲要》，此时的教学内容依然是以程序设计语言为主导，但恰当地降低了对程序设计技巧部分的要求，增加了计算机应用方面的内容，如文字处理、电子表格和数据库等。课程开设年级也逐步向初中过渡，课程名称也改为“计算机课程”。在 1997 年颁发的《中小学计算机课程指导纲要（修订稿）》中，把计算机课程分为可选的若干模块，开课年级也由高中到初中，一直到小学。这一时期的课程评价主要有两种形式：一是统考或会考；二是等级考试。其中一部分地区把信息技术课程纳入统考、毕业考试或会考中，还有一部分地区则进行等级考试。最初考试方式主要是笔试，重点考查学生对基本知识、基本概念以及部分应用软件的理解与掌握。后来在考试中又增加了上机考试，考试中除客观题外，还增加了对某些应用软件特别是 Office 系列办公软件的操作技能的考查。随着课程的不断推进和课程更名为“信息技术课程”，人们逐渐发现过分强调计算机工具论，会导致信息技术课程实际上成为一门以应用为目的的培训性课程，在该课程中学生会掌握一些软件的操作，但综合运用信息技术解决实际问题的能力并没有得到很大的提高。在信息素养论日益为大众所接受的情况下，为了促进信息技术课程的健康发展和逐步完善，笔者开始对信息技术课程总结性评价进行探究。

下面对海南、山东、广东、江苏等实验区在总结性评价方面的尝试进行简要地分析。

2006 年 6 月，根据之前海南省出台的相关考试政策，省里举行了实施新课程以来的第一次基础会考，信息技术和通用技术均被列入了必考科目(两门课合卷考试，考试时间为 90 分钟，满分为 100 分)。同时，根据海南省 2007 年高考方案的规定，高考采取“3 + 3 + 基础会考”的模式，基础会考按总成绩 10% 的比例折算记入考生的普通高校招生统一考试成绩中。这就是说，信息技术课程的成绩也被计入了高考总分，虽然满分只有微不足道的 5 分，但是这对信息技术课程来说，不能不算是一个巨大的突破。由于高考事关大局，海南省本着稳妥公平的原则，选择了易被社会认可和接纳的纸笔测试的方式来进行技术类课程的考试，这是一次大胆的尝试，同时对命题质量提出了更高的要求。

海南省的教研员在思考如何对信息技术考试命题时，借鉴了笔者的“信息技术课程总结性评价研究小组”之前撰写的《信息技术课程总结性评价研究报告》（以下简称《研究报告》）中提出的一些新的命题理念和方式。比如在试题设计上分成“客观题”“半客观题”和“微型主观题”三大类，并注意体现出过程性、人性化和面向三大目标这些基本原则和要求等。

山东省是开展信息技术课程总结性评价较早的省份之一，早在 2001 年，山东省就在高中会考中以上机考试的形式进行了信息技术课程的总结性评价。作为“第一个吃螃蟹的人”，山东省给全国的信息技术教育同行提供了不少宝贵的实践经验。2005 年 11 月，山东省教育厅发布了《普通高中学生学业水平考试工作管理暂行规定》，决定从 2004 级普通高中学生起实行学业水平考试制度来代替毕业会考。2006 年 6 月，山东省的考生迎来了第一次基于新课程的信息技术学业水平考试。通过分析比较，我们发现尽管山东省学业水平考试与高中信息技术会考一脉相承，而且也是采用上机考试的形式，但在指导思想、考试范围、考查目标、试卷结构和试题设计等方面有了较大的改进。比如在学业水平考试中既有必修内容又有选修内容；考查目标也实现了从“双基”到“三维”的“革命性”变化；试题设计开始注重过程化、情境化和人性化等。山东省所作的这些积极的尝试，虽然还处于实验阶段，但是对于改变信息技术会考即将沦为“鸡肋”的尴尬处境仍然具有珍贵的参考价值。

2007年6月，山东省高考中又出现了“新花样”，在“3+小综合”的基础上，首次增设了“基本能力测试”。“基本能力”试卷涵盖了高中新课程的技术、体育与健康、艺术、综合实践、人文与社会、科学6个学习领域的内容，旨在加强学生的全面素质教育，试卷共设有11道大题、54道小题，其中科学、技术类有5道小题。虽然技术类题目在试卷中的权重微乎其微，但是“星星之火，可以燎原”，这项新的考试政策对推动山东省信息技术课程更加充分地开展是一个巨大的动力。

2005年，广东省教育厅公布的《广东省普通高中信息技术等级考试方案（征求意见稿）》中提出，普通高中学生将要参加信息技术等级考试，考试在每年12月进行，考试成绩将记入学生档案。根据该考试方案，普通高中信息技术等级考试将按照课程标准要求划分为五个等级。其中一级的考试范围为必修模块“信息技术基础”加任一个选修模块；二级的考试范围在一级的基础上，增加考测与一级不重复的另外一个选修模块；以此类推，三级、四级、五级的考试范围分别在上一级的基础上，增加考测与上一级不重复的另外一个选修模块。考试的内容分为基础理论考试和操作考核，考试的形式为上机考试。从该考试方案中我们可以看到广东省的等级考试与山东省的学业水平考试有“异曲同工”之处。

江苏省颁布的2008年高考方案中指出，高考将采用“3+学业水平测试+综合素质评价”的模式，学业水平测试的科目中包括技术课程（信息技术和通用技术）。虽然考生最终投档是由语文、数学、外语三门课程的统考成绩决定的，但要求考生必须首先通过学业水平测试。与之前江苏省的综合考试略有不同的是，综合考试的成绩只是作为考生参加高考的依据，不计入高考总分，但是学业水平测试的最终等级将决定考生能否进入本科院校。具体方案是对第一次参加必修科目和选修科目测试，6 门科目成绩均达到 A 级且技术测试合格的考生，在划线前加 10 分计入统考成绩。必修科目测试均达到 C 级（技术科目测试合格视为 C 级）及其以上，选修科目测试均达到 B 级及其以上的考生，才有资格填报普通类本科专业志愿。

浙江、宁夏等省区也都针对信息技术课程的总结性评价作了一些思考和尝试，这些尝试不仅局限于会考和高考这些高利害的考试，而且在期末考试、等级考试方面也都作了一些探索。

从以上分析来看，信息技术课程的总结性评价尽管在试题设计上还不够成熟，考试的形式也有待探讨和改进，但作为一门新课程成长所要经历的必然阶段，目前这种百花齐放、百家争鸣的状态，是有益于课程发展的。

二、信息技术课程总结性评价的特点

信息技术课程总结性评价的特点与信息技术课程的特点息息相关，所以需要首先明晰信息技术课程的特点，在此基础上，继续分析总结性评价应该具备的特征与属性。

（一）信息技术课程本身的特点

1. 从技术课程到素养培养课程的全面转变

计算机技术的成熟及人机交互界面的友好，逐渐拉近了其与大众之间的距离，网络的普及使社会的信息化程度越来越高。当“信息化”成了这个时代的代名词的时候，信息技术教育就成为社会对劳动者基本素质培养的要求。所以计算机课程顺应时代的要求以“信息技术课程”这个崭新的面目呈现在大家面前，这不仅仅是课程名称的改变，课程的理念和知识体系也都与以前截然不同。信息技术新课程的目的是培养学生的信息素养，课程内容兼顾技术与人文——“技术是形，人文是神”，即信息技术教育的最终意义在于使学生具备在信息社会中自由驾驭信息文化的基本能力，所以一般性的技术部分的训练只是其基础内容，更重要的是帮助学生发掘独特的个性特点，形成适合自己的信息交流方式，并且将信息技术的使用内化为个人的自然意识，最终在不断的信息实践活动中提升自己的信息素养。

2. 技术部分内容的重新定位

新课程强调知识与技能、过程与方法、情感态度与价值观三维一体，这不是对知识与技能的简单反对。信息技术课程毕竟是一门技术类课程，技术部分的内容是它生存的依托，但是我们需要从一个更宽阔、更全面的角度对课程中技术部分的内容重新进行定位，即以基础知识和基本技能为本，将技术的方法与思想融入过程之中，将技术的理念和价值包含其中。比如，从技术的视野看，首先需要学生掌握的是动手的技术，然后是如何做的技术，即设计的技术和规划的技术；既要理解为什么这么做，即技术思想是什么，还要了解技术的价值，即为什么要有技术，技术之于社会、生活的意义如何等，这才应该是在新的信息技术课程中重新阐释的内涵丰富的完整的技术。①

因此，技术部分课程的内容不追求技术深度的无限“拔高”，或者技术广度的面面俱到，而是要结合学生的身心发展特点和兴趣，选取源于生活以及工作实际需求的、能够体现某些技术思想支撑的具有代表性的内容，使学生在学习这些基本知识之后可以举一反三、触类旁通，同时适当关注信息技术的前沿动态，激发学生的探究热情，这才是信息技术教育的真正意义。

3. 信息素养培养的准确认识

大众对信息素养的认识虽然一直是“仁者见仁，智者见智”，但是对其本质的理解基本是相同的。从信息技术课程的角度来看，《普通高中技术课程标准（实验）》中将信息素养概括地描述为：“对信息的获取、加工、管理、表达与交流的能力；对信息及信息活动的过程、方法、结果进行评价的能力；发表观点、交流思想、开展合作与解决学习和生活中实际问题的能力；遵守相关的伦理道德与法律法规，形成与信息社会相适应的价值观和责任感。”②

---

① 牟艳娜，刘向永．高中信息技术新课程改革的省思与展望——与课程标准制定者的对话[J]．中小学信息技术教育，2005（6）：5－8．

② 中华人民共和国教育部．普通高中技术课程标准（实验）[M]．北京：人民教育出版社，2003：12.

根据该课程标准的阐述，提升学生信息素养可以从“知识与技能、过程与方法、情感态度与价值观”这三大维度全面展开，我们在“知识与技能”方面已经有了新的定位，在此不再赘述；在“过程与方法”方面，要着重体现通过体验、感悟并掌握利用信息解决问题的过程和方法，并且强调将信息技术的有关知识与技能应用于实际生活和学习，反过来可以促进信息技术知识与技能的学习；“情感态度与价值观”是过去我们常常提及但却总是被遗忘的方面，而从个人内在素养的角度考虑信息技术课程时，信息技术的文化价值、信息技术与社会发展、信息社会中的伦理道德与法律法规等内容绝对不容忽视，并且要通过恰当的方法将其融合在学习过程中，使学生充分理解、内化。①

信息素养的培养不是“空中楼阁”，人文素养的培养不能靠纸上谈兵的简单说教，而要建立在实在的技术应用能力之上才稳固，同样技术应用能力的提高也离不开良好人文素养的指导，只有在正确的情感态度与价值观的引导下，技术才能真正为人、为社会所用。

许多教师认为只有过程性评价才是全面考查学生信息素养的最佳方法，其实不然，信息技术课程的总结性评价不仅不可替代，而且还承担了非常重要的责任。

首先，信息技术课程的总结性评价仍然要体现它的客观公正和易于量化的优势；其次，作为总结性评价需要实现的甄别、选拔和反馈、参照等功能，在信息技术课程中也不能“缩水”；最后，为了更贴近信息素养的内在要求，我们对信息技术课程的总结性评价还提出了以下几个命题的原则。

（1）过程性原则。

评价的过程性原则指学生在解题时必须基于已有的经验，在大脑中虚拟“操作”信息技术工具去经历解决问题的步骤与环节。

（2）人性化原则。

评价的人性化原则主要包括语言亲切、指向明确；试题设计思路人性化；超越具体教材、工具；判分宽松和超量出题等原则，后面的章节中将

① 李艺，董玉琦．普通高中技术课程标准（实验）解读［M］．武汉：湖北教育出版社，2004：6.

会详细地阐述。

（二）信息技术课程总结性评价命题与考试

信息技术课程的鲜明特色是“技术是形，人文是神”，笔者针对课程的特点提出了该课程的总结性评价的命题原则，那么究竟该以何种形式考试，试题的类型要如何划分呢？本书将针对这些问题进一步展开。

1. 机考与笔试的比较

信息技术课程的总结性评价主要有机考和笔试两种方式，从目前国内外的调研情况来看，这两种形式的使用率大致相同。

信息技术课程作为一门技术课程，采用机考的形式进行考查有它天然的优势。比如，考试环境生动、具体，有助于学生知识的迁移；对工具操作的考查直观明了，体现了过程性原则；考试结果客观统一，机器判分准确公正等。当然，机考也存在一些显而易见的缺点。比如，有的考试系统不够人性化；硬件标准及考试环境要求较高；受偶然性因素影响较大，如突然断电或机器死机等，都可能给考生造成巨大影响。

笔试的优势在于，考试形式为考生所熟悉，不会增加额外的紧张情绪；考试受客观环境偶然性因素影响较小且对硬件条件要求较低，比较适合会考、高考等大规模、高利害的考试。

当然，采用笔试的形式如何进行技术部分和情感态度与价值观的考查，一直是让人心存疑虑的问题，笔者前期所做的研究以及本书中呈现的研究成果便是旨在解决这些问题。通过已有的调查研究和部分实验区的实践情况来看，只要试题设计合理，采用笔试也可以很好地完成信息素养的全面考查。

2. 试题类型的划分

不管是笔试还是机考，都可以将试题分为客观题与主观题两大类，其实主观题和客观题并非截然对立的两个极端，两者之间在多个维度上存在着渐变的过程。在认真思考并经过几个实验区的实践尝试后，笔者根据信息技术学科的特点，从客观——主观的维度上，将试题类型分为客观题、半客观题、微型主观题、大型主观题四类，后面的章节中会专门介绍这四类题型，并结合实例进行分析。

（三）信息技术课程总结性评价的发展方向

随着信息技术课程的逐渐成熟，该课程总结性评价所承担的使命和责任也越来越清晰，它既要完成人才选拔的使命还要承担实现信息素养全面考查的责任。

目前信息技术课程总结性评价中比较突出的问题是，优秀的试题匮乏，教师生硬照搬国外试题或者相互抄袭模仿现象严重；试题情境设置牵强，题目要求表述不够清晰；情感态度与价值观的考查在试题中尚需加强等，这都需要在以后的长期实践中积累经验，不断完善和解决。

笔者希望本书可以对信息技术课程总结性评价的研究起到“抛砖引玉”的作用，也期待着优秀的试题和新颖的想法越来越多。

第二章 | Chapter 2

英国、美国、中国香港地区信息与通信技术素养评估的研究与分析

第一节

英国 GCSE 试题研究

英国是世界上最早把信息技术课程列为国家课程的国家之一，1988 年通过的《教育改革法案》中制定了全国统一的国家课程，并将 IT（Information Technology，信息技术）课程列入了全国统一必修课程中。2000 年 9 月在国家课程修订过程中，将 IT 课程进一步改名为 ICT（Information and Communication Technology，信息与通信技术）课程，旨在强调包括因特网在内的现代信息技术在发展学生的个人能力、通信交流能力和参与社会的竞争力方面的综合作用。

一、英国信息与通信技术国家课程评价标准

（一）英国信息与通信技术的四个关键阶段

英国将中小学生按年龄分为四个关键阶段，在国家课程标准中，每个科目都有针对各个关键阶段设计的教学内容、教学目标以及希望学生学习后达到的等级水平。英国信息与通信技术国家课程标准将学习目标细分为难度逐渐增大的八个等级水平，每个等级水平都描述了达到该水平的学生应具有的显著特征①。

每个关键阶段结束时学生都要参加一次全国统考，前三个关键阶段的统考分别称为第一、第二和第三关键阶段的“标准水平测试”② 以等级水

---

① Information and Communication Technology. http://www.nc.uk.net/download/cICT.pdf, 2008-09-01.

② 徐剑梅. 英国：择校明码标价. http://news.sina.com.cn/w/2003-08-25/13501612830.html, 2008-09-01.

平作为评价学生的信息与通信技术能力及其表现的依据（见表2－1）；第四个关键阶段则以GCSE（General Certificate of Secondary Education，即普通中等教育证书考试）作为评估学生信息与通信技术学习成果的手段。

表2－1 英国信息与通信技术四个关键阶段及对应等级水平

	多数学生的等级水平范围	关键阶段末预期的学生等级水平
第一关键阶段（5～7岁）	等级A～等级C	7岁时，达到等级B
第二关键阶段（7～11岁）	等级B～等级E	11岁时，达到等级D
第三关键阶段（11～14岁）	等级C～等级G	14岁时，达到等级E/F
第四关键阶段（14～16岁）	等级H	16岁时，达到等级H

（二）GCSE信息与通信技术评估目标（GCSE ICT Assessment Objects）

英国的GCSE信息与通信技术评估包含以下五大评估目标。

AO1：通过ICT的学习，适当运用所学知识、技能和理解能力处理某些事件。

AO2：分析、设计、完成、测试、评估、证明人们使用的信息通信系统，加深对于广泛应用ICT的影响的理解。

AO3：理性地分析自身和他人使用ICT的过程和方法。

AO4：讨论、评论广泛应用ICT的影响。

AO5：在不断使用ICT的过程中，考虑信息的社会、经济、政治、法律、民族、道德的影响及其安全性。

（三）六大关键技能

英国国家课程中明确了学生通过课程学习必须掌握六大关键技能，这六大关键技能分别是：交流技能、数字运用技能、信息技术技能、协作技能、自我提高技能、解决问题技能。

（四）ICT教学计划

教学计划主要包括两个方面：知识、技能与理解方面和学习途径方面。其中，知识、技能与理解主要包括四个方面：发现知识；发展思维；交流和共享信息；回顾、修改和评价工作。这些方面都是通过学习途径实现的。

二、英国信息与通信技术课程 GCSE ICT 的特点

目前，英国的主流教育考试评定机构有三家：评估资格联盟考试中心（AQA，Assessment and Qualification Alliance），牛津、剑桥和 RSA 考试委员会（OCR，Oxford Cambridge and RSA Examinations）和英国国家学历及职业资格考试委员会（Edexcel，Educational Excellence）。它们负责为英国全国统一考试（包括 GCSE）提供试题，并进行评卷及反馈考试结果。这三家教育考试评定机构都根据国家课程标准以及规定的考核内容命题，政府设有专门机构负责测评各委员会提供的试题，以确保相关试题处于同一检测水平。学校方面可以选择其中任何一家的试题使用，但同一次考试的所有科目的试题必须来自同一个考试评定机构。①

（一）提供不同层次的试卷，评价机制灵活

1. 不同学制的学生可以选择不同的试卷

英国中学的学制有短期和完整两种，短期课程（Short Course）和完整课程（Full Course）的考试内容也不尽相同。学生经过短期课程学习可以参加考试，短期课程的考生参加 Unit 1、Unit 2 的考试，即笔试试卷 1 和课程作业，笔试占 40%，课程作业占 60%，在参加笔试时可以选择基础卷或高级卷。完整课程的考生参加 Unit 1、Unit 2、Unit 3、Unit 4 的考试，即笔试试卷 1、课程作业（Coursework）、课程作业补充任务（Coursework Extension Task）和笔试试卷 2，这四部分各占 20%、30%、30%、20%，在参加笔试时可以选择基础卷或高级卷。详细说明如表 2－2 所示。需要说明的是，英国三家考核机构的课程以及课程单元的权重是相同的，只不过课程代码不同，表 2－2 中的课程代码是 OCR GCSE ICT 的课程代码。

---

① 廖平胜．中外考试制度比较研究［M］．武汉：华中师范大学出版社，2002：46.

表 2－2　英国 OCR GCSE ICT 考试内容及权重

<table>
<tr><th>单元</th><th>课程代码</th><th>选项代码</th><th>标　题</th><th>考试时间</th><th>权　重</th></tr>
<tr><td rowspan="2">1</td><td rowspan="2">2377</td><td>F</td><td>ICT B 试卷 1 基础</td><td>1 小时</td><td>40%（短期课程）
20%（完整课程）</td></tr>
<tr><td>H</td><td>ICT B 试卷 1 高级</td><td>1 小时</td><td>40%（短期课程）
20%（完整课程）</td></tr>
<tr><td>2</td><td>2378</td><td>—</td><td>ICT B 课程作业</td><td>接近
12 小时</td><td>60%（短期课程）
30%（完整课程）</td></tr>
<tr><td>3</td><td>2379</td><td>—</td><td>ICT B 课程作业补充任务</td><td>接近
12 小时</td><td>30%（完整课程）</td></tr>
<tr><td rowspan="2">4</td><td rowspan="2">2380</td><td>F</td><td>ICT B 试卷 2 基础</td><td>1 小时</td><td>20%（完整课程）</td></tr>
<tr><td>H</td><td>ICT B 试卷 2 高级</td><td>1.5 小时</td><td>20%（完整课程）</td></tr>
</table>

短期课程和完整课程的总结性评价试卷中各项评估目标的比例也有详细规定，如表 2－3 和表 2－4 所示。

表 2－3　短期课程评估目标权重

	AO1	AO2	AO3	AO4	AO5	Total
Unit 1	10%	10%	0%	10%	10%	40%
Unit 2	25%	25%	5%	5%	0%	60%
Overall	35%	35%	5%	15%	10%	100%

表 2－4　完整课程评估目标权重

	AO1	AO2	AO3	AO4	AO5	Total
Unit 1	5%	5%	0%	5%	5%	20%
Unit 4	0%	0%	5%	10%	5%	20%
Unit 2 &3	25%	25%	5%	5%	0%	60%
Overall	30%	30%	10%	20%	10%	100%

2. 不同水平的学生可以选择不同难度的试卷

GCSE 中信息与通信技术学科考试的总结性评价试卷同样由上述三个委员会提供。用于总结性评价的试卷分为基础水平（Foundation Tier）和高级水平（Higher Tier）两类，学生可根据自己的能力选择。不同类别试卷可能达到的级别范围不同，在设定的 7 个等级中，参加基础水平考试可获得 G 至 C 的等级，参加高级水平考试则可获得 D 至 A 的等级。

（二）注重课程作业的评价，评价模式开放

由表 2 -2 可知，学生总成绩的认定一般由课程作业和总结性评价两部分加权得到，其中课程作业占 60%，总结性评价占 40%。短期课程的学生只需完成课程作业，完整课程的学生需要完成课程作业和课程作业补充任务。通常学生完成 6 个作业，从中选出完成得较好的 4 个作业作为课程作业的最后得分。

课程作业注重考查学生在具体事务中使用 ICT 的能力。OCR 会出版考试指导和一些具体事务信息，提供给考生以供考生备考课程作业，如会给学生提供课程作业的研究材料，也就是完成课程作业的一些背景材料，让学生在具体的研究材料的基础上使用 ICT 按照要求完成设计。课程作业是在半控制状态下完成的，所谓半控制是指学生可以在家或者学校完成，完成课程作业的时间是 12 个小时，这个时间只是指累计使用计算机完成课程作业作品的时间，调查、研究的时间不包括在内。

课程作业补充任务难度较大，它要求学生累计 12 个小时深入地研究 ICT 在某一领域的应用。考生可以使用 ICT 工具研究或完善书店售书、站点、职员值班表、资金流动、中央管理系统、账务、行程安排、自动照明或更广泛领域的系统，在完成作业的过程中补充考查学生的 ICT 应用能力。在对这个作业的评分过程中非常注重考查学生的创新能力。

（三）面向三大维度，评价维度全面

英国的信息与通信技术课程的主要目标是培养学生有效地分析、处理与呈现信息和模拟、检测与控制事件的能力，包括以下三个维度：使用信息资源和 ICT 工具解决问题，使用信息资源和 ICT 工具支持各种背景下的学习，理解 ICT 对工作、生活和社会的影响。这与我国普通高中课程标准中对“信息素养”的理解有异曲同工之处。

通常我们认为，信息技术课程过程性评价比较容易实现关于“情感态度与价值观”维度的评价，而“情感态度与价值观”的评价在总结性评价

中是较难实现的，至少在具体操作上有非常大的难度。因此，2003 年笔者和海南省教育厅合作进行的海南省信息技术课程会考实验中，重新设定了三个层面的评价目标：掌握信息技术的基础知识，掌握操作和使用信息技术工具的能力，具有应用信息技术解决实际问题的能力，并且把情感态度与价值观维度的评价目标蕴涵其中。

英国信息与通信技术课程 GCSE 试题同样力图达到对课程目标三个维度的全面考查，如果将此三维目标构成一个三维坐标体系，那么 GCSE 中的每一题大都可以映射为三维目标空间中的一点。以 AQA 的试卷为例，每份试卷只有八道题目，但每题均包含了对多维目标的考核，如例 2－1 中的 a、b、c、e 分项问题可以映射到有关数据的知识与技能领域，d、f 分项问题可以映射到有关数据表的过程与方法领域。例 2－2 中的分项问题都是为考查学生的情感态度与价值观而设置的，虽然在信度与效度的达成上较其他题目有更高的难度，但这种直接出题考查学生情感态度与价值观的尝试是非常值得尊重的，所取得的经验也是可以借鉴的。

例 2－1：一家亚洲餐馆使用电子数据表记录销售情况，表 2－5 是数据表的一部分。①

表 2－5

	A	B	C	D
1	Meal	Price	Quantity Sold	Takings
2	Meat Bhuna	£ 4. 50	2	£ 9. 00
3	Chicken Tandoori	£ 5. 00	5	£ 25. 00
4	Lamb Balti	£ 6. 50	3	£ 19. 50
5	Vegetable Curry	£ 3. 25	4	£ 13. 00
6				
7			Total Takings =	£ 66. 50

a. (i) 写出该数据表的行数________。

(ii) 写出该数据表的列数________。

① AQA GCSE ICT 2003 [EB/OL]. http://www.aqa.org.uk/qual/gcse/qp－ms/AQA－3522F－W－QP－Jun03.pdf，2007－12－30.

b. (i) 该数据表的单元格中包含着不同的信息类型。如单元格 A3 中包含的是文本信息。

使用“公式”“模块”“菜单”“数字”“日期”填空。

单元格 C4 中包含的是________；单元格 D3 中包含的是________。

(ii) 在表 2－6 中勾选出单元格 B2 的格式。

表 2－6

	勾　选
货　币	
数　字	
常　规	
百分比	
时　间	

表 2－7

	勾选两项
= AVERAGE（D2：D5）	
= D2 + D3 + D4 + D5	
= D1 + D2 + D3 + D4	
= SUM（B2：B5）	
= SUM（D2：D5）	

c. (i) 写出单元格 D4 中的公式________________。

(ii) 在表 2－7 中勾选出可能是单元格 D7 中的公式的两项。

d. Vegetable Curry 的价格涨到了£ 4.00。

(i) 写出必须被编辑的单元格________。

(ii) 上面的单元格被编辑之后，哪两个单元格的值会自动变化？

________________和________________

e. 利用数据表可以生成不同种类的图表。从下面列出的图表类型中，为图 2－1 至图 2－3 所示的图表选择合适的名称：饼图、条形图或直方图、折线图、雷达图、圆环图。

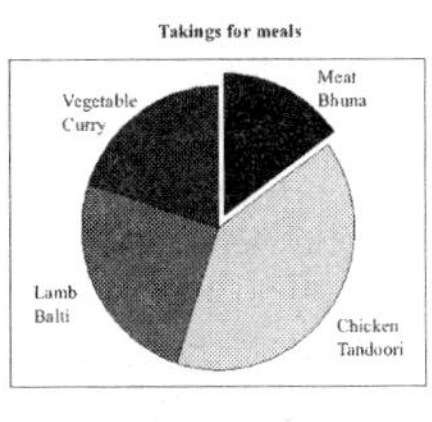

图 2－1

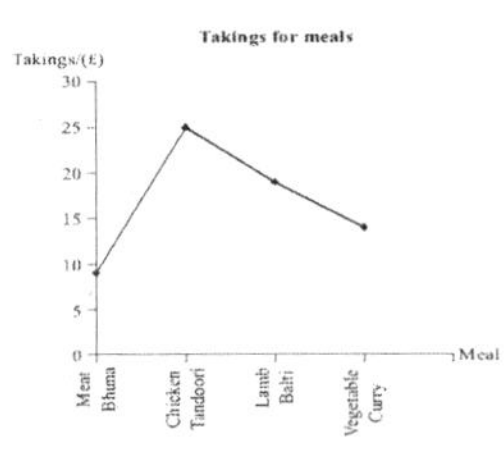

图 2－2

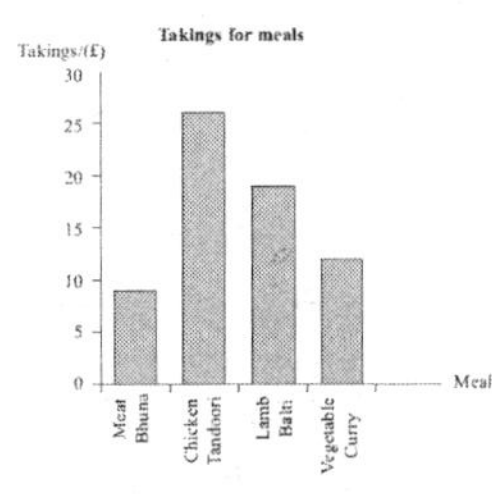

图 2－3

图表类型________　　图表类型________　　图表类型________

f. 用哪种类型的图表说明销售情况比较合理？请说明原因。

例 2-2：网络银行可以为客户提供通过网络访问的账户；在主要的街道上可能没有网络银行的分支机构；客户可以通过自动柜员机取款。①

a.（i）写出客户使用网络银行的两项有利之处。

（ii）写出客户使用网络银行的两项不利之处。

b. 客户可以通过网络从网上商场在线购买书和CD，购买之后，书和CD就会被邮寄给客户。

（i）写出客户在线购物的三项有利之处。

（ii）写出客户在线购物的两项不利之处。

c. 网络银行及网上商场会收集客户的个人信息，知道客户的住址及购买的物品，有时它们会将这些个人信息转给其他公司。

（i）写出对客户来说，网络银行、网上商场及其他公司知道客户的个人信息的两项有利之处。

（ii）写出对客户来说，网络银行、网上商场及其他公司知道客户的个人信息的两项不利之处。

d. 写出两项防止公司滥用客户个人信息的数据保护原则。

（四）关注学生的探究过程，评价理念人性

1. 提供考前研究资料，重在考查学生能力

英国信息与通信技术考试注重考查学生使用ICT解决具体问题的能力。考生最迟在考前4周内会拿到OCR出版的考前研究资料（Pre-released Material），考前研究资料中提供了总结性评价笔试试卷中涉及的具体事务及情境，并提供了一些具体的研究问题。

在2006年完整课程的总结性评价试卷的考前研究资料中提供了五张表格。表格1介绍了具体事务的内容，即沃兹沃斯健康中心要搬迁到一个新的地点，经理迫切希望使用ICT建立一个内部机构的无纸化系统。表格2提供了建立无纸化系统的背景资料：病人的会诊记录通常是手写的，而且这些记录是由各个医生掌握着，不便于管理；健康中心还有一些突出的问题，如有的记录资料很多、有的记录破旧不堪、有的记录很难辨认字迹、

① AQA GCSE ICT 2003［EB/OL］. http：//www. aqa. org. uk/qual/gcse/qp - ms/AQA - 3522F - W - QP - Jun03. pdf，2007 - 12 - 30.

有的记录包含了错误、有的记录放错了地方等；健康中心目前只有一个小网站，只能发布门诊开放时间等部分信息。表格 3 提供了健康中心各类人员的工作任务。表格 4 提供了健康中心的一些文件包含的信息。表格 5 列出了健康中心无纸化系统需要实现的功能：提高工作人员的工作效率、方便快捷地获取病人的病历、改善数据的精确性、能够调出每个医生的记录文件。另外，健康中心还需要建立一个功能更全面的网站，包括病人网上预约看病系统和网上开药方系统。同时研究资料中还列出了学生需要研究的问题：健康中心需要的软、硬件，适用的数据库系统，保证数据安全的方法，网站的设计和管理，相关立法以及使用 ICT 工具支付员工工资等问题。

考试时允许考生将考前研究资料带入考场，但资料上不能有教师的评语或者打分。试卷中不会出现与考前研究资料一模一样的具体问题，不过，考前研究资料会对学生理解和准确答题有所帮助。

学生使用自己已经掌握的信息技术知识和技能来研究考前研究资料中的具体事务背景及情境中的信息技术需求，这些考前研究资料不仅给学生提供复习知识的方法，而且使得学生在研究中提高了自身的信息技术能力，通过考试实现了促进学生的发展、考查学生利用信息技术解决问题能力的目标。这种做法比我国很多省市使用考前模拟题光盘和题库的方法要科学合理得多。

2. 试题情境化

通过调研可以看出，英国信息与通信技术课程 GCSE 试题基本是以信息技术在现实生活中的应用为依托的。通常是以某一应用情境为基点设置主题干，并由此发散开去，层层叠进，步步拓展，形成网状的覆盖结构，最终实现对相关知识领域的全面评价。例如：2－1 是以餐馆使用电子数据表记录销售情况为依托，评价点很自然地从数据表过渡到由数据表创建的图表；例 2－3 以网络摄像机的使用为依托，评价点从使用网络摄像机的优缺点拓展到网络安全。针对在信息技术课程总结性评价中通常采用的散点式覆盖方式，这种流畅的网点式出题方式为我们提供了另一种可供参考的思路。

例 2－3：网络摄像机是一种连接到网络的摄像机，任何联网的计算机都可以通过网络摄像机获取直播的视频。①

a. 从表 2 - 8 中选出三项使用网络摄像机能做的事。

表 2 - 8

	选出三项
楼下的父母可以看到在楼上卧室睡觉的婴儿	
英国民众可以观察首相的日常生活	
学习科学课程的学生可以观察恒星的特定镜头	
全世界的人都可以看到航天飞机起飞	
人们可以观看其他外星系生命形式的演变	
学生在地理课上可以看到地球另一面的火山	

b. (i) 写出两项使用网络摄像机的有利之处。

(ii) 写出两项使用网络摄像机的不利之处。

c. (i) 对联网的计算机来说，病毒是一种安全威胁。请描述病毒是如何被下载到本机的，并说明如何阻止病毒的下载。

d. 试描述出四种防止计算机硬件丢失和损坏的方法。

英国信息与通信技术总结性评价的试题力图表现出贴近生活、语言形象亲切、问题指向明确的风格。为了激活学生积累的学习经验，使其尽可能迁移到新的情境中，试题通常以形象生动的语言创设一个贴近学生的学习及生活的信息技术应用情境；同时，设置的问题指向明确，甚至呈现作答示例，最大程度地将问题规范化，避免歧义。如前面 3 个例题中的网络银行、网上购物、网络摄像机、餐馆销售管理等都是英国学生在生活中可能接触到的信息技术应用案例。

例 2 - 4：科鲁是一家安装及维护计算机控制的中央暖气系统的公司。用于控制的计算机可以打开或者关闭加热器。②

其中有一个分项问题是：该公司程序员 TONY 写了一段将室内温度保持在 19℃的控制程序，请在表 2 - 9 第 5 行中写一段指令以完成该程序。

---

①② AQA GCSE ICT 2003 [EB/OL]. http://www.aqa.org.uk/qual/gcse/qp - ms/AQA - 3522F - W - QP - Jun03.pdf, 2007 - 12 - 30.

表 2－9

第 1 行	温度 T = 19
第 2 行	重复第 3 行至第 5 行，直至程序被中断
第 3 行	输入温度
第 4 行	如果温度低于 19℃，打开加热器
第 5 行	

分析 2005 年 OCR ICT B 试卷我们还可以发现，基础水平的试卷共有 8 道大题，高级水平的试卷共有 7 道大题，但是整张试卷的情境设计始终围绕着一个主题，就是书店使用计算机通信系统售书。各大题的若干小题中围绕这个主题又提出一系列具体的问题，如高级水平的试卷的 7 道大题分别从书店生动地展示图片需要什么样的硬件设施、销售图书数据库系统可以使用什么软件、数据库的相关知识、销售系统安全措施、网上销售的利弊、网上购物的利弊和注意事项、销售系统打印顾客消费单据和积分的工作流程、网上销售数据库字段属性设置、画出网上售书流程图等方面考查学生。全卷题目阅读量小，共计 906 个单词；但试卷页数多，共计 12 页，留有较多的空白处供学生答题。而且，在考前 4 周学生已经拿到一份考前研究资料，考试时学生已经非常熟悉这些情境，所以基本上不存在阅读量太大的问题。

《海南省 2007 届普通高中信息技术科基础会考试题分析报告》中提出“实现试题的应用性、情境性、综合性和人性化等特点，无形中就增加了题干的文字描述字数，自然增加了学生答题的阅读量，全卷文字数量 3000 字左右，与以往命题要求的 1500 字/小时的阅读量相比，几乎超出了一倍”。如果我们借鉴英国 GCSE 考试出题的方法，在试卷中设置一个大的背景和情境，所有的问题都在这一个情境中产生，就可以在“试题的应用性、情境性、综合性、人性化”与“学生答卷的阅读量”之间达到一个平衡。

3. 工具模糊化

随着计算机技术的不断发展，大众化的信息技术工具也在不断地推陈出新。一方面用于实现同一功能的工具软件层出不穷，功能也各有千秋；另一方面，大众化的信息技术工具软件本身就具有界面相似、常用功能共通等特点。因此，英国信息与通信技术课程总结性评价的试题中，涉及大众化的信息技术工具软件的内容一部分采用了“超越具体软件”的思想，即强调对同类别工具的共性评价，注重考查学生举一反三的迁移能力。如在例2－3中要求学生填写将室内温度保持在19℃的指令，如果学生具备一定的编程经验并掌握了程序循环及控制的思想，那么参照第4行指令，就能写出符合标准的指令，这与学生平时使用的具体的编程语言无关。例2－5的设计也是采用这种思想完成的。

例2－5：作图软件 Floor Turtle 可以使用表2－10所示的指令。写出一组指令来绘制如图2－4所示的图形形状。①

表2－10

指　令	功　能
FORWARD n	前移 n 厘米
BACKWARD n	后移 n 厘米
LEFT t	左转 t 度
RIGHT t	右转 t 度
PEN UP	将笔从纸上拿开
PEN DOWN	将笔落于纸上

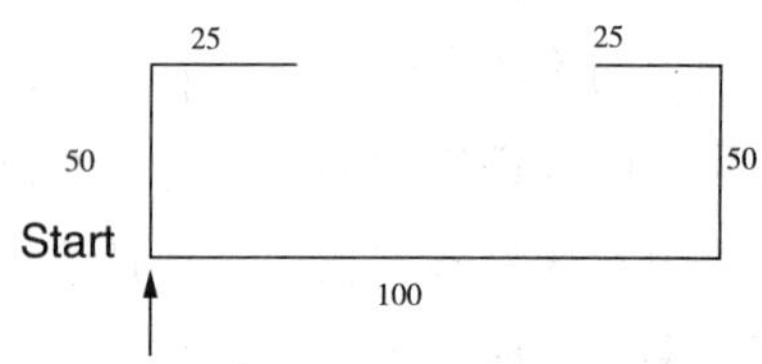

图2－4

4. 题型以主观题为主

英国 GCSE ICT 的人性化评价理念，也可以从试题的题型设计中看出来。试题中大部分题型是主观题，允许学生运用所学的知识灵活且有创造性地解决实际问题。以2005年 OCR ICT B（Higher Tier）试卷为例，该试卷共有7道大题，22道小题，共80分。其中，主观题有7道小题，共40分，占总分的50%。客观题中答案要求唯一的只有1题，共4分，占总分的5%。其余客观题的评分标准都列举了学生可以得分的答案，只要学生的答案符合其中一个就可以得分，即答案不唯一。这样的客观题有14道小题，共36分，占总分的45%。

① OCR GCSE ICT 2002［EB/OL］. http：//www.ocr.org.uk/OCR/WebSite/Data/Publication/Specimen%20Assessment%20Materials/cquartetOCRTempFilePNrYw44vV2.pdf，2007－12－30.

（五）关注学生个性，评价标准严谨

由于在评价内容上超越了教材、超越了具体工具，试题涉及的内容比较宽泛，所以英国的信息与通信技术课程总结性评价采取了非常人性化的判分原则，这在客观题与主观题上均有所体现。

第一，为客观题设置多种可选答案，容许学生有个性化的选择。如例2－1中分项问题f的判分依据：选择饼图和直方图均可，所有合理的解释均可，从饼图中比较容易看出总销售量中各道菜肴所占的比例；直方图易于表现销售情况不佳的菜肴。我国部分省区的信息技术会考中采用的机考系统一般交由软件公司开发，软件公司为降低开发难度及开发成本，加之有的管理部门监督不力，开发出的机考系统只认定预设的某一种操作方法，漠视了学生的个性化风格，束缚了学生的思维，妨碍了学生创造潜能的发挥。

第二，主观题的判分标准中，在列出尽可能多答案的同时，说明一切合理的回答均可得分。如例2－2中分项问题a（ii）的判分标准：学生答出的任何合理的不利之处均可，像如果由于某种原因，银行的网址不可用，导致客户不能访问自己的账户；与传统银行相比，网上银行提供的服务非常有限；客户不能通过与银行职员交谈获取建议；客户必须有一台联网的计算计等答案均可。

（六）强调区分能力，评价等级明确

GCSE是英国学生完成第一阶段中等教育需参加的主要会考，面向14至16岁的学生。国家标准包括总标准和学科标准，作为GCSE制定考试大纲和实施考试的依据。GCSE分学科考试，各科考试的结果分为G至A递增的7个等级。GCSE考试中取得5科C级或C级以上成绩的学生继续学习两年，就可以选择参加升读大学所需要的中学高级水平考试（A-Level）或是国家普通职业资格考试（GNVQ）。

表2－11和表2－12是2007年公布的各个等级的分数门槛。

表 2－11 短期课程等级分数门槛

短期课程	满分	A＊	A	B	C	D	E	F	G	U
（1095）	200	180	160	140	120	100	80	60	40	0

表 2－12 完整课程等级分数门槛

完整课程	满分	A＊	A	B	C	D	E	F	G	U
（1995）	400	360	320	280	240	200	160	120	80	0

（七）发布考试报告，评价促进发展

在考试结束后，英国 GCSE 会公布考试报告。OCR GCSE ICT 考试报告包括总体描述、课程作业、基础水平试卷、高级水平试卷和等级分数门槛五大部分。

1. 总体描述

总体描述部分主要从总体上描述应试者的考试情况。如 2007 年 OCR GCSE ICT 考试报告中这样描述："从学生卷面中未回答部分可以看出有一部分学生选择高级卷是不恰当的，但是总体来说，今年的成绩比前几年要稍好一些。"

2. 课程作业

由前面可知，短期课程的学生需完成课程作业（Unit 2378），课程作业占总成绩的 60%；完整课程的学生除了完成课程作业之外，还需完成课程作业补充任务（Unit 2379），两项作业各占总成绩的 30%。所以在考试报告中课程作业分 Unit 2378 和 Unit 2379 两个单元进行描述，主要包括概要、注释、计算错误、评分标准以及评估目标等方面。

该考试报告在概要中大致描述了课程作业的题目以及学生得分的总体情况，接着描述各个考试中心在上交作业、分数时出现的计算错误等问题，以及学生的课程作业在 4 个评估目标方面的考试情况。如在 Unit 2378 的评分标准中是这样阐述的："少数考试中心没有按照公布的评分细则中第 40 至 43 页经核准的评分标准来评分，这会影响该考试中心考生的分数。"

3. 基础水平试卷（Foundation Tier）

该部分考试报告先概述基础水平试卷部分的总体情况，然后按照试题顺序逐题说明考生的答题情况。

考试报告中的概述部分是这样阐述的：“这份试卷使考生充分展示了在 ICT 学科方面的能力，试题能够将不同能力的考生区分开来，考生成绩分布广泛，不过只有极少数的考生获得了高分。虽然考生都尽力答好每道题，但是仍有部分题目答得不理想，考生应该尽量答题而不要不去作答。

一些考生答题时使用如‘资料 u’‘事情’‘某些东西’等无效词汇，这种情况不能得分。考生应该注意使用正确的技术方面的术语。

“第 1、2、3（a）、3（b）、6、7、8（a）、8（b）题考生回答得普遍很好，但是第 4、5 题考生回答得不是很理想，没有得到较好的分数。”

在逐题说明考生答题情况部分，该考试报告很详细地阐述了考生答题的总体情况以及考生需要注意和改进的地方。例如，针对第 1 题，该考试报告指出：“虽然有一部分学生出乎意料地没有拿到满分，但是总体上考生的得分情况很好。常见错误包括混淆数据库和电子数据表、混淆数据库和数据软件的使用。也存在考生更改答案后无法看清楚最终答案，从而影响了得分的情况。”

4. 高级水平试卷（Higher Tier）

考试报告针对高级水平试卷的阐述结构与基础水平试卷的相似，也是分概述和对每道题的说明两部分。考试报告说明了学生大概的答题情况、在试卷中暴露的问题以及需要改进的方法，在此不再赘述。

5. 等级分数门槛（Grade Thresholds）

在此部分，考试报告列出了 4 张表格，分别是各个单元的等级分数门槛表格、短期课程等级分数门槛、完整课程等级分数门槛、短期课程和完整课程获得各个等级的学生比例。

三、启示

在调研英国信息与通信技术课程总结性评价的过程中，我们深切地感受到本书研究的现实意义。英国 GCSE ICT 评价机制灵活，不同学制的学生可以选择不同的试卷，学生也可以根据自身情况选择不同难度的试卷；评价模式开放，课程作业是在半控制状态下完成的，课程作业占整个课程评价分值的 60%；评价维度全面，既关注对学生信息技术技能的考查，也关注情感态度与价值观的考查；评价理念人性化，提供考前研究资料，试题设计情境化，工具模糊化，题型以主观题和不具有唯一答案的客观题为主，重在考查学生在具体的事务和情境中使用信息技术解决实际问题的能力；评价标准严谨，列出尽可能多的答案，关注学生的个性；评价等级明确，强调区分能力，根据学生得分可以获得从 A * 到 G 八个不同的等级；评价促进发展，通过发布考试报告，不仅教师可以根据考试报告找出教学中出现的问题，学生也可以根据考试报告发现自己学习中还需加强的方面，从而促进教育教学以及学生信息技术能力的发展。以上这些特点和做法对我国信息技术课程总结性评价有着重要的借鉴意义，“他山之石，可以攻玉”，期待着我国信息技术课程总结性评价能够借鉴他国经验，得到长足的发展。

第二节 美国 iSkills™ 评估方法研究与分析

一、ETS 及其 ICT 素养评估综述

ETS（美国教育考试服务中心）是目前世界上最大的非官方教育考试服务中心，成立于 1947 年，总部位于美国新泽西州的普林斯顿，它代替原来的美国教育委员会、卡耐基教学促进基金会和入学考试委员会来主持考试活动，它还是教育考试研究领域的领导者，每年管理着全球 1200 多万人次的考试，包括我们所熟悉的 TOEFL、GRE、GMAT 等。

在信息化的环境中，学生需要知道如何高效地搜集、运用、管理、评估和传递信息。因此，ETS 与一群大学协作开发了信息与通信技术素养评估（ICT Literacy Assessment）考试系统。该评估是特别为高等教育环境设计的，用于全面测试信息与通信技术能力（ICT Proficiency），考试结果可以用来帮助人们确定哪些学生具备了获得成功必需的信息与通信技术

能力。

2007 年 4 月 18 日，ETS 宣布将“信息与通信技术素养评估”更名为“iSkills™评估”，并推介了可为机构定制的新的成绩报告。iSkills™评估是基于模拟环境的上机测试，用来测量学生运用数字技术、通信工具和（或）网络，浏览、批判性地评估和交流信息的能力，被测者需要在 75 分钟内完成 15 个有关信息问题的任务，包括 14 个短任务（被设计成能在 4 分钟内完成的任务）和 1 个长任务（被设计成能在 15 分钟内完成的任务）。短任务用来测量单一的能力要素；长任务用来测量多种能力要素。例如，通过数据库来调研某个主题，鉴别权威和科学的网站，或是撰写一封邮件来总结研究成果等。

ETS 将信息与通信技术素养能力定义为：为了适应信息社会，能恰当地运用数字技术、通信工具和（或）网络来解决信息问题的能力。它包括将技术作为工具来研究、组织、评估和传递信息的能力，以及在访问和使用信息的过程中对涉及的有关伦理道德和法律方面的问题的基本理解。

二、iSkills™ 评估的结构与七种能力要素

（一）iSkills™评估的结构

iSkills™评估分为两种难度：核心学术评估（The Core Academic Assessment）和高级学术评估（Advanced Academic Assessment）。前者针对的是刚进入大学的学生，后者针对的是大学里高年级的学生，但无论哪种难度的评估都涵盖了七种能力要素。该评估通过基于情境的任务来测量当前高校学生所需要的所有 ICT 技能，它不仅评估学生对技术知识的掌握情况，还要考查学生运用批判性思维（Critical Thinking）技巧来解决技术环境下的问题的能力，以及应试者利用技术完成信息管理任务的能力，如从数据库中抽取信息、制作电子表格、或是在研究发现的基础上撰写 E-mail 等。一次评估要完成 14 个短任务和 1 个长任务。通过对 iSkills™评估报告（后面有详细介绍）的分析我们可以得知，这 15 个任务的评估目标平均分布在七种能力要素上。一般 1 个短任务评估 1 种能力要素，长任务则用来综合评估多种能力要素。下面就对评估中涉及的 7 种能力要素进行介绍。

（二）七种能力要素简介

iSkills™通过其开发的能力模型把信息与通信技术素养中不可或缺的七种能力要素展现出来。

1. 定义

使用 ICT 工具识别和适当地表达所需的信息的能力。

2. 获取

在数字环境下收集或是查找信息的能力。

3. 管理

根据已有的分类方案来组织信息的能力。

4. 整合

使用相似或是不同的表现方式来解释、总结、比较与对比来自于多个数字信息源的信息的能力。

5. 评估

对信息的质量、适当性、信度或效度作出判断的能力。

6. 创造

通过配合、应用、设计、发明或描绘信息来创造新的信息和知识的能力。

7. 传递

将信息和知识传送给不同的个人或群体的能力，包括根据特定的信宿调整信源，以及在适当的场合传递知识的能力。

三、评估形式与试题分析

评估采用互联网在线考试形式，各学校或培训机构可根据自己的需要在 ETS 付费订购考试。考试可以在任何时候进行，但 ETS 建议将考试安排在 ETS 提供技术支持的工作日内进行，以方便应试者随时能够获得技术支持，它的技术支持采用电话在线服务的方式。评估的开展需要依赖一定的软、硬件条件，包括 Windows 2000 或 Windows XP 操作系统；Pentium Ⅲ 700 MHz 或以上的处理器；200kbps 的网络连接速率；IE5. 5 以上版本的浏览器；高分辨率显示器（最好是 17 寸液晶显示器）和显卡（1024×768 像素，16 位真彩色）；滚轮鼠标；Flash Player 6.0 及以上版本的插件和专用的 ICT Secure 浏览器等。学生通过与 WEB 交互进行考试，考试时间共 75 分钟，试题（任务）通常是基于某一具体情境而设置的问题，考试系统根据每个任务的不同得分点自动计分，并提供成绩报告。

前面已经提到，iSkills™采用综合题的方式对七种能力要素进行评估，分为短任务和长任务两种形式，并设有核心学术评估和高级学术评估两个层次，现分别举例说明。

（一）核心学术评估的短任务

1. 测试“管理”能力要素样题

［任务基本要求］管理并清理计算机中的文件。

［具体任务分析］

（1）情境：你要将你的旧计算机送给你的弟弟使用，需要删除旧计算机中你个人的所有邮件，但要把与找工作有关的邮件保存起来，以便转移到你的新计算机中。请完成以下两个任务。

①阅读邮件（双击你想看的任意邮件）并将它们拖放至适当的文件夹中。

②删除你不需要的所有邮件。

（2）说明：应试者先打开“InBox”文件夹阅读所有邮件。然后将不需要的邮件拖放至“Trash”文件夹中，将需要的邮件通过菜单“Message”中的“Move to Folder”命令保存至“Save Folder”文件夹中。

2. 测试“获取”能力要素样题

［任务基本要求］根据客户的要求在专用数据库中寻找特定项目。

［具体任务分析］

（1）情境：你在一家名叫 Restoration Demolition 的旧物修复公司工作，该公司经营从旧建筑物上回收修复过的地板与窗户。一位客户在发给你的邮件中询问公司是否有由 Joseph Kester 设计的过时褪色但还完好可用的玻璃嵌板。该客户知道这种玻璃窗非常稀有，因此她愿意为此支付 500 美元。请完成以下两个任务。

①在公司用于管理订单货物的数据库中搜索需要的信息。

②用数据库中的复选框选择满足该客户需要的所有信息。

（2）说明：应试者先要在 Restoration Demolition 下拉列表中选择“Windows”，在“Search on”下拉列表中选择“Type of Glass”，在“Search terms”中输入关键词“Stained”后，在数据库中搜索出所有的褪色玻璃库存信息。在该信息的基础上，在“Search on”下拉列表中重新选择“Designer”，在“Search terms”中用关键词“Kester”再次搜索后，选中客户需要的信息。

3. 测试“传递”能力要素样题

［任务基本要求］模拟网页或数据库的搜索，在评估信息的基础上制作演示幻灯片。

［具体任务分析］

情境：你是一个学生小组的组长。这个小组正在研究一个课程项目，该课程项目要求撰写一份10~15页的报告。报告的主题是新闻媒体对个人隐私和名人事务的报道是否应该受到限制。小组需要完成以下任务。

（1）进行在线搜索以找到需要的信息资源。

（2）在搜索到的信息资源中选择最有用的信息资源，包括能说明这一问题观点的最近的一个实例；知名报纸上持相反观点的两篇社论；两篇对该主题进行深入剖析的优秀杂志文章。

（3）创建一个用来口述你的课程项目的5分钟的幻灯片。

（4）给你的导师发一封邮件，报告你的进展，并将幻灯片交给导师审查。

（二）高级学术评估的短任务

测试“整合”能力要素样题

［任务基本要求］a. 从3个不同类型的信息来源中归纳信息；b. 比较信息并得出结论。

［具体任务分析］

（1）情境：你在一家建筑设计公司的办公室上班，公司里的许多设计师都是左撇子。办公室经理给你发了一封E-mail，具体内容如下。

你能帮我找一个专为左撇子设计产品和礼物的好的信息来源吗？我的要求是：能提供有产品保证书的商品，并且提供在线的分类和订购服务，还要附上相应的折扣信息。

你收到了3封含有相关信息的邮件。现在，你需要将这些信息合并在一张简单的表格上，评定它们可能的价值后提供给办公室经理。

你需要做以下工作。

①阅读你的电子邮箱中的3封邮件（其中的一些含有链接以提供进一步的信息）。

②填写提供的表格，标明每一个信息来源是否具有经理感兴趣的内容。

③完成表格后，评定3个信息来源的等级，最高级别是1级，最低级别是3级。

（2）说明：应试者浏览E-mail、网页和广告信息，进行比较、总结和判断。具体过程如下。

a. 阅读电子邮箱中的3封邮件。

b. 打开第1封邮件中包含的链接，并浏览其指向的网页中的内容。

c. 阅读第2封邮件中的具体内容——关于“Left-Overs”商店的信息。

d. 阅读第3封邮件中包含的关于“Left Field”商店的广告。

e. 选择一种评价要素来确定3个信息源的价值，如是否有在线订购服务、是否有折扣信息等。

f. 从3个不同的商店选择能够满足办公室经理需要的信息内容。

g. 填完表格后，通过正确地评级来说明结论，即确定符合办公室经理要求并将向其推荐的商店。

（三）长任务样题

测试“获取”“评估”能力要素的长任务样题

［任务要求］根据主题搜索相关的资源。

［具体任务分析］

（1）情境：新闻媒体对个人隐私和名人事务的报道是否应该受到限制？你需要展开一次在线调查，从大众新闻中找到一个实例，用来说明不受限制的报道带来的问题。包括知名报纸上持相反观点的两篇社论，以及一篇对该问题进行深入剖析的优秀杂志文章。

比如你选择了这样一个实例：影星Penelope Bloom宣布因为档期原因

而退出电影 *Leopold's Journey* 的拍摄之后，接受了大量的媒体采访。她否认了其退出电影拍摄的真实原因是严重的健康问题的谣言，并宣布将对那些散布该谣言的行为采取法律行动。请完成以下任务。

①使用“Search-a-Rama”搜索引擎，从大众新闻中找到一个实例，用来说明不受限制的报道带来的问题。

②用网页浏览器中的“Bookmarks”工具保存你选择的页面，并单击“下一步”按钮。

③从你所在学校的在线数据库搜索引擎中，找到相关的可访问的专业数据库，用来获得持相反观点的两篇社论，以及一篇对该问题进行深入剖析的优秀杂志文章。

④通过单击“保存至参考列表”链接，保存你选择的文章。

（2）说明：应试者首先通过“Search－a－Rama”搜索引擎，使用关键词“Penelope Bloom”进行搜索，发现找不到贴近主题的链接后，使用双元关键词“Penelope Bloom AND Health”进行二次搜索，并在搜索结果中单击一个相关链接。然后将找到的页面通过浏览器的“Bookmarks”菜单中的“Add Bookmark”命令更名为“Rock Bottom”后保存。至此，完成了第一个任务。然后在数据库搜索引擎中搜索专业数据库，如“MasterData”。打开 MasterData 数据库进行一系列的参数设置，并进行搜索。根据搜索结果的命中率适当修改参数后重新进行搜索（如将“Format”选项中的“Brief”改为“Details”等），直至搜索到需要的结果后，用“Save to reference list”链接进行保存。

四、iSkills™ 评估成绩报告

ETS 面向教育机构和应试者提供完善的 iSkills™评估报告，ETS 提供的评估报告共有四类，下面对 ETS 提供的评估报告样例进行分析与介绍。

（一）总体任务成绩反馈报告（Aggregate Task Performance Feedback Reports）

1. 报告的性质与作用

该报告面向学校或教育机构，给出各学校或机构的学生在各能力要素

的各个知识点的考核中获得最高分的比例，并与标准样本组在各能力要素的各个知识点的最高分比例进行比较——用来呈现各能力要素和各个知识点的优分率并与标准样本比较。

2. 报告的内容与结构

报告共 4 页，由以下 4 个部分组成。

（1）标题部分：包括 ETS 的标志、报告面向的学校名称、学期以及版本信息等。

（2）说明部分：包括学生的自然信息（学期、考试日期、性别、科目、年级等），报告的作用、报告的注意事项及注释。

（3）详细内容：以表格的方式给出该学校参加本次评估的学生，在每一能力要素的各个知识点上获得的最高分的人数和比例，以及在标准样本中获得相应最高分的比例。

（4）评估内容（如图 2－5 所示）：给出本次评估的七种能力要素的详细内容，因为各能力要素的详细内容在每次的评估中是有变化的。

DEFINITIONS OF *iSKILLS* AREAS

DEFINE	**Understand and articulate the scope of an information problem in order to facilitate the electronic search for information:** • By distinguishing a clear, concise and topical research question from poorly framed questions, such as ones that are overly broad or do not otherwise fulfill the information need • By asking questions of a "professor" that help disambiguate a vague research assignment • By conducting effective preliminary information searches to help frame a research statement
ACCESS	**Collect and/or retrieve information in digital environments. Information sources might be web pages, databases, discussion groups, e-mail or online descriptions of print media. Tasks include:** • Generating and combining search terms (keywords) to satisfy the requirements of a particular research task • Efficiently browsing one or more resources to locate pertinent information • Deciding what types of resources might yield the most useful information for a particular need
EVALUATE	**Judge whether information satisfies an information problem by determining authority,**

图 2－5 评估内容

（二）面向学校的技能成绩报告（Institutional Skill Area Report）

1. 报告的性质与作用

该报告面向各个学校或教育机构，给出各学校或教育机构的学生在各能力要素知识点的考试平均分，并将各能力要素知识点的平均分与标准样本组在各能力要素知识点的平均分进行比较——用来呈现学生在各能力要素知识点上的学业水平情况并与标准样本比较。样本只取学生总人数的50%。

2. 报告的内容与结构

报告共2页，由以下4个部分组成。

（1）标题部分：与“总体任务成绩反馈报告”相似，包括ETS的标志、报告面向的学校名称、学期以及版本信息等。

（2）说明部分：与“总体任务成绩反馈报告”相似，包括学生的自然信息（学期、考试日期、性别、科目、年级等）、报告的作用、报告的注意事项及注释。

（3）详细内容：以图表的方式给出该学校参加本次评估的学生在各能力要素知识点的考试平均分，并与标准样本组的平均分进行比较。

（4）评估内容：给出本次评估的七种能力要素的详细内容，因为各能力要素知识点的详细内容在每次的评估中是有变化的。

（三）个人成绩报告（Individual Score Reports）

1. 报告的性质与作用

该报告面向每个学生个体，给出学生的个人总分和所有参加考试的学生的最低分与最高分，并给出该学生在全体考生中的成绩位置（比例）。同时，在成绩反馈中给出学生在考试中针对每一知识点的答题情况，以供学生参考。

2. 报告的内容与结构

报告共3页，由以下4个部分组成。

（1）标题部分：与前面两份报告相似，包括ETS的标志，学期以及版本信息等。

（2）说明部分（如图2－6所示）：包括该学生的自然信息（姓名、出生日期、考点、ETS的ID号、考试日期）、报告的作用。

This report provides your score on the assessment and feedback on your performance on specific tasks.

You can find more information about the assessment and the tasks on our website: http://www.ets.org/iskills.

Name: Tanisha Beck
Date of Birth: May 15, 1986
Test Location: 1234 Revford College
ETS ID #: 9999-9999
Date of Test: March 10, 2006

图2－6 说明部分

（3）学生成绩（如图 2－7 所示）：给出学生的分数与学业水平位置。用图形的方式给出学生的个人总分和所有参加考试的学生的最低分与最高分，并给出该学生在全体考生中的成绩位置（比例）。

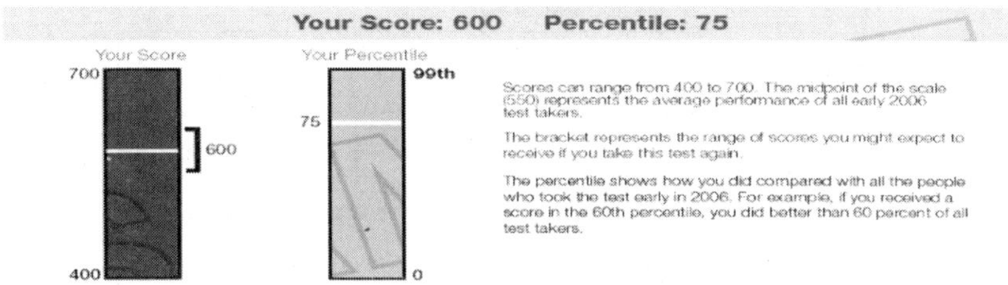

图 2－7　学生成绩

（4）详细内容（如图 2－8 所示）：以表格的形式给出评估各能力要素知识点的问题，以及该学生对此问题的答题情况。

Define: *Formulate a research statement to facilitate the search for information.*

What was I asked to do?	How did I do?
Answer three questions to clarify a research project. (Clarifying a Project: *DoRight Foundation*)	• You selected the best initial question to help focus the topic. • You chose a follow-up question that was reasonable, but not best. • You selected the best additional information to clarify the topic.
Choose a research topic according to specific criteria and explain your choice. (Finding a Topic: *Journalism Class*)	• You chose a research topic that did not fulfill one of the criteria given. • You correctly reported the criteria fulfilled by the topic you selected.

图 2－8　详细内容

（四）面向学校的数据文件（Institutional Data Files）

1. 报告的性质与作用

该报告面向学校提供一系列的原始数据文件（考试信息、学生自然信息、评估信息、学生学习背景信息和其他信息），各学校或教育机构可以根据各自的特殊需要，在这些数据文件的基础上进行特定的统计与分析。

2. 报告的内容与结构

该报告仅仅是一份列表，以表格的方式给出所提供的数据的种类与项目，具体的文件内容则由 ETS 提供（如图 2－9 所示）。

ETS ICT Literacy

Components of Institutional Data Files

Administration Information
• Month, day and year student tested
• Test type *(Advanced or Core)*
• Institution where test administered
Student Profile & Demographic Information (Self-reported)
• Unique ETS student ID
• Test result ID *(as a student could have multiple results)*
• Self-reported student ID
• Full name
• Address
• Phone number
• Email address
• Ethnicity
• Gender
• Birth date
Assessment Information
• Reported score
• If test was taken previously
• If test was restarted
• How test was terminated in each section *(e.g., never visited, all questions completed, all questions visited, timed out)*
• Number of tasks completed in each section
Student Background Information (Self-reported) – fields completed where appropriate
• Language first learned to speak
• Language knows best
• Current educational level
• Undergraduate GPA in field of study
• Undergraduate GPA overall
• Cumulative GPA for all high school subjects
• Citizenship status
• Current/intended undergraduate field of study
• Enrollment status with current institution
• Highest Math SAT score
• Highest Verbal SAT score
• Highest composite ACT score
• Number of credits transferred from another institution that will apply toward degree
• Number of classes enrolled in for this term
• Student status *(e.g., full-time, part-time)*
• Work plans during this school term
• Number of work hours planned for this school term
• If currently in High School, primary plan following graduation
Institution-specific Information
• Results for up to 9 customized questions

图 2–9　报告的内容与结构

五、iSkills™ 评估系统与方法分析

（一）评估系统的分析

1. 基于互联网的在线评估

iSkills™评估采用网络在线评估的方式。采用这种方式一方面是基于对真实环境进行模拟的评估理念，另一方面也使得评估活动变得十分灵活，特别是可以满足个人随时提出的评估要求。同时，由于采用网络在线评估，必然有强大的后台数据库支撑，而后台数据库收集的大量数据满足了对考试资源多次开发、多元开发的要求。如果没有大量数据的支撑，是无法完成前面提到的四种考试评估报告的。

这种评估方式要求有十分先进和前沿的计算机与网络技术给予支撑，而先进和前沿的技术往往意味着不够成熟，从美国某报纸在 2006 年刊登的一篇报道上可以了解到一些这方面的信息，该报道由两名记者根据自己的

亲身体验写成，其中一名记者 Euna 是名技术恐惧者，而另一名记者是在校的大三学生 Julianne。在报道中 Euna 说，由于此前她对信息技术课程并不熟悉，而且没有参加过此类网络在线考试，所以在开考之前非常紧张。考试刚开始的时候，她也曾因为对考试环境不熟悉，导致答题不顺利，但是她慢慢发现：考试题目有的是让她为生物教授和他的助教以及实验助手准备图表；有的是让她按照重要性对信息进行评价或是用最好最清晰的方式表达信息；有的是让她制作一套关于行星的幻灯片并根据内容组织文档文件；还有的是让她制作一支棒球队的胜负表格，并决定下面和哪一支球队比赛；更多的是让她从一堆信息中找出重要的、去除无关的信息，这些都是和日常生活紧密联系，并且也是她所擅长的，所以后面的题目做起来便得心应手了。Julianne 则这样描述她的体验过程，她认为整个测试过程有点无聊，因为题目过于简单，像绘制图形、使用 PowerPoint、用即时通信软件与同学交流等，每天的学习生活都要用到。而且模拟的考试环境比现实中的网络要简单得多，比如只有一个搜索引擎可以使用，指令也非常明确，即使是从没做过的事情也能轻松完成；她要帮助朋友选择一家银行办理贷款，结果只有 4 家银行可以选择，并且还提供了一封包含着她需要的有关这 4 家银行正确资料的邮件。

当然，两人同时都提到了考试过程中由于技术问题造成的延误、中断等一些意外情况。比如，开始时无法登录，后来发现机器中没有提前安装一些必要的程序补丁，答题过程中突然出现死机的情况，技术人员在机房大声喧哗影响了考试秩序等。

由此我们可以发现，iSkills™评估的方式与内容也不是十全十美的，技术上也有不成熟的地方，内容上也存在争议。然而，它所倡导的评估方向，以及对现代人掌握信息与通信技术能力差距的关注是获得了大家的褒扬与赞同的。

2. 系统设计的人性化

尽管在线评估系统有上述不足之处，但其充满人性化的反馈系统还是颇具特色的，如下面的样题所示。

高级学术评估测量“获取”能力要素样题

[任务基本要求] 应试者需要在一个复杂的信息需求基础上，构建高级的搜索策略。

［具体任务分析］

（1）情境：你正在学校图书馆为一个课程项目搜索主题，你需要从刊物或是政府的官方出版物中获取文字和图片形式的信息，这些信息是2000年以来关于加利福尼亚州或市政组织实施的一个计划，该计划用来帮助确认公众对地震灾害的安全认识。你已经拥有了可用在旧金山的全部信息。你需要构建一个搜索策略来高效地反馈你需要的信息。

关于数据库的搜索引擎的使用，请注意以下几点。

①在搜索时使用布尔逻辑符号（Not，And，Or）进行搜索。

②使用引号搜索某些术语，如“North Pole”（北极），“affirmative action”（肯定行动）。

③使用“*”号（通配符）来搜索使用单词的其他可替代形式，如farm*可包含farms、farmer、farming等。

（2）说明：根据每一页上的要求一步步地完成任务，具体步骤如下。

a. 输入正确的关键词，并使用布尔逻辑符号和语法将其合并进行搜索，以及选择合适的参数（如“同级审查”“包含图片的文本”）来帮助搜索。

b. 应试者根据他们的搜索特征和依据搜索反馈修改、调整搜索策略的能力获得分数。如使用“earthquake safety in California”进行搜索。

c. 反馈可能的搜索结果的特征。如：按照这种搜索策略找到的文章不能包含与此主题相关的所有范围，也不能集中在你所需要的信息上。请重新审查题目的要求和描述，然后修改、集中和重新定义你的搜索策略。

d. 依据第一次的搜索结果，应试者进一步通过关键词进行二次搜索，适当地缩小或扩大搜索范围。如用“earthquake OR public safety plan AND California NOT San Francisco”进行二次搜索。

e. 应试者有三次机会来完成正确的搜索。

当应试者搜索策略选择不当或关键词设置错误时，系统设计的反馈系统会给予提示（即提示你有错误，请重新尝试）。反观国内的评估系统，普遍存在缺乏“反馈系统”这种人性化的考虑，比如学生在做一道操作题（如在某文件夹下建立某文件等）时，做完题目后系统没有任何反馈，以至于学生在第一次使用评估系统时常问教师：“这就算做完了？”因此，iSkills™评估的反馈系统的设计值得我们借鉴。

3. 系统测量的三个方面

iSkills™评估既测量学生的技术技能，又测量学生的认知技能，同时还测量应试者在与信息有关的法律与伦理方面的认知。在 iSkills™评估中，认知技能是指识别与描述信息需要，批判性地思考信息，以及交流发现结果与解决方案的能力；技术技能是指使用数字设备、软件，以及便于创造、存储、管理和传输信息的基础设施的能力；对法律或伦理的理解包括在涉及访问与使用资源以及传递敏感的或机密的信息这些行为中，也包括对在法律或道德上存在争议的知识的理解，这些既是 ETS 设计系统的指导理念，又在其试题设计中进行了充分的体现。iSkills™评估中的操作题都是出现在解决实际问题过程当中的（如完成任务后结合成果给导师发一封邮件）。反观国内的评估系统，操作题之间往往是孤立的，并且题目的设计也与现实生活中的实际问题相脱离，绝大部分题目只是单纯地考查知识点和操作系统或软件的操作方法，很少有题目能考查学生思考问题以及运用信息技术解决实际问题的能力。

（二）标准制定的规范化

iSkills™评估制定了详细的考查标准——七种能力要素，并通过网站或其他渠道公布考查标准。这使得参加评估的人都有章可循。考查标准中对能力要素的描述清晰、规范，不过多地牵涉到具体的知识点，而是一个范围或区间，这给出题留出了灵活而宽泛的空间，同时也引导参加评估的人灵活运用所学的相关技术来解决实际问题。反观国内的相应评估，虽然也有详细的考试大纲和样题，但都局限在一条条确定的知识点上，学生复习时往往依赖大纲和题库，采用题海战术或是死记硬背的方法，只求能通过考试即可。这也从另一个侧面反映出，国内出题缺乏一个详细、清晰、规范的指导理念。

（三）题型与试题设计的分析

iSkills™采用综合题（Complex Task）形式对 ICT 技能进行评估与测量。这些题目模拟真实的生活需要，并针对那些使人能够具备 ICT 技能的最关键的要素部分展开。传统评估往往就某一个孤立的技能给出一个单一的分数，而 iSkills™则通过创新的统计程序，对应试者个体在不同题目中的表现，给出一个详细并经过整合的评价。iSkills™评估框架受我们所知的创新方法——证据中心的评量设计（Evidence-Centered Design，ECD）的指导，综合题的设计围绕“那些要求作出的推论，为了作出推论所需要的那些可观测的材料，那些能够产生可观测材料的情境，以及一系列用于连接它们的推理”来进行。

iSkills™评估试题的情境化是指在完成模拟的情境任务过程中，测量应试者的操作技能和认知技能。考生的操作技能在审题、收集材料、作出结论的活动过程中得到测量，认知技能则在对任务的思考过程以及最后的结论中得到测量。反观国内的模拟考试，一方面是通过模拟环境考查学生的操作技能（但因为是模拟的环境，常犯以偏概全的错误），另一方面是将书面考试机器化，如设置单纯的选择题部分。其最主要的特点是试题化，一种种题型，一道道题目分界清晰，没有基于解决实际问题的综合题。重点放在测量应试者已有的知识技能上，而忽略了应试者思考与解决问题的过程与方法。

iSkills™评估的题型，主要是基于上述模拟情境解决实际问题的综合题。如果将其在线考试的形式转变到我们的卷面考试中，它的每一道综合题其实就是我们通常意义上的一道“大型主观题”。很多时候可以用客观的形式来考查主观思想，如以下样题所示。

高级学术评估测量“创造”能力要素样题

[任务基本要求] 应试者利用数据创建一个可视化的说明，用来回答两个研究问题。

[具体任务分析]（如图 2 - 10 所示）

（1）情境：作为文化学习课研究项目的一部分，你需要调查在某一阶段内书籍的流行程度的变化趋势。各种类型书籍的流行程度，在半个世纪前电视出现后已经发生了变化，请使用下一页的图形生成器生成图形来说明不同类型的书籍的流行程度是怎样的，并通过消费者的支出费用来测量这一变化，通过单选按钮你可以选择不同的显示数据。一旦选中某一类数据，就会出现一个相应的下拉菜单用来进一步选择具体数据。当创建好需要的图形后，你需要通过下拉菜单完成图形下方出现的两个研究问题。

（2）说明：根据每一页上的要求一步步地完成任务，具体步骤如下。

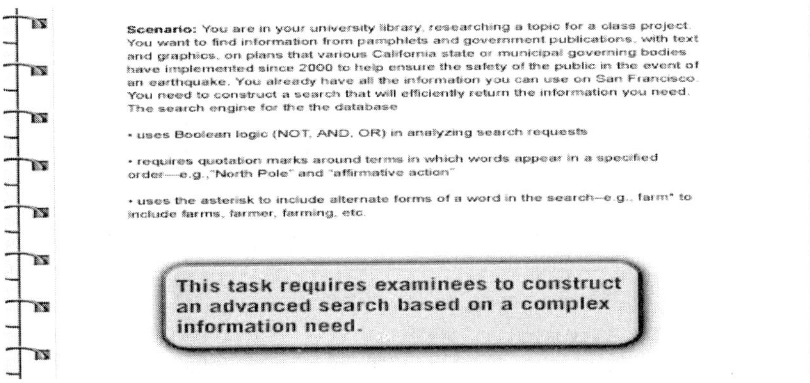

图 2-10　具体任务

a. 确定 x 轴、y 轴和线段各代表哪一类数据。

你想在 x（水平）轴上显示什么数据？（单击来确定或改变选择）

○图书类型　　○印刷工业数据　　○时间跨度

你想在 y（垂直）轴上显示什么数据？（单击来确定或改变选择）

○图书类型　　○印刷工业数据　　○时间跨度

你想图形上用线段来显示什么数据？（单击来确定或改变选择）

○图书类型　　○印刷工业数据　　○时间跨度

并确定正确的时间跨度（如从 1950 年到 2000 年，如图 2-11 所示）。

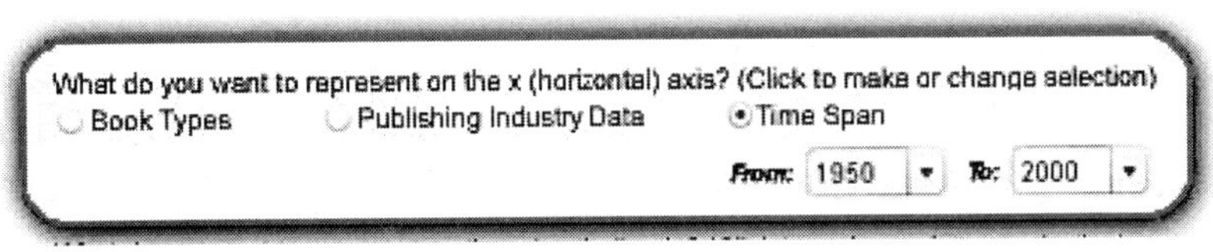

图 2-11　x 轴的数据选择及时间跨度选择

b. 确定正确的依据变量，并考虑如何最好地反映“流行程度”（如编辑数量、生产数量、销售数量等，如图 2-12 所示）。

在应试者确定答案之前，他们可以尝试不同的图形，这一操作过程会被计算入他们的成绩。（如图 2-13 是 x 轴选择“时间跨度”、y 轴选择“销售额”、线段表示“图书类型”后产生的图像）。

c. 回答研究问题，正确地解释说明图形（研究问题一：选择目前最流行的图书类型，如图 2-14 所示）。

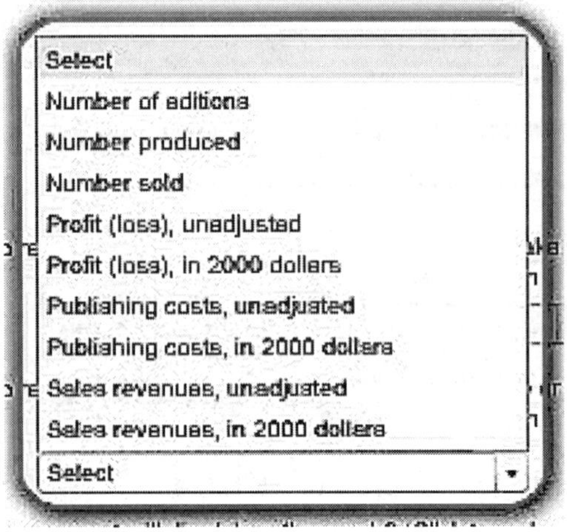

图 2－12　选择依据变量

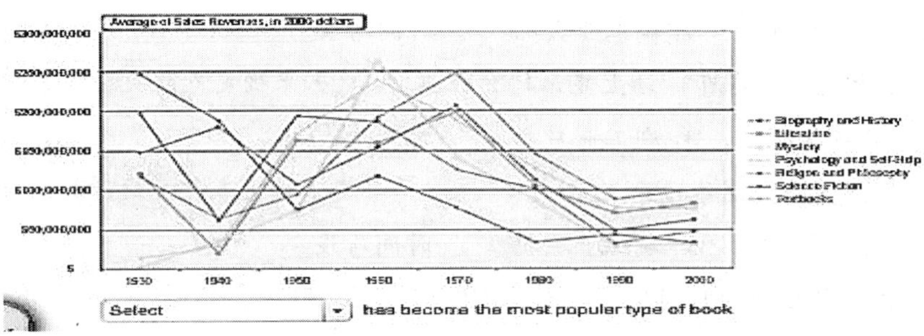

图 2－13　应试者尝试图形示例

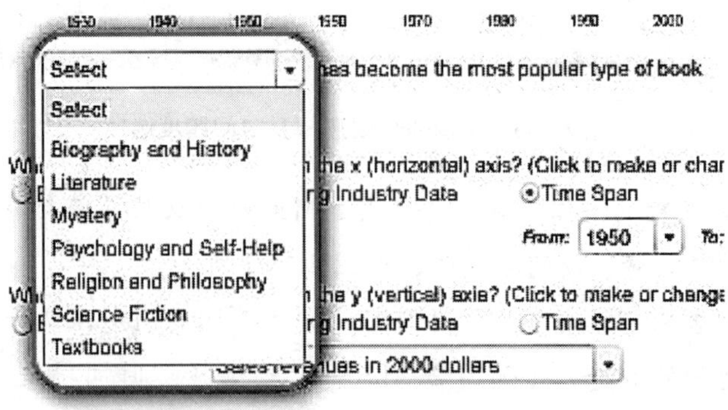

图 2－14　选择最流行的图书类型

d. 回答两个研究问题需要不同水平的分析能力（研究问题二：选择从某年到某年的超过十年的时间跨度内销售额增长速度最快的图书类型，如图 2-15 所示）。

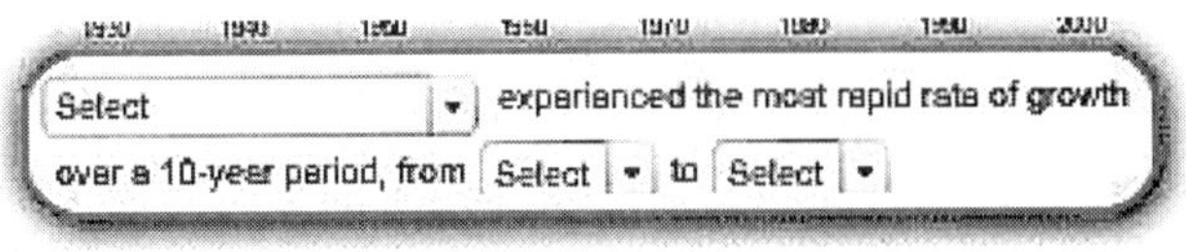

图 2-15　选择某时间段内销售额增长速度最快的图书类型

本样题中，在步骤 a 中要求确定 x 轴、y 轴和线段各代表的数据时，采用选择题的题型（客观形式）。应试者在答题时，并不是简单地在头脑中搜索已知的知识作答，而是需要对问题进行具体的分析思考后（主观思想）才能作出判断，这其实与做主观题是没有区别的，仅仅是在形式上采用客观题的形式。从题目的属性上来看，这一小题就是一道半客观题。同样，最后两个研究问题虽然也采用了选择的方式，但答案的选择完全可以代表应试者的思考过程（正确选择前提条件→选择正确的图形→判定最流行的书籍），这其实相当于一道简答题，但由于采用了客观题的形式而避免了简答题出现的多种回答方式，降低了阅卷的难度。从题目属性的角度分析，整个样题就是一道主观题，而 iSkills™ 评估则聪明地将其分解成几个客观题或是半客观题。分解所依据的思路，就是应试者思考和解决问题的过程。当应试者得到最终结论（哪一种书籍最流行）的同时，也就完成了思考和解决这一问题的过程，评估系统也就完成了对应试者解题的过程与方法的评估。

（四）完善的评估报告

iSkills™ 评估的四类评估报告满足了与评估相关的人员对评估结果的多元需求，“总体任务成绩反馈报告”让参与评估的学校或教育机构对其下的应试者的整体 ICT 素养水平的优分率有一个直观的判断认识，并能够了解到应试者在哪些能力要素的掌握上表现优异；“面向学校的技能成绩报告”让参与评估的学校或教育机构对其下的应试者的 ICT 素养平均水平有一个直观的判断认识，同时“面向学校的数据文件”通过直接提供相关原始数据的方式，帮助相关学校或教育机构展开个性化的考试资源二次开发；“个人成绩报告”则为每一个应试者判断自己的ICT素养水平提供了直接依据，每个人可以清楚地看到自己在各种能力要素上的优势与不足。反观国内的大型考试，只是简单地呈现分数，缺乏对其他信息的回馈，iSkills™的这种对考试结果人性化处理的理念是值得我们借鉴与学习的。

综上所述，通过对美国iSkills™评估的研究与分析，在其评估标准的制定、评估系统的设计、试题的设计以及系统的支持与服务等环节，我们都可以发现许多值得学习和借鉴的地方。无论国内的笔试试题设计，还是评估系统的设计都应该习其长技，补己之短，从而推动和促进国内信息技术课程总结性评价理念、方法和系统的完善与发展。

第三节

中国香港地区资讯及通讯科技科总结性评价

一、引言

由于特殊的历史和地理环境，香港的文化在东西方文化的碰撞与交流下，呈现出多元发展、兼容并蓄的特点，这些特点也显著地表现在香港的教育上。以1997年为界，1997年以前的香港其教育制度与英国类似，如设立两年制高中（中四、中五），为学生提供工作前最基本的教育；设立两年制预科课程（中六、中七），作为学生报考大学前的课程准备等。1997年以后随着香港与内地日益紧密的交流与联系，香港的教育渐渐受到内地的影响而发生变化。目前，高中信息技术课程的内容就与大陆2003年高中信息技术课程标准中的规定相似。

香港是较早开展信息技术教育的地区，香港文化兼容并蓄的特点也体现在它的信息技术教育与评估上。在香港，信息被称为“资讯”，信息技术被称为“资讯科技”，早在20世纪70年代末至80年代初，香港的部分教师就着手设计和实施了计算机教育课程和教学活动；1982 年，制定了第一份香港中学四、五年级（相当于大陆地区的高中）“电脑科”课程纲要；1985 年，“电脑科”成为全香港中等学校课程的学科之一，此后，信息技术类课程名称及课程结构又经历了多次调整。

二、中国香港地区信息技术课程的设置与评估

2003 年 9 月香港开始实施“电脑与资讯科技课程”，此课程适用于中四至中五年级的两年制高中学生，并成为香港中学会考科目之一，它取代了 1999 年推行的中四至中五“电脑科”及 2003 年推行的中四至中五“资讯科技科”课程。为更好地与大陆升学、就业相衔接，2004 年 10 月香港教育统筹局在《改革高中及高等教育学制——对未来的投资》一文中提出了“3 +3 +4”高中及高等教育学制改革，在信息技术类课程改革方面，在参考国外最新研究进展及大陆地区 2004 年信息技术课程改革的基础上，决定于 2009 年施行新高中课程——资讯及通讯科技课程，此课程的制定基于 2003 年开始实施的中四至中五“电脑与资讯科技课程”和两个在 2005 年修订的中六电脑课程——高级程度电脑课程及高级补充程度电脑应用课程，课程为期三年。

由于香港地区的新高中资讯及通讯科技课程与大陆的信息技术课程在课程理念、宗旨、结构等方面均有较多共通之处，所以对香港地区的信息技术课程总结性评价进行分析可以为我们的研究提供很多借鉴，下面将分别对香港地区中四至中五的电脑与资讯科技课程和高中的资讯及通讯科技课程进行介绍。

（一）中四至中五电脑与资讯科技课程

1. 课程架构

电脑与资讯科技课程由一个核心单元和四个选修单元组成（如图 2 – 16 所示），其目的是为了切合不同学生的学习需要。核心单元由较为稳定的课程成分组成，为学生提供本课程的主要基础知识、概念和相关技巧，课时约需 80 个小时。核心单元包括五个主题：资讯处理及演示、电脑系统及建网、互联网及其应用、基本程式编写概念和电脑与资讯科技对社会的影响。

选修单元旨在在特定范畴内帮助学生发挥个人潜能，每个选修单元的课时约需30个小时，四个选修单元包括：算法与程式编写、电脑的组成、数据通讯及建网、多媒体制作及网页编写，每个学生必须选修其中的一个单元。

课程还预留10个小时的课堂时间，供教师指导学生完成课程作业，课程作业是香港中学会考指定考核项目之一。

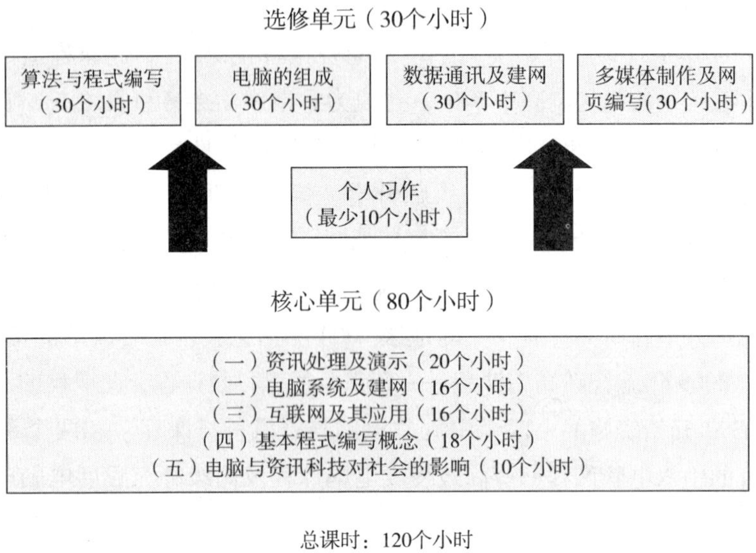

图2－16　中四至中五电脑与资讯科技课程架构图

2. 课程内容

具体课程内容如表2－13所示。

表2－13　中四至中五电脑与资讯科技课程内容表

<table>
<tr><th colspan="2">核心单元</th><th colspan="2">选修单元</th></tr>
<tr><td rowspan="5">资讯处理及演示</td><td>资讯时代</td><td rowspan="5">算法与程式编写</td><td rowspan="2">设计技巧（程式开发的过程、解决问题的方法、语言的选择）</td></tr>
<tr><td>将未经处理的原始数据转化成有用资讯的基本概念</td></tr>
<tr><td>数据在电脑内的表示方式</td><td rowspan="2">程式开发（编写程式、程式开发工具与程式执行、除错与调试）</td></tr>
<tr><td>常见应用软件的综合使用</td></tr>
<tr><td>有效演示资讯的准则</td><td>算法及数据结构(计算、累乘、交换、排序、搜索、堆栈、队列链表等)</td></tr>
</table>

续表

<table>
<tr><th colspan="2">核心单元</th><th colspan="2">选修单元</th></tr>
<tr><td rowspan="5">电脑系统及建网</td><td>典型硬件部件</td><td rowspan="5">电脑的组成</td><td>个人电脑的发展与类型</td></tr>
<tr><td>典型硬件特性</td><td rowspan="2">中央处理器、主板、内存及输入/输出界面</td></tr>
<tr><td>为特定用途选择合适的硬件</td></tr>
<tr><td>系统软件及应用软件</td><td>系统配置</td></tr>
<tr><td>电脑网络的基本概念</td><td>电脑基本维修及故障查找</td></tr>
<tr><td rowspan="3">互联网及其应用</td><td>互联网及其科技</td><td rowspan="6">数据通讯及建网</td><td rowspan="2">数据通讯与建网的概览（网络的组成与类型、网络协议等）</td></tr>
<tr><td>互联网的活动</td></tr>
<tr><td>网页编写</td><td rowspan="2">互联网（DNS 与 TCP/IP 协议、网络服务、网上业务等）</td></tr>
<tr><td rowspan="3">基本程式编写概念</td><td>解决问题的过程</td></tr>
<tr><td>程式编写语言</td><td>局域网（概念、组成、实例等）</td></tr>
<tr><td>使用高级语言时应有的程式编写概念</td><td>网络设计、管理及保安</td></tr>
<tr><td rowspan="4">电脑与资讯科技对社会的影响</td><td>有关法律及道德范畴的议题</td><td rowspan="4">多媒体制作及网页编写</td><td>多媒体制作（文本、图形、音频、动画、视频与不同媒体中的共同概念）</td></tr>
<tr><td>有关健康、环境范畴或改变人类生活方式的议题</td><td>在互联网上演示资讯的设计因素</td></tr>
<tr><td>新科技带来的影响</td><td rowspan="2">网页编写及简单网页管理</td></tr>
<tr><td>保护个人隐私及数据的方法</td></tr>
</table>

3. 课程评估

（1）评估原则。

一般来说，评估应能清楚反映课程目标，因此在评估模式、评估方法和评估策略方面均应顾及以下和课程目标有关的范畴。

①学生对课程中涉及的概念的理解。

②学生应用概念和技能的能力。

③学生解决问题、进行批判性思考和沟通的能力，以及他们的自学能力。

④学生对电脑与资讯科技的影响的评价能力。

⑤在学习和使用电脑与资讯科技时，学生所发展的价值观和态度。

⑥在“促进学习的评估”和“对学习的评估”两者间应有适当的平衡，以反映学与教和评估的紧密结合以及对评估的角色和功能的理解。

（2）评估方法。

评估采用笔试与个人习作相结合的方式。其中，笔试的成绩占总分的80%，个人习作占总分的20%。

笔试考查学生在特定知识领域中的学习情况，尤其适用于作比较，既可和既定标准进行比较，又可把学生分成不同的表现组别以便进一步筛选。在笔试中使用精心建构的点项式问题（客观题），可以就教学内容作出适当的抽样调查，这也是评估学生在知识领域中的学习差异的可靠方法；使用精心设计的结构性问题（综合题），特别是与情境有关的问题，可以合理地评估学生应用概念、解决难题、进行批判性思考以及和别人沟通的能力。

个人习作用来弥补笔试在评估价值观与态度的培养，大部分实际技能，学生的学习能力，学生在创意、人际沟通、美学观点和事业触觉等方面的不足。总的来说，两种评估方法是为了达到表2－14所示的目的。

表2－14　评估方法目标对照表

<table>
<tr><th>笔　试</th><th>个人习作</th></tr>
<tr><td>概念的理解</td><td>概念的理解</td></tr>
<tr><td>应用概念和技巧的能力</td><td>应用概念和技巧的能力</td></tr>
<tr><td rowspan="2">解决问题、批判性思考、沟通能力（某种程度上）</td><td>解决问题、批判性思考、沟通能力</td></tr>
<tr><td>自学能力的评估</td></tr>
<tr><td rowspan="2">评价影响的能力（某种程度上）</td><td>评价影响的能力</td></tr>
<tr><td>价值观与态度的评估</td></tr>
</table>

（二）资讯及通讯科技课程

1. 课程定位

2009年实行的新课程首先对资讯及通讯科技课程在学生不同学习阶段的经历和关系进行了定位（如图2－17所示）。

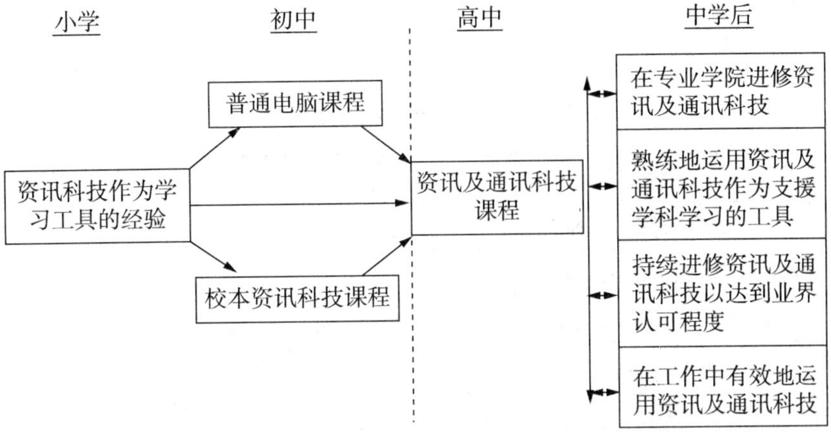

图 2－17　资讯及通讯科技课程阶段位置图

2. 课程架构

新课程仍然分为必修与选修两部分，此外还要求增开 30 个小时的校本课程（如图 2－18 所示）。必修部分占 165 个小时，约需一个半学年，必修部分将提供资讯及通讯科技的基础知识，为学生打下稳固的基础以及广阔的学习范围。必修部分包括资讯处理、电脑系统基础、互联网及其应用、基本程式编写概念、资讯及通讯科技对社会的影响。选修部分占 75 个小时，约需一个学年。选修部分提供的选项大致可分为电脑在特定范畴的应用以及为学生在大专阶段继续进修有关知识提供准备两大类，部分选项则兼具这两方面的特色。选修部分包括数据库、数据通讯及建网、多媒体制作及网站建构、软件开发。

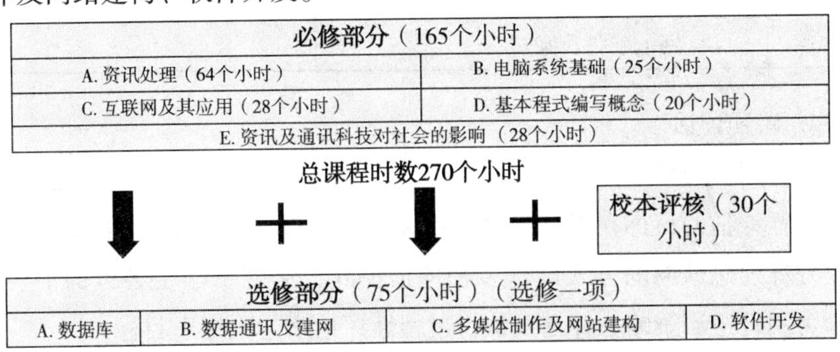

图 2－18　资讯及通讯科技课程架构图

3. 课程内容

具体课程内容如表 2 – 15 所示。

表 2 – 15　资讯及通讯科技课程内容表

<table>
<tr><th colspan="2">必修部分</th><th colspan="2">选修部分</th></tr>
<tr><td rowspan="5">资讯处理</td><td>资讯处理简介</td><td rowspan="5">数据库</td><td>数据库简介</td></tr>
<tr><td>数据组织及数据控制</td><td>关联式数据库</td></tr>
<tr><td>数据表示</td><td>数据库设计方法简介</td></tr>
<tr><td>办公室自动化软件的运用</td><td rowspan="2">数据库应用、发展与社会</td></tr>
<tr><td>有效演示资讯的准则</td></tr>
<tr><td rowspan="3">电脑系统基础</td><td>基本机器组织</td><td rowspan="3">数据通讯及建网</td><td>数据通讯及建网基础</td></tr>
<tr><td>系统软件</td><td>网络设计及实施</td></tr>
<tr><td>电脑系统</td><td>网络管理及保安</td></tr>
<tr><td rowspan="3">互联网及其应用</td><td>建网及互联网基本知识</td><td rowspan="3">多媒体制作及网站建构</td><td>多媒体制作</td></tr>
<tr><td>互联网服务及应用</td><td>在互联网上演示资讯的设计因素</td></tr>
<tr><td>初级网页制作</td><td>网站建构</td></tr>
<tr><td rowspan="3">基本程式编写概念</td><td>问题解决程序</td><td rowspan="7">软件开发</td><td>程式编写</td></tr>
<tr><td>算法设计</td><td>程式编写语言</td></tr>
<tr><td>算法测试</td><td rowspan="5">系统开发</td></tr>
<tr><td rowspan="4">资讯及通讯科技对社会的影响</td><td>公平存取</td></tr>
<tr><td>工作及健康问题</td></tr>
<tr><td>知识产权</td></tr>
<tr><td>网上威胁及保安</td></tr>
</table>

4. 课程评估

（1）评估原则。

课程评估的目标在于改善教学效果，以及肯定学生的学习成果。可以以过程性及总结性的方式设计多种评估模式，来评估学生各方面的表现。教师可制订适当策略、计划及执行过程性评估来达到以下目标。

①集中评估学生是如何学习的及其学习成果。

②将评估结合于学与教的过程中。

③鼓励教师与学生就学习目标取得共识，并让他们了解评估的准则。

④发展学生自我评估及反省的能力。

⑤鼓励学生接纳建设性的指导及意见，为自己寻求改进的机会，以及全面肯定学生的学习成果。

（2）评估方法。

评估采用公开评核与校本评核（CBA）相结合的方式。其中，公开评核采用笔试模式，按水平参照模式给学生的表现评级及呈报结果；校本评核包括核心技能评估与专题习作两部分，由任课教师在整个教学期间完成评估。各部分所占分数比例如表 2－16 所示。

表 2－16

评估方式	所占分数比例
公开评核	
卷一（必修部分）	50%
卷二（选修部分）	25%
校本评核	
核心技能评估	10%
专题习作	15%

三、教育评价机构及总结性评价机制简介

香港考试及评核局是一个独立的法定机构，主要负责举办香港中学会考和高级程度会考[①]，考评局下设多个委员会，以协助其执行有关考试的行政工作，委员会成员分别来自中学、高等院校、政府部门及工商业界，他们负责拟定考试政策及监管考评局的工作。考评局的秘书处作为考评局的执行部门，向局内各委员会提供支持服务和安排一切由考评局举办的考试。

在电脑与资讯科技课程的总结性评价形式上，香港采取与英国相似的

① 香港高级程度会考是香港学生修完中六课程后参加的会考。

形式，即在课程结束时，学生参加香港考试及评核局委员会举办的公开评估（香港中学电脑与资讯科技会考），以取得香港考试及评核局颁授的资历。电脑与资讯科技课程的公开评估采用水平参照模式，即根据学生的表现评级并呈报结果。公开评估由两部分构成，即在课程结束时进行的笔试和在课程教学中采用校本评核方式对学生的课程作业进行的评估。

四、考试目标与试卷结构

香港与大陆地区信息技术类课程的结构相似，均采取了“必修＋选修”的结构。课程评价采用笔试与个人习作相结合的方式。笔试有两份试卷，卷一针对核心部分，卷二针对选修部分，两卷分数占总分的80%，分别在两场考试中完成。个人习作占总分的20%。笔试部分与大陆地区普通高中的信息技术会考（目前主要指海南省的信息技术会考）的试卷构成是相似的。通过解读香港的课程标准发现，香港对“信息素养”的理解与大陆地区是大致相同的。因此，香港较为成熟的会考试卷结构为大陆地区信息技术会考试卷的设计提供了可以借鉴的思路。下面以2006年香港电脑与资讯科技会考笔试试卷为例进行分析。

（一）考试目标

考试目标在于评估考生以下各项能力。

①了解何谓资讯处理，懂得如何有效地运用常见的应用软件作为处理及演示资讯的工具。

②了解在一个简单的电脑系统中，不同的部件是如何结合起来完成工作，以及连接电脑组成网络的原理和方法。

③了解互联网（Internet）及万维网（WWW）的使用和发展，并能有效及有效率地使用。

④了解和应用与电脑程式编写有关的基本概念，懂得如何以系统化方式来解决问题，明白和应用其中的技巧和方法。

⑤了解电脑与资讯科技发展所衍生的某些问题，并能相应地作出处理。

⑥对算法与程式编写、电脑的组成、数据通讯及建网、多媒体制作及

网页编写四个选修模块有更深刻的认识，能应用有关知识来解决问题。

（二）笔试试卷结构（如表 2 – 17 所示）

表 2 – 17　笔试试卷结构

评估方式	所占分数比例	考试时间	考试要求
卷一（核心部分）	60%	2 小时	甲部分：选择题，考生必须全部回答 乙部分：五道题目，考生必须全部回答
卷二（选修部分）	20%	1 小时	问答题，共四道题目，考生必须全部回答

1. 卷一试卷结构与分值分布

卷一对核心部分采取选择题与综合题相结合的方式进行考核。其中，卷一甲部分共有 40 道单选题，卷一乙部分共有五道综合题。试题考查的知识模块分值分布情况如表 2 – 18 所示。

表 2 – 18　卷一知识模块分值分布表

知识模块	甲部分			乙部分		
	题号	题量	分值	题号	题量	分值
资讯处理及演示	1 ~ 10	10	10	2	4	12
电脑系统及建网	11 ~ 18	8	8	3	5	12
互联网及其应用	19 ~ 26	8	8	1	4	16
基本程式编写概念	27 ~ 35	9	9	4、5(a、b、c)	5	16
电脑与资讯科技对社会的影响	36 ~ 40	5	5	5(d)	1	4

各知识模块分值在卷一中的分配比例如图 2 – 19 所示。

由以上图表可见，除“电脑与资讯科技对社会的影响”以外，其余四个知识模块所占的比例都是比较均衡的。较少分值的模块是不是表示其在课程中的重要性比较低呢？“基本程式编写概念”模块的分值最大是不是表示其重要性最高呢？从香港正式出版的《电脑与资讯科技课程及评估指引（中四至中五）》一书中的描述来看并非如此。分析原因可能有两个。其一，是课程内容容量在考试中的自然映射，“电脑与资讯科技对社会的影响”模块在课时安排上是所有模块中最少的，因此在考试中安排最少的

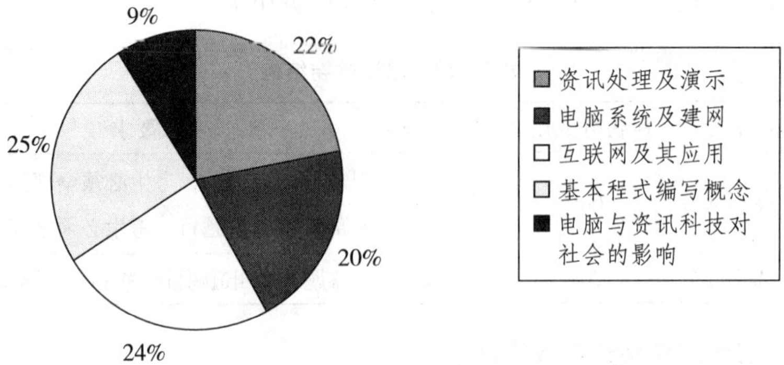

图 2－19　知识模块分值分布比例

分值是自然合理的。那么按此推理“基本程式编写概念”模块的课时安排应该是最多的，但事实情况并非如此，这就需要第二个原因来解释。其二，是课程内容在笔试方式上的限制。纵观五个模块的内容，在笔试方式下，为了保证较高的信度与效度，从题目设计上来说，“电脑与资讯科技对社会的影响”模块是最难实现的，而“基本程式编写概念”是最容易实现的，所以将“电脑与资讯科技对社会的影响”模块中以“情感态度与价值观”为主的这部分内容的评估放在“个人习作”部分完成。总的来说，这种分值分布的安排能够满足课程内容评估的需要。

2. 卷二试卷结构与分值分布

卷二拟题范围是在选修部分内，按照不同的选修单元各出一套试卷。每套试卷由 4 道综合题组成，每道综合题又由若干小题组成，每道综合题的分值在 15 分左右，试卷总分为 60 分。试卷中组成综合题的小题主要以填空题形式的半客观题为主，涉及程序设计语言时，考生可以选择不同的语言作答，如选修“算法与程式编写”单元的考生，可以选答 C 或 Pascal 版本的试题。

五、考后反馈——编写出版考试报告

（一）考试报告

每年考试结束后，香港考试及评核局均会为两个公开考试分别编印报告书，旨在提供有参考价值的资料和统计数据，供学校、考生和市民参阅。以2006年香港中学会考考试报告为例，报告内容分为三部分：考试程序概览、考试事务及考试统计。这些内容都可以在该局的网站上下载，各参与学校及大专院校也会收到一份这样的报告。

考试程序概览部分给出与考试相关的各项工作程序的对应时间表，如九月至十月中旬各校报送考生资料、十月中旬至十月底分发上年度的考试证书等。

考试事务部分对本年度的各项考试事务进行总结与说明，包括考试人数及考试科目、报名安排、考场及监考人员、为特殊需要考生提供服务、阅卷及评级、考试异常个案、考试成绩、考试时间表。

考试统计部分则给出了与本年度会考有关的各项统计数据，包括统计概览、报考统计、成绩统计、男女考生年龄和选科分析、各科的成绩分析、重考生成绩分析、历年报告情况以及成绩统计，这是从宏观层面给出的考试报告。

（二）“电脑与资讯科技”考试报告及试题专辑

每年考试结束后，香港考试及评核局还会为每一科出版一册考试报告及试题专辑，旨在提供有用的考试资料，供教师教学及学生研习时参考之用。以《2006香港中学会考电脑与资讯科技考试报告及试题专辑》为例，报告及试题专辑详细列出了2006年香港中学会考电脑与资讯科技的考试资料，包括考试的目标、内容与形式、试题及评卷参考，以及试卷主席对考生表现的评语等。报告及试题专辑共171页，由前言、考试范围、试题、评卷参考与考生表现五部分构成，每部分都有中英文两个版本。

1. 前言、考试范围与试题

前言部分描述了报告及试题专辑的性质与作用以及答谢致辞；考试范

围部分描述了考试目标、课程内容与摘要、考试形式；试题部分给出了本年该科考试的所有试卷，包括卷一的甲、乙两部分，卷二的单元1至单元4，以及作为卷三的个人习作共7套试卷。

2. 评卷参考

这部分给出了卷一、卷二所有试题的参考答案与评分标准，以及相关的情况说明。卷一甲部分的选择题不仅给出了参考答案，还给出了答对该题的百分比。例如，“1. D（77）”表示第1题的参考答案为D，有77%的考生答对此题。

评分标准比较详细和严谨。如“当题目要求特定数量的理由或例子时，若考生写的多于所需要的，多出的答案将不给分。例如某题目要求两个例子而考生却给了三个，只有前两个答案才会被审阅”这样的描述明确了超量答题的处理方法；再如“描述压缩的应用（zip）/分裂档案/FTP（通过互联网上传及下载档案）/即时通讯（若只提及其方法，只给一分）”这样的描述中，括号中的内容对每一答案的给分给出了必要的补充说明；还有“电脑B的运算能力较高（CPU较快）”这样的描述明确了考生答题用语的规范性等。

评卷参考中还可能包含“关于‘删除试题’”的说明。每年考试，香港考试及评核局如果认为选择题试卷中某些试题欠理想，通常都会把这类试题酌量删除。删除的最常见理由是由于试题的区分度差，不能把不同程度的考生分辨出来，也就是说，大多数考生答对这类试题都只是凭猜测，保留这类试题可能会降低测试的效度，所以删除。这样的试题不用于正式考试中，但仍刊登在试题专辑内，并标明仅供讨论之用。

对卷一甲部分的40道选择题，除了在评卷参考部分给出每题的答题正确率外，还会在这部分给出一个宏观的判断与评价，这些判断与评价往往是从课程主题的角度展开的，如“1. 考生对成批处理的应用（第1题）、生活方式的改变（第37题）、滥发电邮的处理（第39题）和人类工程学的议题（第40题）表现良好。2. 考生在数据表示法方面（第3题）表现颇弱，很多考生以为需要八个位元（一个字节）或多个字节才可储存一项数据，然而，此题目只涉及二进制数系的运算，不涉及电脑系统操作……”。

对卷一乙部分及卷二部分，则以表格的方式给出全体考生在每道试题上的一般表现，如表2－19所示。

表2－19　卷一乙部分（必答题）考生表现表

题号			一般表现
1	(a)	(i)	良好，多数考生能解答此题
		(ii)	尚可，一些考生没察觉到声音也可通过电邮传送
		(iii)	尚可，很多考生只写出产品名称，却没有说明采用的方法
	(b)	(i)	尚可
		(ii)	良好，考生应用互联网的知识良好
	(c)	(i)	颇差，很多考生未能解释搜寻结果的演示次序
		(ii)	良好
	(d)	(i)	尚可
		(ii)	颇差，考生似乎缺乏列印报告的经验
2	(a)	(i)~(iv)	优良，考生对条码及其应用有丰富的认识
	(b)	(i)	良好
		(ii)	颇差，很多考生不知道BIG5与ASCII的关系
	(c)		优良
	(d)		颇差，考生似乎缺乏列印报告的经验
3	(a)		颇差，考生未能说明笔记簿电脑和桌上电脑的分别
	(b)		优良，考生非常了解桌上电脑不同部件的名称
	(c)	(i)(ii)	良好
		(iii)	尚可
	(d)&(e)		良好，考生对与科技应用有关的职业安全及环境保护议题有良好的认识
4	(a)	(i)	良好
		(ii)	尚可，有些考生并不熟悉绘画流程图
	(b)		颇差，考生似乎不熟悉低级语言及机器码的特征

续表

题号			一般表现
5	(a)		尚可，很多考生不知道采用二进制数系的数据表示的原理
	(b)		尚可
	(c)		良好，考生对软件测试有丰富的认识
	(d)	(i)	颇差，考生并不熟悉专用网络
		(ii)	尚可，虽然题目要求提供其他方法，很多考生仍然写出与密码有关的答案

最后，还会给出“一般评论及建议”，如：“1. 考生的表现满意。2. 考生应小心阅读题目，避免没有充分了解题目要求便作答。”

由此反思，大陆地区的信息技术课程总结性评价远远没有做到这么细致、成熟，而是通常以学校的排名、学生“知道分数”为终点站，缺乏对学生表现的分析，然而评价不应仅仅充当选拔的工具，更重要的是应成为教学的工具，为学生的发展提供及时而良好的服务。在关注静态的鉴别、选拔功能的同时，更应注重评价的动态调整改进功能、激励功能、诊断功能、反馈功能、发展功能，力图通过评价及时提供反馈信息，使学生和教师了解学习过程中存在的缺陷和不足，从而促使学生改进、完善自己的学习活动，从而实现评价的立体功能。

六、题型举例

香港电脑与资讯科技会考试题有选择题（卷一甲部分）和综合题（卷一乙部分与卷二）两类题型，而综合题主要是填空题或绘图题，这些题目围绕某一情境设计而成。下面分别举出一例以供参考。

（一）选择题

以例2－6所示的2006年香港中学会考电脑与资讯科技考试卷一甲部分第16题为例。

例2－6：设备1和设备2是相同类型的电脑设备，有下列不同的配置（如表2－20所示）。

表 2－20

设备 1	设备 2
支持并行接口（ECP）	支持串行接口（RS－232）
128MB ROM	64MB ROM
CPU 200MHZ	CPU 123MHZ

下面哪句是最恰当的描述？

A. 设备 1 的数据传输速率高于设备 2

B. 设备 1 的体积大于设备 2

C. 两者均是辅助存储器

D. 只有在它们安装相同的操作系统时，才可令两者联网

（二）综合题

以例 2－7 所示的 2006 年香港中学会考电脑与资讯科技考试卷一乙部分第 3 题为例。

例 2－7：志伟在一间贸易公司工作，该公司希望建构一个包含五台电脑的网络。

（a）为了建构此网络，志伟需购买笔记簿电脑或桌上电脑。除了成本外，试列出志伟作出选择时的两个准则。

①____

②____

（2 分）

他决定购买桌上电脑，在下列两个配置中选取一个，如表 2－21 所示。

表 2－21

电脑规格	电脑 A	电脑 B
CPU	P4 2.8GHz	P4 3.0GHz
RAM	1GB	512MB
硬盘	80GB	120GB
网络	快速以太网	802.11g

（b）根据运算能力、储存容量及网络数据传输速率比较这两台电脑的表现。

____

____

____

(3 分)

(c) 他欲将一台外置 DVD 读写光碟机连接至电脑 A。

(i) DVD 读写光碟机的设计不会采用并行接口连接，为什么？

____

(ii) 举出应连接 DVD 读写光碟机的接口。______________

(iii) 此 DVD 读写光碟机已标记为“4X 8X 50X”，为首两个数值是 4 和 8，分别代表在 DVD-RW 和 DVD-R 写入数据的数据传输速率。那么第 3 个值 50 代表什么？

____

____

(3 分)

(d) 志伟决定放弃传统 CRT 显示器，选用 LCD 显示器。

(i) 从环保角度，举出一个理由以支持他的决定。

____

(ii) 从健康角度，举出一个理由以支持他的决定。

____

(2 分)

(e) 他需为电脑使用者购置新椅子，举出这些椅子的两项人类工程学的设计特征。

①______________________________

②______________________________

(2 分)

七、中国香港地区资讯及通讯科技会考分析

(一) 笔试试卷分析

1. 试卷设计的人性化

香港会考试卷本身处处体现着人性化，下面列举三点以窥其一斑。

（1）每套试卷在最后一道试题的后面都印有“－试卷完－”字样，用来帮助学生避免漏做题目。

（2）每道试题的题干中，对于那些学生有可能误读或是忽略的字词，都以加粗的方式显示，用来帮助学生明确题意，如例2－8所示。

例2－8：下列哪项**不适合**采用成批处理？

A. 邮寄学校通知

B. 处理奖学金申请

C. 列印考试成绩表

D. 借出图书

2. 试题设计的理念

香港笔试试题设计的一个显著特点是对非陈述性知识的关注。《电脑与资讯科技课程及评估指引（中四至中五）》在评估一章中明确指出“使用精心设计的结构性问题，特别是与情境有关的问题，可以合理地评估学生应用概念、运用解难能力、进行批判思考，以及和别人沟通的能力”。《新高中课程及评估架构建议——资讯及通讯科技科》在评估一章中也提出“教师在设计测试题目时，应针对学生对概念的了解、创意及高层次思考能力，而非着重于资料的背诵。在测验及考试中加入开放式问题，亦有助于评估学生的创意及批判思维等高层次能力”。这里的“应用概念、运用解难能力、进行批判思考，以及和别人沟通的能力”“创意及批判思维等高层次能力”指的就是非陈述性知识，而对非陈述性知识的考量也具体落实在了试题的设计上。

（二）试题设计分析

1. 严谨的知识点覆盖

《电脑与资讯科技课程及评估指引（中四至中五）》在评估一章中还指出“使用精心建构的点项式问题，可以就所教内容作出适当的抽样调查，这也是评鉴学生在知识领域中的差异的可靠方法”。这里的“点项式问题”指的就是选择题，而所谓的“知识领域”指的就是陈述性知识。在会考中，正是通过卷一甲部分的40道选择题完成了这一目标。同时，通过大量的选择题也完成了对知识点尽可能全面的覆盖，从而弥补了综合题设计难以全面覆盖知识点的缺陷，如下面的例2－9和例2－10。

例 2－9：下列哪项不是 CPU 的规格？

A. 2. 8GHz 时钟速度 B. 2MB 快取记忆器 C. 4. 2ms 转动等待时间 D. 32 位元字长

例 2－10：下列哪项 I/O 设备在视像会议中是不需要的？

A. 视像镜头 B. 影像扫描器 C. 话筒 D. 扬声器或听筒

以上两题分别完成了对 CPU 和 I/O 设备知识点的考查，而这两个知识点，在后面的综合题中是无法涉及的。

2. 精彩的综合题设计

香港试题设计理念中提到的“精心设计的结构性问题”指的就是在卷一乙部分和卷二部分使用的综合题。试卷中的每一道综合题都是以信息技术在现实生活中的应用为依托展开的，通常是以某一应用情境为基点设置主题干，并由此拓展开去，形成网状的覆盖结构，主要从解决问题、批判性思考、沟通能力、评价信息技术对生活的影响等几个方面对考生进行较为系统的评价，如例 2－11。

例 2－11：小明刚买了一部手提电脑，其配置如下：

Pentium M715 （1. 50GHz）

2MB L2 快取记忆器

2 × 128MB DDR RAM

Intel 855PM 晶片组

15″1. 44MB 软驱

60GB 硬盘 （5400rpm）

64M 视像 RAM

16 位元音效卡及内置扬声器

可达 4 小时的电池寿命

(a) 需要设置于手提电脑内的硬件组件有很多但有些并未包括在上述配置中，试举出其中两项。

(b) 小明发觉该硬盘贮存大数据库所用的时间很长，他希望明显改善此状况。

(i) 他应否将 CPU 升级？

(ii) 试建议及解释另一个升级计划。

(c) 主机板内设置了 RAM。

(i) 为何这部电脑仍需要快取记忆器?

(ii) 为何这部电脑需要视像 RAM?

(d) 在安装任何应用软件前，在机器中必须先安装某类软件。它是什么? 试举出此类软件的两项功能。

本例的评价目标是“电脑系统与建网”，例子中创建了小明刚买了一部手提电脑这个情境，分项问题（a）、（c）、（d）从概念理解的角度考查了考生对电脑系统硬件、软件及其功能的了解情况，分项问题（b）设置了“贮存大数据库所用的时间很长”这一冲突，从解决问题、批判性思考的角度考查了考生对电脑性能提高策略的掌握情况。

又如例 2－12。

例 2－12：在小强所打的段落中，其中一部分描述了 John Lee 和 John Woo 两位人士，内容如下：Mr Lee and John are working in ABC University. Mr Lee is a professor while John is a research assistant. They have been working together for more than two years.

现在小强希望在段落里作出一些修改：将“Mr Lee”修改为“John Lee”；将“John”修改为“John Woo”。试简略描述小强如何只利用寻找及取代功能，便可做到这些修改。

在作答本题时，考生需要明白文字处理工具的“查找与替换”功能只会找出所要求查找的字词，然后用其他字词代替，它不会考虑文章的内容。因此，考生应能预计使用该功能后文章内容的变动，以避免出错。如果考生依题干呈现的顺序使用“查找与替换”功能，将导致文中姓名混乱，正确的做法是按相反次序使用此功能。这样精巧的冲突设置便可评估学生的解难能力。

再如例 2－13。

例 2－13：互联网时装设计（IFD）是一家网上时装零售店。过去两年，顾客甚多。上月，IFD 的整盘生意卖给了一家地产发展公司。地产发展公司审核了 IFD 的顾客资料，拣选出可能的物业买家，并将物业目录寄给他们。

(a) IFD 将整盘生意，连同顾客资料卖给另一家公司是否合法? 试加以解释。

(b) 地产发展公司利用 IFD 顾客的资料来审核出可能的物业买家是否

合法？试加以解释。

在作答本题时，要求考生对数据保密知识有一定的了解，并具有运用批判性思维的能力，考生须列出具有说服力的论点以支持己见，在某种程度上，此问题亦可评估考生对具有争议性问题的价值观及态度。对同一知识点的考查，可以简单设计为注重资料背诵的封闭性试题，也可通过创设贴近生活的情境、设置自然的冲突，设计出开放性试题来实现对考生创意及批判思维等高层次能力的考查。

这些试题都体现了香港会考试题设计对情境化、过程化和情感态度与价值观的关注。

3. 特色鲜明的“个人习作”试卷

香港的课程研制人员指出，情感态度与价值观的评价应该是学业评价中不可缺失的重要一环，通过笔试对此领域进行评价难以保证较高的信度与效度，建议加强过程性评价的实施，以及通过对“个人习作”的评估来作为评价情感态度与价值观的主要手段。这一评估属于“校内评估”的范围，由任课教师在平时完成评估，香港考试及评核局组织专家进行监督与抽查，且“个人习作”的题目也由考评局统一提供。这种“个人习作”题类似内地中学的“作品制作”，即利用某一电脑领域的知识，围绕特定主题完成一个相对完整的作品。通过对作品本身和学生制作作品过程中的表现的评价来实现对学生学业成就的评价。例 2 – 14 是 2006 年香港中学会考电脑与资讯科技单元 A（算法与程式编写）的个人习作题。

例 2 – 14：座位表

考生需编写一个学校周年聚餐注册电脑程式。在数据收集过程中，需将参加者的个人资料输入，例如参加者的姓名、毕业年份、性别、年龄、职业、预留座位数目等。

要求程式能检验所有输入的数据，并包含修改输入数据的功能。

完成注册后，利用这个程式建立一个周年聚餐座位表的文档，以供筹备委员会使用。考生需要清楚地列出座位分配规则以及其他系统参数，例如餐桌大小。下列为一些可行的座位分配规则：安排家庭成员同坐、配对男女参加者、配对年龄相若的参加者、配对职业相似的参加者。

此程式需同一时间以最少两项座位分配规则，建立一个座位表。考生需留意可能没有一个完美的座位表，可满足既定的座位分配规则，而一个接近的座位分配也可接受。

在习作报告内，考生需辩解其选用有关数据结构和算法的理由。

香港的“个人习作”试题体现出贴近生活、务实和具体的特点。题目往往具体而实用，让人觉得一个完成较好的作品完全可以在现实生活中发挥有效的作用，较少出现那些大而空，让学生自由发挥的题目。

4. 清晰明确的评分标准

如前所述，香港的中学会考试题多采用开放性的填空题，用来加强对非陈述性知识的考量，而开放性的试题会给评卷带来较大的难度，香港中学会考通过给出清晰明确的评价标准来解决这一问题，题目的评分标准普遍具有明确、精练、严谨和宽松的特点。以下是2006年香港中学会考电脑与资讯科技考试卷一乙部分第3题（见例2－7）的评分标准。

(a) 可携性，可移植性（大小/重量/用料），升级，保安（任何两项） 1×2分

(b) 电脑B的运算能力较高（CPU较快），储存容量较大。 1分

电脑A的数据传输速率较高。 1分

(c) (i) 并行接口的数据传输速率不高。 1分

(ii) USB/IEEE1394（火线/Sony I-Link） 1分

(iii) 读取数据的数据传输速率/在DVD-R（DVD-RW）写入数据的数据传输速率。 1分

(d) (i) 消耗较少能源/有害物质（其他合理答案） 1分

(ii) 没有/较低辐射（眼睛过劳） 1分

(e) 椅子设有扶手/轮/辘/把手 1×2分

可调校高度

椅子设有五只脚

(其他合理答案)

有扶手、手靠/靠背/护垫

（三）内容翔实的考试报告

在对香港中学会考的调研过程中，其内容翔实的考试报告给人十分深刻的印象。香港考试及评核局对考试资源的二次开发与利用不仅体现了香港人务实的工作作风和精明的商业头脑，更体现出其对教育规律的准确把

握。考试报告的出版是对考试反馈这一环节的具体落实，其内容满足了教师、学生和相关研究人员的需要。通过对考试报告的研读，教师可在来年的教学中有目的地改变教学重点，考完的学生可以发现自己的薄弱环节，来年的考生可以明确自己的答题依据，研究人员可以把握课程的实施效果等，可谓各取所需。这让我们意识到，每一次公开考试的结果绝不是仅仅以简单而枯燥的数字来收场，而是可以用更为灵活而具体的方式呈现给人们更多的意义与价值，香港的考试报告是一个很好的借鉴。

第三章 Chapter 3

总结性评价命题的基本原则

新课程的评价强调以促进学生的发展为本，在这一理念指导下，试题设计需要围绕学生的需求、学生的经验进行，从而实现以评价促进学生发展的功能，彰显新课程的精神和理念。

根据以往信息技术课程总结性评价中存在的突出问题，我们进行了相关研究，在借鉴其他国家和地区、其他学科相关经验的基础上，提出总结性评价中的过程性、人性化、面向三大目标三个基本原则。本章将对这三个基本原则进行详细介绍。

第一节

过程性原则

一、概念解析

所谓过程性，是指学生在解题时必须基于已有的经验，在大脑中虚拟地“操作”信息技术工具去经历解决问题的步骤、环节。过程性强调的是“经历”“再现”，即对某些操作过程或者操作性内容曾有过操作经历，面对问题时能够在头脑中进行再现或复现，从而进行准确地判断。其前提是，学生必须有相应的实际使用经验，而不能仅凭借死记硬背后储存在头脑中的静态知识来解决问题；而其目的则在于，促使学生在平时的学习中动手实践，引导他们走出机械记忆的备考之举，因为学生无法用头脑中原有的知识或经验直接解决，必须根据解决问题的需求在头脑中虚拟地构设操作过程后方能得出答案。

要实现总结性评价中的过程性原则可以采用这样的命题思路：给出一个“制作”任务，请学生构建或判断其完成过程，或者给定一个问题，请学生设计一套指令以及步骤以解决这个问题。

例 3－1：有表格如表 3－1 所示，请在下面给出的操作步骤方案中至少选出一个合理的答案。(　　)

A. ①插入一个4列6行左上角带斜线格式的表格；②调整行距到适当值；③用擦除工具将右侧第一栏中的第3、4、6条线擦掉

B. ①插入一个4列6行的表格；②将第一行表格宽度加大约一倍；③在左上角的单元格内画一条斜线；④合并第4列的第2、3行单元格；⑤合并第4列第4、5、6行的单元格

C. ①插入一个左上角带斜线格式的表格；②将表格调整为4列6行；③调整行距到适当值；④用擦除工具将右侧第一栏中的第3、5、6条线擦掉

D. ①插入一个4列3行的表格；②加大行宽到适当宽度；③在第3行中画一条横贯1、2、3列的线；④在第2行中画两条上下排列横贯1、2、3列的线；⑤在右上角单元格内画一条斜线

表3－1

<table>
<tr><td>╲</td><td></td><td></td><td></td></tr>
<tr><td></td><td></td><td></td><td rowspan="2"></td></tr>
<tr><td></td><td></td><td></td></tr>
<tr><td></td><td></td><td></td><td rowspan="3"></td></tr>
<tr><td></td><td></td><td></td></tr>
<tr><td></td><td></td><td></td></tr>
</table>

分析：从本题可以发现，学生每阅读一个选项，都要沿着此选项的思路在头脑中相应描绘出一个表格，阅读完四个选项后，学生经历了四次表格的虚拟创建，并在创建中不断进行评价、分析与比较，从中寻找合适的答案。显然，学生无法直接使用死记硬背的知识去解题，而必须借助自己在使用表格时积累的经验在大脑中虚拟地构建制作表格的过程。这就是过程性原则的主旨所在。

例3－2：图3－1是在Photoshop同一图层中打开的一幅含有三个同心环的图片，如果只想选取“环2”，应使用的最有效的工具是（　　）。

A. 移动工具 　　B. 裁切工具 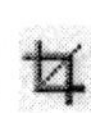

C. 矩形选框工具 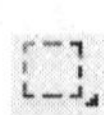　　D. 魔棒工具 

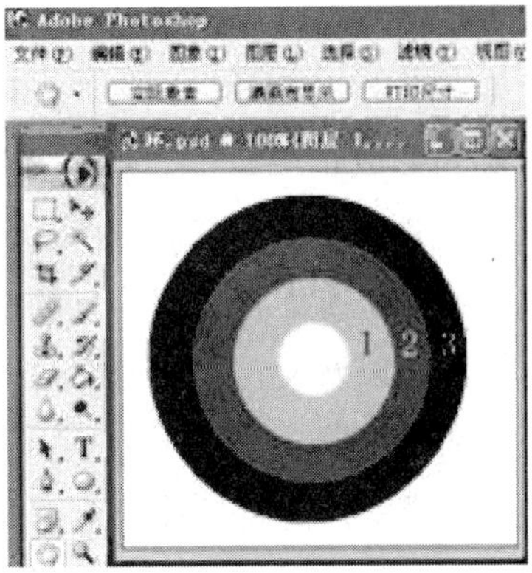

图 3－1　图片示例

分析：如果学生使用过 Photoshop 软件，并接触过软件中的基本工具，就能够相对容易地进行选择与判断。虽然此题目中没有多个操作步骤，但同样是对经历或者经验的考查。

例 3－3：在日常生活中，我们常常会碰到许多需要解决的问题，以下描述中最适合用计算机编程来处理的是（　　）。

A. 确定放学回家的路线

B. 编辑并打印自己的作文

C. 计算 10000 以内的奇数平方和

D. 在因特网上查找自己喜欢的歌曲

分析：学生在判断本题中的选项时，必须结合自己已有的经验，对每个选项涉及的问题的解决方法进行思考，而每一次判断显然又都是对某个过程经历的回忆。

从以上几例中可以发现，过程性原则重视的是对过程经历的再现，而非过程步骤的多少。所以，“过程”并不仅限于步骤性、环节性的流程，如例 3－1；也包括仅有单步操作的过程，如例 3－2 和例 3－3。

二、强调过程性的必需性与可行性

（一）必要性与必需性分析

从宏观的层面来说，强调过程性与我国基础教育大环境的倡导是一致的，具体来说是与第八次基础教育课程改革的基本思想一致。课程改革希望“改变课程过于注重知识传授的影响”，使“获得基础知识与基本技能的过程同时成为学会学习和形成正确价值观的过程”；希望“改变课程实施过于强调接受学习、死记硬背、机械训练的现状，倡导学生主动参与、乐于探究、勤于动手，培养学生搜集和处理信息的能力、获取新知识的能力、分析和解决问题的能力，以及交流与合作的能力”；希望“发挥评价促进学生发展、教师提高和改进教学实践的功能”……为了实现这些大的目标，课程改革中提出了三维一体的目标体系，即知识与技能、过程与方法、情感态度与价值观，将过程与方法、情感态度与价值观列入新目标体系就是希望其能够得到应有的重视。基础教育领域的这些宏观倡导与变化都要求在课程、教学、评价中关注过程、关注方法。所以在评价中强调过程性是宏观环境使然，是教育的大势所趋。

从微观的层面来看，总结性评价中强调过程性原则也是与信息技术课程的特点息息相关的。无论是早期推崇简单技术的计算机课程还是目前以素养培养为目标的信息技术课程，都具有鲜明的操作性、实践性、应用性等特点，这是信息技术的本性使然。关于技术的理解，正如本书第一章“研究背景”中所述，从技术的视野看，首先是动手的技术，然后是如何做的技术，即设计的技术和规划的技术；为什么这样做，即技术思想是什么；技术的价值，即为什么要有技术，技术之于社会、生活的意义如何等。信息技术课程中的技术，应该是内涵丰富的完整的技术。[①] 课程的技术内涵，应当是在操作中、在应用技术解决问题中、在信息活动中领悟、掌握技术思想与方法，通过外在的显性的“硬技术”的学习，达到内在的潜隐的“软技术”的领悟。从三维目标的角度来看，就是需要以基础知识和基本技能为本，将方法与思想融入过程之中，将理念和价值包含其中，才是合格的课程。在这样的课程特点与目标的关照下，考查学生对菜单的背诵功力不是信息素养所需，也无益于学生信息素养的培养与提升。因此试题设计既要关照到学生识记性知识的掌握，更要有效地评价学生实际的操作能力以及利用信息技术的方法和手段解决实际问题的能力。从另一角

① 牟艳娜，刘向永．高中信息技术新课程改革的省思与展望：与课程标准制订者的对话[J]．中小学信息技术教育，2005（6）：5－8.

度来看，我们提倡的信息技术教学/学习，或者说平时真实的信息技术教学/学习多数以操作为主，学生熟悉的是对操作的经历，而非脱机知识的背诵和记忆。所以，强调过程性原则是建立在对信息技术课程培养目标、技术内涵及技术教育理念的深刻认识与科学解读基础之上的，是为了实现教学—学习—评价的统一。

从评价的形式来看，在总结性评价中，毋庸置疑，人们对机考尤其是作品考查方式的推崇都与信息技术课程的特点息息相关，都是为了评价学生的操作能力与应用能力。然而由于大面积推行机考存在许多问题与困难，所以纸笔测试的方式才被大范围采用，而我们惯常使用的纸笔测试似乎无法像机考那样便利地考查学生的能力，所以纸笔测试的形式又屡遭质疑。从研究的视阈观察，评价的形式或者手段不是关键，重点在于试题的考核指向与评价理念。所以纸笔测试中体现过程性思想是目前评价发展的急需与必需。

（二）可行性分析

在总结性评价中体现过程性原则完全具有可行性，这点可以从其他国家或地区的信息技术课程评价中、从其他学科操作性内容的评价中得到认证。

从英国、美国、中国香港地区的总结性评价中，我们不难发现体现过程性、强调能力考查的试题，这在第二章中已经有所涉及，此处不再赘述。这里仅从其他学科中寻找能够体现过程性原则的试题设计。

与信息技术课程相似，通用技术也属于技术类课程，也需要在操作中考查学生的设计能力、应用能力等。下面的例题就能够实现这样的目标。

例 3－4①：刘兵家里的木质靠背椅的靠背出现了无法修复的损坏，详见示意图（如图 3－2 所示）圆圈部分。现要对这把椅子进行简单的木工处理，使它变成一张小茶几。他完成这个任务最适合的工具是（　　）。

A. 锯子和刨子　　　　B. 木锉和手钻

C. 凿子和手钻　　　　D. 刨子和凿子

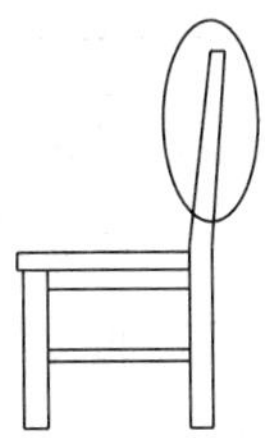

图 3－2　椅子示意图

① 韩华，吴斌．期末检测试题的思考［EB/OL］．http：//blog. cersp. com/6000/859620. aspx，2007－02－04.

分析：本题侧重对技术工具的应用的考查，而不是机械记忆各种工具的功能。

有些学科虽然不属于技术类或者操作类课程，但具有操作、应用性质的内容，如物理、化学学科的实验，这些实验的考查仅凭借纸上谈兵是不能解决问题的。所以这些学科为了考查学生的实验能力，在实验题目上进行了精心设计，这些案例都对信息技术课程的评价具有借鉴意义和参照价值。

例 3－5①：（2004 年上海化学卷第 28 题）某种含有少量氧化钠的过氧化钠试样（已知试样质量为 1.560g、锥形瓶和水的质量为 190.720g），利用图 3－3 中的装置测定混合物中 Na_2O_2 的质量分数，每隔相同时间读得电子天平的数据如表 3－2所示。

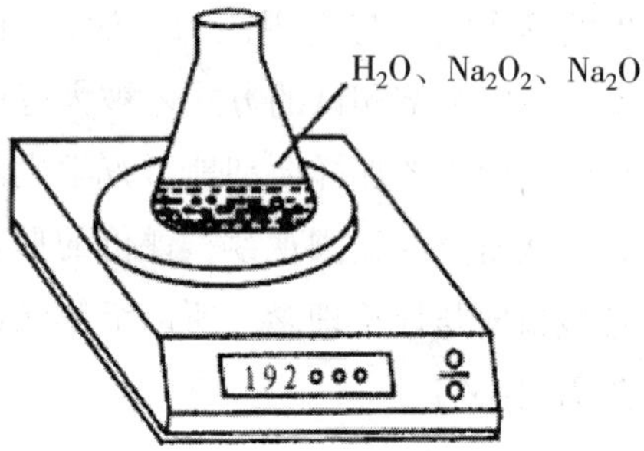

图 3－3　实验装置

表 3－2

读数次数	质量（g）（锥形瓶＋水＋试样）
第 1 次	192.214
第 2 次	192.164
第 3 次	192.028
第 4 次	192.010
第 5 次	192.010

（1）写出 Na_2O_2 和 H_2O 反应的化学方程式________。

（2）计算过氧化钠质量分数时，必需的数据是________。

（3）测定上述样品（1.560g）中 Na_2O_2 质量分数的另一种方案，其操作流程如图 3－4 所示。

①操作Ⅱ的名称是________。

① 王春. 2004 年全国高考化学实验试题的特点及启示［J］. 中学化学教学参考，2004（8－9）：107－109.

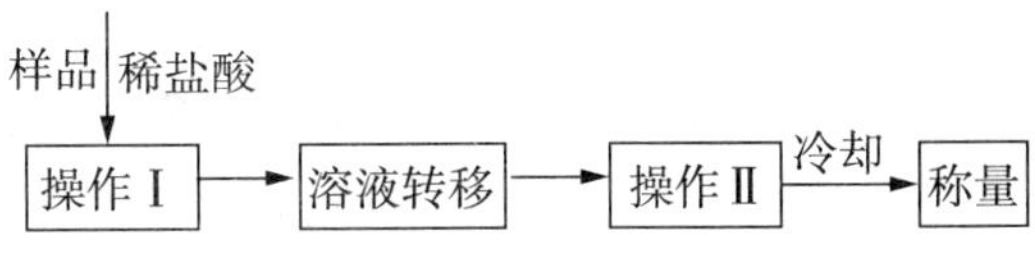

图 3 – 4

②需直接测定的物理量是________。

③测定过程中需要的仪器有电子天平、蒸发皿、酒精灯，还需要________（固定、夹持仪器除外）。

④在转移溶液时，如溶液转移不完全，则 Na_2O_2 质量分数的测定结果________（填偏大、偏小或不变）。

分析：本题以实验数据为载体，考查学生通过实验数据分析实验原理，并推断实验操作流程的能力，表面上看试题考查的内容较为单一化，但本题却对学生的推理能力和平时实验的动手能力等均有较高层次的要求。要解答好此类试题，学生在平时的实验课上需要亲自体验实验探究的过程，多动手实验，才能够对实验流程做到心中有数，记忆深刻，不需死记硬背实验中所需要的实验仪器，只需记住实验过程，便能顺利推出。

例 3 – 6①：在信息技术高速发展、电子计算机广泛应用的今天，担负着信息采集任务的传感器在自动控制、信息处理技术中发挥着越来越重要的作用。其中热电传感器是利用热敏电阻将热信号转换成电信号的元件。某学习小组的同学在用多用电表研究热敏特性的实验中，安装好如图 3 – 5 所示的装置。

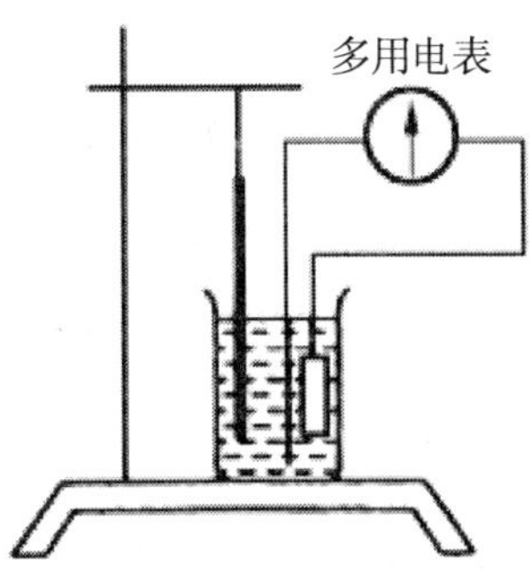

图 3 – 5　用多用电表研究热敏特性的实验装置

① 张福勤. 高考物理实验试题设计趋势分析［J］. 物理实验，2007（3）：26 – 30.

（1）多用电表的选择开关应置于________档。

（2）向杯内加入冷水，温度计示数为20℃，多用电表选择适当的倍率，读出热敏电阻阻值R1，然后向杯内加入热水，温度计示数为60℃，发现多用电表的指针偏转角度较大。为了较准确地读出这些温度下热敏电阻的阻值R2，多用电表的倍率应________（填增大、减小或不变）。

分析：本题实质上考查的是多用电表的使用，尤其是欧姆表的使用。只是情境上联系了实际，只要灵活掌握了欧姆表的使用，就能很容易得出这道题的正确答案。

从以上例题中不难发现，物理、化学所注重的实验能力，其实质就是动手能力，同样是强调对过程的经历。这与过程性原则所追求的目标是一致的。也就是说，笔者在信息技术课程中提倡的过程性原则同样适用于具有相似内容的其他学科。

另外，语文学科虽然不具有操作性内容，但语文试题的设计中也关注体现过程，譬如强调文本阅读的情感过程、文本理解的感悟过程、文本积累的思维过程等。[①] 以下两例便体现了这一特点。

例3－7[②]：默写古诗《赠汪伦》。假如你是站在船上的李白，看到汪伦踏歌为你送行，你会对他说什么？

分析：这是小学语文阅读部分的试题。本题将学生置于特定的情境中，让学生想象可能会说的话。在理解汪伦与李白关系的基础上，学生可以发散思维，选择合适的话语表达自己的感情。这样的命题给了学生更多的感悟空间，有利于体现感情的过程，承认多元价值的存在、尊重学生在学习过程中的独特体验。

例3－8[③]：初三毕业晚会上，同学们欢聚一堂，有的在依依话别，难舍难分；有的在憧憬未来，畅谈人生。这时，请你从中国古诗词中任选两句表现离情别意和思想抱负的诗（含词曲）句，作为临别赠言献给他们。

示例：

---

① 浅谈新课程下语文命题的原则［EB/OL］. http://www.ictedu.cn/list.aspx?cid=31, 2007－07－19.

② 汪启喜. 新概念语文试卷设计举例［EB/OL］. http://www.ictedu.cn, 2007－07－19.

③ 浅谈新课程下语文命题的原则［EB/OL］. http://www.ictedu.cn/list.aspx?cid=31, 2007－07－19.

①山回路转不见君，雪上空留马行处。（离情别意）

②了却君王天下事，赢得生前身后名。（思想抱负）

临别赠言：

第①句 ________________________。（离情别意）

第②句 ________________________。（思想抱负）

分析：同样是考查识记的积累，本题在一个相对宽泛的条件下引导学生灵活搜索已有积累，极大地调动了学生的思考积极性，并能充分反映学生的个性思维差异。这样的考核有利于体现学生的思维过程，促进积累的迁移。

上述两例设置适当情境的目的都在于促进学生对（情感、感悟、思维）过程的经历，或者对已有经历的再现（譬如联系自己与朋友、同学分别的情形），引发相关的感悟，从而顺利作答。显然，这与信息技术课程总结性评价中强调的过程性原则具有相似之处。

三、“过程性”辨析

首先，“过程性”与过程性评价中的“过程性”所指不同：前者带有“过程化”的意蕴，旨在考查对过程的经历，强调的是过程本身；后者强调在过程之中的评价，伴随过程开展的评价，强调时间上的并行关系、同时进行的状态，属于表现性评价。

模拟系统与纸笔测试中的过程性不同。模拟系统中的过程性借助模拟操作体现在外，易于观察，可以相对客观地加以判断；纸笔测试中的过程性强调的是学生在脑中复现，因而隐藏于内，只能依据结果推测，与实际会有出入，譬如，学生没有经历过操作的过程但有可能在猜测之中选择了正确的答案。

总而言之，过程性原则的价值就在于较为直接地体现了以评价促进学生发展的目的，旗帜鲜明地表示了单纯机械记忆的应考之举不足取。

第二节

人性化原则

试题设计强调人性化原则的目的在于回归学生生活，贴近学生经验。这既是第八次基础教育课程改革的倡导，也是“为了学生的教育”的应然指向，只有贴近学生，才能够让学生感觉到“学习是生活的需要而不是额外的负担”。

作为人性化原则的体现，需要做到“语言亲切、指向明确”。所谓语言亲切，是指将题目的情境设置得贴近学生生活，符合中学生的语言风格习惯。再配以题干中前后文的说明，使得指向明确，必要时还可以给出答题示例，最大程度地将问题规范化，避免歧义。

“语言亲切、指向明确”是所有课程评价命题的一般或共性要求，是评价在人性化方面所应具备的基础性质。以往在信息技术课程的评价中，对这点有所忽略或者做得不够到位。

秉承“一切为了每一位孩子的发展”的课程改革理念，在“语言亲切、指向明确”的基础上，人性化原则具体落实到信息技术课程中就是要包容差异、彰显多元、鼓励个性。信息技术课程中涉及两方面的差异。一方面是工具软件、教材的差异，不同学校实施教学所依赖或借助的软件、平台呈现多样化特点，或是软件不同，或是版本差异，但都会具有相似的基本功能。不同版本的教材对高中课程标准的解读不同，体现在教材内容上就是线索组织、情境设置、案例选取、方法渗透、实践安排、评价设计上各有千秋。另一方面是人的差异，学生在兴趣爱好、能力水平、知识储备等方面都存在差异，在信息技术学习中会具有不同的操作习惯、工具偏好，对于同一种软件工具可能掌握的功能不同。基于这些差异，高中课程标准指出：“充分考虑高中学生起点水平及个性方面的差异，强调学生在学习过程中的自主选择和自我设计……充分挖掘学生的潜力，实现学生个性化发展。”因而，在教学过程中倡导弘扬学生的个性、鼓励其个性发展，将“控制权”下放到学生手中，让学生掌握发展个性的主动权，如发现问题及提出问题的权力、选择（问题、工具或途径）的权力、设计规划的权力、评价的权力等。所以，教学评价也应与教学保持一致，在试题及试卷的设计上，更加关注学生的个别差异，做到包容差异、彰显多元、鼓励个性。

人性化原则可以通过以下几个方面加以体现。

一、设计思路人性化

以往的信息技术试题的命题思路往往抽象有余而具象不足，过分注重使用脱离具体实际的抽象任务而不重视使用情境化的问题。究其实质是因为考查侧重知识点，也就是单纯考查学生对知识的记忆能力。

从人性化的角度出发，命题时可以将抽象的原理、概念融于具体的情境之中。也就是说，试题的结构和描述要密切联系学生的生活与应用需求，通过设置平易近人的情境，使题目更具亲和力，使学生在更容易接受的形式下能结合实际灵活解答，从而达到同样甚至更佳的评价效果。这样的题目同样能够考查学生对于知识点的掌握情况和应用能力，但会具有“润物细无声”的特点。

例 3－9：小明用计算机编写稿件《班级公约》，可是忘记把文件保存在何处了，你能帮助他找到所需的文件吗？请你简述主要步骤。如果他连文件名也忘记了该怎么办？

分析：本题显然是要考查文件搜索的相关知识，但没有简单地让学生去抽象地描述如何使用搜索文件的功能，而是将考查内容放置于具体的情境之中，这样，任务就变成让学生解决某个现实的具体问题，从而贴近学生的生活经验。另外，本题体现了过程性的思想，学生经历过搜索文件的操作过程，就能够作答。

例 3－10：学校要开一个“弘扬奥运精神”的主题班会，现在你手里有一张有关奥运会的 VCD 光盘，但是你只想要其中的一个片段，利用以下哪个计算机软件能把所要的片段截取出来呢？(　　)

A. 画图　　　　B. ACDSee

C. 超级解霸　　　　　　　　D. PowerPoint

分析：本题给定了一个具体的情境，让学生根据已有的知识与经验选择合适的软件。究其实质就是考查学生对于软件功能的了解情况，但没有采取让学生直接背诵、机械描述的办法，而是借助真实性的情境达到此目的。借助这种方法也达到了考查学生应用能力的目的。

例 3－11 也与此类似。

例 3－11：在使用图表呈现分析结果时，若要描述全校男女同学的比例关系，最好使用（　　）。

A. 柱形图　　　　　　　　B. 条形图

C. 折线图　　　　　　　　D. 饼图

在进行课程改革之后，其他学科在试题设计上也呈现出人性化的特点。

例 3－12①：遗弃旧电池会造成污染。某同学用废干电池锌皮制硫酸锌晶体，变废为宝。实验过程经历如下几个操作：①加热蒸发滤液；②过滤反应后的液体；③冷却，回收晶体；④用稀硫酸溶解锌皮（含不与酸反应的杂质）。

（1）写出④反应的化学方程式____________________。

（2）对实验操作按实验先后进行排序____________________。

（3）在②中，该生获得的滤液仍然浑浊。试分析可能的原因（写出一种原因即可）

____。

分析：本题重点考查实验基本操作与技能——过滤和实验操作先后的设计。考查该实验操作与技能，不是简单地问“过滤操作时，为什么滤液仍然浑浊”的原因，而是把该内容置于一定的实验情境之中——“某同学用废干电池锌皮制硫酸锌晶体，变废为宝”（这是初中化学课本中的一个选做实验），要求考生根据具体的实验情境作答，体现了实验考查的情境性。

① 杨梓生．中考化学实验试题的几个特点［EB/OL］．http：//teacher. wjszzx. cn/html/2006－03/4719. htm，2007－08－01.

例 3－13[①]：某位同学自制了螺旋测微计。由于没有车床加工精密螺纹，就找了一段细钢丝（直径为 0.8mm），又找了细圆柱，在细圆柱上均匀涂上万能胶，然后在细圆柱上紧密绕缠细钢丝作为螺栓。在螺栓上再紧密绕缠细钢丝和牛皮纸组成螺母。再通过其他工作，螺旋测微计终于成功了。问该螺旋测微计的固定刻度最小长度为________ mm，若可动刻度分成 20 等份，则该螺旋测微计可准确到________ mm。

分析：本题就是螺旋测微器活学活用的典型试题。在解答这类题时，如果不能深刻理解螺旋测微器的工作原理，只靠死记硬背，就不可能很好地完成解题任务。另外，在有些条件不具备的情况下，创造性地利用已有材料解决问题，也是今后素质教育的必然。

例 3－14：表 3－3 是一学校餐厅就餐学生人数统计，其中餐厅设计最多可容纳就餐人数为 3500 人。

表 3－3 某学校餐厅就餐学生人数统计

就餐时间	最高峰时就餐人数
早上（7:00－7:20）	4000 人
中午（11:30—12:00）	3000 人
晚上（17:20—18:10）	1000 人

（1）根据此统计数据，提出存在的问题，并分析其原因。（4 分）

____

（2）请你提出能解决此问题的合理化建议。（2 分）

____

分析：这是“体育与健康”科目的考试题目。旨在让学生通过系列数字发现问题，并据此解决问题。问题描述具体而明确，情境真实，易于学生的理解，也便于学生解决实际问题。

设计思路人性化一方面是真实性评价（指在真实的生活环境中评价学生的表现）思想的体现，真实性评价强调的是学生真实经验的获得，而不是空洞的冷冰冰的纸上概念，之所以强调真实的情境设计，是因为在真实、具体的情境中，更容易考查学生的应用能力、解决问题的能力。另一

① 张福勤．高考物理实验试题设计趋势分析［J］．物理实验，2007（3）：26－30.

方面也符合学生的学习规律。学生的学习会经历微观——宏观——微观的过程。在教学过程中，学生首先面对的通常是一个情境化的、具体的、现实的任务，属于微观层面。在能够解决微观层面的任务之后，教师会将任务抽象化、去情境化，变为一种相对宏观的任务，引导学生总结出解决某一类任务的一般方法。然后，再进一步提出微观上的任务，让学生来验证一般方法并加深认识。这样，在微观与宏观的变化之间促进了学生对所学内容的迁移。迁移巩固的过程促进了学生对已有知识的重组，形成较大的知识组块。学生的能力也从解决某个特定问题提升到解决某一类问题。学生在生活、学习中遇到的问题都是具体的，参与的信息活动也是具体的，解决问题的需求也属于微观层面。然而，只有把握了宏观意义上一般的问题解决的过程和方法，才能够根据问题情境的不同灵活处理，满足不同的现实需求。也可以这样说，学生的现实需求都是某种宏观需求具体化、情境化的表现。设计思路人性化的优点就在于在具体的情境中考查学生对知识与技能的运用能力、对具体问题的解决能力，从而达到考查学生能力的目的。

二、超越工具

信息技术教学中实际使用的工具是多种多样的，这些工具能够完成的功能大致相似，在这样的现状下，如果评价中仅指定使用一种工具去考查就会有失公平，无法体现彰显多元、鼓励个性的思想。

评价中也要谨防出现将教学手段作为教学目标的错误，避免出现以对工具使用能力的评价取代对信息技术能力的评价。

因此，在命题中应尽量避免对具体工具使用方法技巧的考查。应该尽量总结出同类工具的共性，以这些共性的评价为主，让学生重视、具备超越具体工具的知识与技能迁移能力，尊重个体在工具选择上的个性化。

例 3－15：如图 3－6 所示，在下面这个通知中，为达此效果需要进行格式设置。请在括号中标注每段文字使用了哪些文字格式。

通　知（　　）

暑假即将到来，请同学们在暑假期间注意以下几个问题：（　　）

1. 暑假期间注意人身安全（　　）
2. 合理安排时间，注意劳逸结合
3. 认真完成暑假实践活动作业
4. 8 月 29 日上午 8 点准时到校报到

学校学生处（　　）

2007－07－01

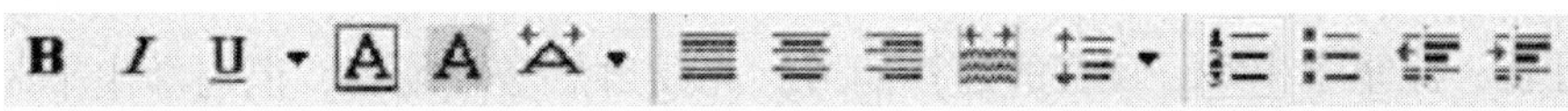

1　2　3　4　5　6　7　8　9　10　11　12　13　14　15

图 3－6

分析：本题初看似乎考查的是 Microsoft Word 程序中的文字编辑功能，但是仔细观察后会发现，此格式工具栏是众多具备文字编辑功能的软件所共有的。这样的题目设计脱离了具体的软件工具，变成一种共性功能的考查。

例 3－16:[①] 你通常选用下面哪种方式来管理亲朋好友的信息，请简述理由。（　　）

A. 用纸质材料分类记录

B. 用专业通信软件记录

C. 在计算机中建立表格或数据库文档记录

D. 其他（请写出具体方式）________

分析：从答题的视角来看，四种都是可以的。但若无具体记录方法作为支撑，则选任何一种方式都应该视为无效。该试题的设计超越了具体工具，但能从解决实际问题的角度出发，检查学生记录信息的能力。

例 3－17：某同学设计了一个小程序，程序的任务是：当输入姓名和语文成绩后，马上显示语文成绩的情况，如果及格（语文成绩大于等于 60），计算机显示一朵小红花，如果不及格，则显示“不及格”，请你根据要求在表 3－4 中的横线处选择正确的答案（A. 一朵小红花 B. 不及格 C. 4）。

① 《海南省 2007 届普通高中基础会考信息技术科目考试说明》中列出的例题。

表 3－4 程序任务描述

行 数	程序语句
1	请输入你的姓名和语文成绩
2	语文成绩大于等于 60 吗？“是”则显示____，转至第____行
3	语文成绩大于等于 60 吗？“否”则显示____
4	结束

分析：本题体现出超越具体软件的特点。强调对同类别工具的共性的评价，注重学生举一反三的迁移能力。此题虽然考查编程，但与学生平时使用的具体的编程语言无关，只要学生具备一定的编程经验，掌握了判断、分支结构的思想，便能够作出正确的选择。

三、超越教材

现有的通过国家审定的几套高中信息技术教材各有特点，都用不同方式对信息技术课程标准进行了“演绎”和具象。在对学生进行评价时需要以课程标准为依据，在课程标准的统领之下，确定考查的范围，在评价内容的深度与广度上作出决策。这就要求评价时超越教材本身，从不同版本教材中提取出共性作为评价的基本指向。各版本教材会对某些问题有不同的见解，这样的问题不适合作为评价内容。

超越教材意味着不囿于具体的教材内容，因此，在具体的题目设计过程中，即使在教材中没有涉及某部分知识，只要是在课程标准规定的范围之内，并且有利于促进学生信息素养的形成，有利于学生的发展，都可以作为出题的依据和内容。必要时可以先为学生提供一段描述性的学习资料，要求学生对提出的问题作出反应，从而回避是否超出教材内容范围的问题。

例 2－3 就是先描述了网络摄像机的概念及功能，然后要求学生选出它可能的应用场合，并由此引发出关于网络安全的考查，从而考查学生对新知识的理解、掌握、应用能力。

信息技术学科在不断地发展，在评价中适度超越教材，引入信息技术领域的前沿问题，一方面可以引导学生关注学科的动态，另一方面也可以考查学生的知识迁移和自主学习能力。

四、判分宽松

判分宽松是对试题答案而言的。设置参考答案和判分时需要慎重，尽量涵盖并认可所有的合理答案。对于涉及工具操作的试题，应尊重学生操作习惯的个性化。国内市场上的所有机考系统都不能很好地实现这一点，采用纸笔测试的方法反而可以轻松地解决这个问题。对于分析或者论述之类的题目，应当对答案持宽容的态度，在不违反基本规律或原则的情况下，充分尊重学生的想象力、独创性。

例 3－18：表 3－5 是若干年来主流计算机配置及价格的变化，请你根据表中体现出的变化趋势，预测 2010 年计算机的配置及价格。

表 3－5　计算机配置及价格变化

年　份	CPU 主频	硬　盘	内　存	显示器	价　格
1992	16MHZ	40M	1M	12 英寸单显	8000 元左右
1998	200MHZ	4.3G	32M	14 英寸彩显	6000 元左右
2003	1.7GHZ	40G	256M	17 英寸彩显	5000 元左右
2005	2.8GHZ	80G	512M	15 英寸液晶	4500 元左右
2010					

分析：本题的答案没有确定的数字要求，只要学生的答案能够反映变化趋势即可。

例 3－19：某学生需要写一份有关污染问题的报告，他已采用数码相机拍了一些照片。下列哪类软件最为适用？

A. 文字处理　　　　B. 电子表格

C. 数据库管理　　　　D. 图形图像处理

分析：本题考查学生选择信息工具的能力。本题设置了多种可选答案，允许学生有个性化的选择。选择 A 或 D 均可。

其他学科的试题设计也会有类似的做法。在化学、物理中会将此特点称之为开放性，解答开放性试题要求学生具有开放性的思维品质和能力，体现试题注重能力和素质考查的方向。命题时对实验三要素——实验仪器、实验操作、实验原理等没有过多的限制，从而保证实验试题具有开放性。此类试题往往具有条件开放性（给定多余的实验条件或者不限制实验条件）、思维发散性（不同的考生可以根据自己惯用的思维方式及自己的知识水平，采用适合自己的思维进行实验）、结论多样性（可以得到多个并列的答案）等特征。

例 3-20：著名化学家罗伯特·波义尔（Robert Boyle）在一次实验中，不小心将盐酸溅到紫罗兰花瓣上，过了一会儿，他惊奇地发现紫色花瓣出现红点点。他对这一意外的发现作出了各种假设，经过多次实验验证，探究普遍规律，终于获得成功。对紫罗兰花瓣遇盐酸变红现象，你有哪些假设？请将你的各种假设以及验证假设的实验方案填写在表 3-6 中。

表 3-6

你对紫罗兰花瓣遇盐酸变红现象的各种假设	验证假设的实验方案

分析：本题以波义尔发现指示剂为素材，要求学生根据科学家的探究过程，提出设想并开展实验研究。素材中仅涉及盐酸和紫罗兰花瓣，结合中学化学知识，学生应该能敏锐地感知，试题旨在考查酸的性质（指示剂遇酸变色）。本题属于开放性的问题，假设存在多样性，对应的实验设计也存在多样性。根据已有的知识，可以从宏观和微观两个角度对上述现象作出假设：①从宏观的角度，从物质的属类出发，可以考虑其他的酸是否具有同样的现象；或者考虑中性溶液、碱性溶液是否也存在这样的现象；②在微观的角度，可以从盐酸溶液中含有的微粒出发，探究变色是由 H^+、Cl^-，还是 H_2O 引起的。对应的实验可以依据假设来进行设计和展开。

物理学科的相关研究中，有人提出了设置开放性试题的方法，包括自问自答式的开放性试题、利用假设情形设置开放性试题、用自编试题的形式设置开放性试题、以社会热点为背景的开放性试题、以科学技术为背景的开放性试题、阅读理解类的开放性试题、将实验试题开放化等。例 3-21 和例 3-22 属于利用假设情形设置开放性试题[①]。

---

① 常金霞．新课程下高中物理试题命制的研究［EB/OL］．http：//www. pssp. com. cn/article-show. asp？ArticleID＝2464，2007-07-20.

例 3－21：假如你处于失重状态，将会出现的现象是（要求写出两种可能发生的现象）________________________________。

例 3－22：简要说出生活中哪些地方要利用静摩擦力。假如没有静摩擦力，将会变成什么样子？（至少两例）

____。

语文学科的试题中也不乏体现此思想的设计，如例 3－23 和例 3－24 所示。

例 3－23：给“日”这个字加一笔，组成新字，请你写出四个这样的字____。

分析：这是小学语文字词方面的测试题目，答案是多样的，只要符合规则即可。

例 3－24：写出这一学期以来，你从书本上学到的两个你最喜欢的句子。

分析：这是小学语文句子方面的测试题目，既然要求学生描述喜欢的句子，自然没有固定的答案，只是从中考查学生对于书本内容的掌握程度及喜好偏向。

五、超量出题

以上从命题方面体现了人性化原则，超量出题则是从试卷结构上体现了评价的人性化特点。采用超量出题的方式依然要考虑大众信息技术工具的功能多样性与个性化、用户独特的应用方式等因素。有人曾经做过统计，在软件如此多的功能中真正经常使用到的仅占 10%，而每人用到的功能又有 10% 与他人不同。所以没有必要对所有的功能进行评价，也无需规定不同的用户都遵照相同的应用模式。

表 3－7 和表 3－8 中所列是在一定范围内调查统计的字处理软件 Microsoft Word 中各功能使用频率最高和最低的五个功能。①

① 魏婷．大众信息技术工具使用频度调查举例与试卷结构设计［J］．中小学信息技术教育，2003（11）：14－15.

表 3-7 Microsoft Word 中使用频率最高的五个功能

	经常使用	偶尔使用	知道但没用过	不知道此项功能
文字的剪切、复制和粘贴	92	8	0	0
保存 Word 文档	88	11	0	1
新建、打开、关闭 Word 文档	85	12	1	2
设置文档的字体	83	11	3	3
撤销或重复操作功能的使用	81	16	2	1

表 3-8 Microsoft Word 中使用频率最低的五个功能

	经常使用	偶尔使用	知道但没用过	不知道此项功能
Microsoft 脚本编辑器	4	8	31	57
模板和加载项	5	7	27	60
安全性	2	9	31	58
Visual Basic 编辑器	1	10	32	57
录制新宏	2	10	28	60

超量出题的思路是，将评价的题目分为必答和选答两类，必答部分是对高中学生所必须具备的信息素养的评价，选答部分体现对学生个性化的尊重和评价，即允许学生在一组题目中自由地选择题目作答，只要回答出了其中一定比例的题目，即可认为合格。

海南省在 2003 年和 2004 年的高中信息技术课程会考中就采用了这种方法，即将试卷分为客观题和项目任务题，客观题部分包括必答题、选答题一、选答题二三个部分。必答题部分共 10 道题，其中 1~4 题为单选题，5~6 题为多选题，7~10 题为判断题。选答题一部分同样包括 10 道题，要求学生“从中任选 6 道题作答，无需多答，多答部分以答错的题目计分”，题型上也包括单选题、多选题、判断题。选答题二部分包括 10 道题，要求学生“从中任选 5 道题作答，多答部分以答错的题目计分”。三个部分不仅根据功能分类确定题目分布，而且还采用难度等级和认知水平来进一步决定题目的组配，使测试方案更趋于合理和全面。会考过后，对海南省参与会考的部分学生进行了抽样调查。[①] 统计结果表明，学生对部分试题可以“自由选做”的超量出题的做法认可度很高，比例达到80.34%。

根据各类试题的特点，具有客观色彩的题目类型易于借助超量出题的方式来包容差异、关注个性，这点将在后面的章节中加以描述。

第三节

面向三大目标

新课程从三维的角度去描述课程目标，评价中也必然要体现对三维目标的考查。具体来说，知识与技能、过程与方法都是针对试题的题目设计而言的，而情感态度与价值观则是针对试卷，强调在一套试题中需要涉及或能够体现对情感态度与价值观的考核。

实际上，在以往的试题中都会涉及知识与技能、过程与方法的考查，尤其在知识与技能方面已给积累了一定的经验。本章前两节提及的过程性、人性化原则对知识与技能、过程与方法也都有较好的诠释。所以本节的“面向三大目标”侧重强调对情感态度与价值观的评价。

一、情感态度与价值观概念界定

根据心理学、教育学中对情感、态度、价值观的解析，可以对信息技术课程中的情感、态度、价值观解析如下。

信息技术情感是指学生在学习和使用信息技术、参与信息活动中形成的一种对信息技术或信息活动的感情指向或情绪体验，可能是积极的、满

---

① 调查对象为海南省普通高中参加信息技术会考的学生。使用分层抽样法，先将总体分为三类，即省教育厅直属中学、市级重点中学和一般的郊县中学，从三类中抽取出有代表性的中学11所，发放问卷1058份，回收率100%，有效率为100%。参见：魏婷，段青．会考实施反馈信息分析与总结［J］．中小学信息技术教育，2003（11）：17－19.

意的、喜欢的，也可能是消极的、反感的、厌恶的。

信息技术态度是指学生在学习和使用信息技术、参与信息活动中对信息技术或信息活动的一种内在反应倾向，是通过外部行为或外显行为表现出来的，如积极或消极、热情或冷淡。

信息技术价值观是指学生在学习和使用信息技术、参与信息活动中形成的对信息技术或信息活动的最基本看法，包括基本信念和价值取向，决定着一个人的思维活动和外在表现。

从信息技术课程的培养目标来看，在情感态度与价值观方面显然是希望促进学生向正向的、积极的方面发展。《普通高中技术课程标准（实验）》中与情感态度与价值观相关的描述为：①

“9. 体验信息技术蕴涵的文化内涵，激发和保持对信息技术的求知欲，形成积极主动地学习和使用信息技术、参与信息活动的态度。

“10. 能辩证地认识信息技术对社会发展、科技进步和日常生活学习的影响。

“11. 能理解并遵守与信息活动相关的伦理道德与法律法规，负责任地、安全地、健康地使用信息技术。”

以上三条彰显了信息技术课程中所预期的情感、态度与价值观，譬如，“激发和保持对信息技术的求知欲”是对预期的信息技术情感的描述；“形成积极主动地学习和使用信息技术、参与信息活动的态度”描述了预期形成的信息技术态度；“辩证地认识信息技术对社会发展、科技进步和日常生活学习的影响”“能理解并遵守与信息活动相关的伦理道德与法律法规，负责任地、安全地、健康地使用信息技术”则表达了预期的价值观，更进一步“辩证地认识信息技术对社会发展、科技进步和日常生活学习的影响”、理解“与信息活动相关的伦理道德与法律法规”属于思维活动，而“遵守与信息活动相关的伦理道德与法律法规，负责任地、安全地、健康地使用信息技术”则属于外在表现。

从条目上来看，价值观的养成被放到了后面，因为从德育的角度来说，应该先有一般的态度，然后价值内化并形成价值观，最后是价值观性

---

① 中华人民共和国教育部．普通高中技术课程标准（实验）［M］．北京：人民教育出版社，2003：13.

格化而达到最高层次——形成良好品德，这是逐层深入的关系。

从横向看，这三个要素具有相对的独立性，它们描述了人的情意领域的完整画面。从纵向看，这三个要素具有层递性，它们构成了一个由低级到高级的情意发展连续体。

脱离开具体的信息技术课程，从宏观的教育层面来看，基础教育阶段的情感态度与价值观所指更为宽泛。"情感"不仅指学习热情和学习兴趣，还包括爱、快乐、审美情趣等丰富的内心体验；"态度"不仅包括学习态度，还包括乐观的生活态度、求实的科学态度、宽容的人生态度等。"价值观"作为一个比较宽泛和抽象的概念，强调个人价值和社会价值的统一，科学价值和人文价值的统一，以及人类价值与自然价值的统一。[①] 这些都是信息技术课程乃至整个基础教育阶段的所有课程都需要关注的。

二、考查情感态度与价值观的可行性分析

在日常教学过程中，对于情感态度与价值观的考查可以通过表现性评价、成长记录袋、观察、同伴评价及自我报告等方式进行。但在总结性评价中需要借助适当的题目设计来考查，根据学生的作答情况进行分析、判断。

对其他国家或地区的信息技术课程总结性评价的调研中发现，英国试题中有针对情感态度与价值观的设计，譬如例2－2。

例2－2是围绕着情感态度与价值观设置的，其优点是借助一个具体的网络银行展开对学生的考查，从中判断学生对问题的认识及价值取向。

考查其他学科，尤其是实施新课程之后的评价，也不难发现和情感态度与价值观相关的试题设计，如例3－25。

例3－25[②]：1. 通过本学期的学习，我们认识了许多人物，你觉得这些人怎么样？请用一些词语或一两句话来谈谈你对他们的印象，或者你想对他们说些什么。

---

① 赵德成．新课程实施中的情感态度与价值观的评价［J］．课程·教材·教法，2003（9）：39．

② 汪启喜．新概念语文试卷设计举例［EB/OL］．http：//www.ictedu.cn，2007－07－19．

石油大王哈默________________________________

自我推荐的毛遂________________________________

倔强的小红军________________________________

西门豹________________________________

海力布________________________________

2. 语文课上，老师在黑板上把“末”字写成了“未”字，你该怎样给老师指出？

（　　）地说：________________________________。

分析：例 3－25 的两个小题都是小学语文的试题。第 1 小题要求学生结合所学的语文知识描述对人物的看法，可以看作是与语文相关的情感态度与价值观问题。可以通过学生的描述判断学生对人物的喜好与偏爱，从而判断学生的价值取向。第 2 小题的情境虽然与语文课有关，但让学生解决的问题与科目的属性没有关系，可以看作是较为宽泛的情感态度与价值观问题，是所有学科在教育教学过程中需要关注并加以培养的。

从国外的调研以及其他学科的尝试中，可以得到这样的启示：其一，情感态度与价值观的考查需要与相关知识适当融合，让学生根据自己对知识的理解，表达自己的认识；其二，借助恰当、合理的情境设置，可以将相关知识和情感态度与价值观有效融合。在具体的情境中、与学科知识相结合，有利于对情感态度与价值观的考查，有可能获得真实的结果。换言之，如果只是直接地问学生的喜好或价值取向，可能难以获得学生的真实想法。

综上所述，情感态度与价值观是可以在总结性评价中进行考查的，而且只要试题设计合理，就极有可能获得较为真实的结果。具体到信息技术课程而言，考虑到信息技术课程的特点，情感态度与价值观的考查需要和知识与技能、过程与方法相结合。

三、对情感态度与价值观的分解

既然对情感态度与价值观的考查是可行的，而情感态度与价值观包含的内容较为丰富，那么在总结性评价中究竟考查什么内容呢？一个可以考虑的思路是，先将情感态度与价值观涉及的因素进行适当的分解，再分析哪些因素便于考查。

对情感态度与价值观的分解，既可以考虑按照一般性的、宏观意义的情感态度与价值观的分解方式来进行，也可以针对信息技术课程中的情感态度与价值观进行分解，以下将分别描述，以便从中发现可行的方案。

在宏观层面，关于情感态度与价值观的分解最值得借鉴的或者较为流行、认可度较高的就是教育学中关于情意领域的分类。布卢姆曾将教学目标分为认知类、动作技能类、情感类三类，相关的研究人员对各类目标进行了进一步地分解。其中，克拉肖尔（D. R. Krathwohl）将情意领域的教育目标分为这样几类：接受或注意、反应、评价、组织、价值或价值复合体的性格化。[①] 各水平的阶段性目标如表 3 -9 所示。

表 3 -9　情意领域目标分类

水　平	阶段性过程
接受或注意	意识 愿望接受 有控制或有选择的注意
反应	默许反应 愿意反应 在反应中得到满足
评价	价值的认可 偏爱某种价值 信奉
组织	价值的概念化 价值系统的组织
价值或价值复合体的性格化	概括化心向 性格化

与这一分类方式相对应，中国的研究人员将其分为接受、思考、兴趣、热爱、品格形成等几层。

在微观层面，笔者认为以下几种分类方式具有较大的参考价值。

① 江绍伦. 教与学的心理学［M］. 绍瑞珍，皮连生，等，译. 南昌：江西教育出版社，1985：326.

其一，《普通高中技术课程标准（实验）》中，把情感目标分为经历（感受）、反应（认同）、领悟（内化）几层，如表3－10所示。

表3－10　情感态度与价值观目标的水平分类

各水平的要求	内容标准中使用的行为动词
经历（感受）水平： 从事并经历一项活动的全过程，获得感性认识	亲历、体验、感受、交流、讨论、观察、（实地）考察、参观
反应（认同）水平： 在经历基础上获得并表达感受、态度和价值判断；作出相应的反应等	关注、借鉴、欣赏
领悟（内化）水平： 建立稳定的态度、一贯的行为习惯和良好的价值观等	形成、养成、确立、树立、构建、增强、提升、保持

其二，在论文《信息素养详解》中，将情感态度与价值观分解为身心健康、信息意识、作品欣赏、行为规范、价值内化。这种分解显然不是单纯的纵向分层，也包括横向的成分。如表3－11所示。

表3－11　情感态度与价值观的分解

情感态度与价值观的组成部分	各组成部分的具体要求
身心健康	能辩证地认识和积极地面对信息技术可能造成的不良影响和后果，能客观、积极地看待竞争关系、自己和他人信息活动的成败得失，有意识地进行信息环境下的身体保健，保持稳定的情绪和健康的心态
信息意识	能认识到信息及信息技术对社会发展、科技进步和日常生活学习的积极作用和影响，激发和保持对信息技术的求知欲，形成主动地学习信息技术、参与信息活动、使用信息技术改善学习和生活质量的意识和态度；能形成更为开放的视野，具有勇于推介自己、合理争取与广泛利用国际国内各种相关资源的意识
作品欣赏	能正确认识信息产品和信息环境的陶冶功能，在提高信息作品欣赏水平和恰当使用娱乐产品的基础上愉悦心情和陶冶情操

续表

情感态度与价值观的组成部分	各组成部分的具体要求
行为规范	能遵守与信息活动相关的伦理道德与法律法规，负责任地、安全地、健康地使用信息技术
价值内化	能内化社会成员应承担的责任，建立稳定的态度、一贯的健康行为习惯，形成与信息社会相适应的价值观和责任感

以上分类或分层方式相同之处是为了满足教育或教学的需要而进行的划分。具体而言，课程标准划分的每一个层次中都离不开操作过程，强调亲历过程，关注对信息活动的参与。《信息素养详解》中对于情感态度与价值观的分解更加贴近教学实践，在教学中实施五个方面的评价内容相对容易，其检验也相对容易。

从评价的方便程度的角度，可以将情感态度与价值观分为知、行两个方面。听其言，观其行，一直是考查情感态度与价值观的两个重要方面，在总结性评价中可以借助学生的表述，判断其在情感态度与价值观方面的知、行的程度。

四、题型设计

在各类测试中，我们经常见到的题型包括判断题、匹配题、选择题、填空题、简答题、材料分析题、论述题等。本部分将结合具体试题来加以分析。

（一）判断题

例 3－26：李明把自己购买的正版软件放在网上供其他同学下载，这种行为是合法的。(　　)

分析：判断题就是让学生对题干的描述作出真假、正误、是否的判断，根据学生回答的结果来分析学生对有关知识的理解，又称为是非题。本题检验学生对于正版、盗版概念的认识是否准确、理解是否到位。理论上，具有明显是非区分性质的知识可以通过这种题型对学生加以考查。采用这种题型能够测量出学生区别观点和事实的能力，但不可否认的是，此类题型也有先天缺陷，譬如，学生可以通过猜测作出正确的回答，也就是说，学生即便做对了题目也不能保证学生真正理解了该问题。另外，此类题型只要求学生作出正误判断，学生也可能只知道事实性的结果，即正确或错误，至于深层的原因，则未必知晓。所以此类题目用于考查简单知识较为合适。

（二）填空题

通常情况下，填空题多用于考查学生的记忆能力，所以题干多是不完整的陈述，而欠缺的部分就是要求学生作答的内容，多是数字或者较短的词语。如例 3-27。

例 3-27：信息无处不在，其特点为：________、________、________、________、________、________。

通过适当地设计，填空题也可以用于考查学生的应用能力及对概念的理解能力，如例 3-28。

例 3-28：举例表述信息的特征，例如，盲人摸象　说明　信息的不完全性。

____________　　载体依附性

____________　　价值性

____________　　时效性

____________　　共享性

分析：同样是填空题，同样是对于信息基本特征的考查，但例 3-27 就是简单地考查学生的记忆能力，即只要知道信息具有哪些特征并将其记住即可。而例 3-28 则是考查学生对于信息基本特征的理解，不要求学生机械背诵，所以第二个例子的设计更加高明一些。

从目前的评价实践来看，采用填空题的形式来考查情感态度与价值观的不多。

（三）选择题

例 3-29：你是否在平时经常关注信息技术方面的人和事？

A. 经常　　B. 偶尔　　C. 不关心

分析：在考查一般知识时，选择题比判断题具有更高的信度，因为选项的数目由两个增加到三个、四个或者五个，猜对正确答案的机会就减少了，可信度相应地增加。选择题中对于情感态度与价值观的考查是通过学生的选择来进行判断的，所以在选项的设计上需要注意区分且各选项不能带有明显的倾向性，否则无益于获知学生真实的想法或做法，因为面对这样的题目，学生的回答可能与实际行为不一致。如本例中，学生从利己的角度出发极有可能选择 A 项。

（四）简答题

与选择题、判断题相比，简答题的优点在于学生必须提供答案，这样就减少了学生通过猜测获得正确答案的可能性，他们必须自己回忆所需要的信息以解决呈现给他们的题目。采用简答题的形式来考查情感态度与价值观时，可以根据学生的描述加以判断。

例 3－30：请从以下 10 位知名人士中选出你认为对信息技术有重要贡献的 5 位人士，并说明入选理由。

谭浩强　王永民　求伯君　鲍玉桥　丁磊

比尔·盖茨　马化腾　陈天桥　张朝阳　王选

分析：本题没有固定的正确答案，或者说学生的选择没有对错之分，旨在从学生的选择及理由描述中分析其价值取向。

例 3－31：请你至少列出三项近一年来发生在信息技术领域的人和事。

分析：同例 3－30 相似，本题没有固定答案。如果学生喜欢信息技术，就会积极关注信息技术的发展，那么本题就相对容易作答，否则便会有难度。从学生的回答中便可以判断学生对信息技术的兴趣。

例 3－32：你收到一封来自好友信箱的电子邮件，但是该电子邮件没有主题和正文，只有一个附件“文档 1. doc”，这时你会怎么办?

分析：通过巧妙设计开放性情境，让学生在具体情境中描述自己的做法，我们可以根据学生的作答情况进行判断、分析。如果将情境改为“你收到一封陌生人的电子邮件，但是该电子邮件没有主题和正文，只有一个附件‘文档 1. doc’，这时你会怎么办?”，那么考查的意图就很明显，无论在现实生活中学生怎么做，但是学生在考试时极有可能表示将邮件删除，这样的情境设计不能称之为有效，因为它考查的是学生的记忆能力，不能从学生的回答中检验学生的情感态度与价值观。

（五）材料分析题

例 3－33：请先阅读以下两则报道材料，然后谈谈你的一些看法。

材料一：1998 年 7 月，美国《财富》封面文章刊登了比尔·盖茨与沃伦·巴菲特的对话。比尔·盖茨说："虽然中国每年的计算机销量为 300 万台左右，但人们不花钱买软件。总有一天，他们要付钱的，只要他们想偷，我希望他们偷我们的，他们将会上瘾。因此，我们可以计算出未来十年的某一天，我们将怎样去收钱。"

材料二：对美国微软公司的情况，国内的媒体曾有报道："美国微软进入中国市场，为抢占市场份额，一度对国内的一些盗版行为采取不闻不问的策略，使美国微软盗版软件在市场流行，国内用户用惯了以极低成本获取的微软软件，造成一些国内软件公司的倒闭。1999 年金山公司扛起了抗衡微软的大旗。国产金山办公软件 WPS 2000 问世，被中国软件测试中心等评测机构评为质量超越国外产品。金山 WPS 2000 上市后居软件销售排行榜首位，使微软最赚钱的 Office 软件受到直接威胁，开始降价。所以有人说微软现在出手了。"①

注：以上两则材料选自《中国青年报》(1999 年 11 月 19 日，星期五)。

分析：材料分析题往往会提供较多材料，材料本身就会成为学习内容。通读以上两则材料，学生会深切体会到使用盗版软件的巨大危害，了解微软公司的用心，从而自觉形成使用正版软件的意识和行为，增强民族自豪感，培养学生的爱国主义精神。学生答题的过程，就是形成正确的情感态度与价值观的过程。

例 3－34②：据调查，对于"网络黑客"的行为，有 26.3% 的人表示"网络黑客有高超的技术，令人佩服"，16.7% 的人认为"网络黑客的行为促进了网络技术的发展"，还有 24.4% 的人表示"不好说"。只有 24.6% 的人明确表示，"网络黑客的行为具有社会危害性，应严厉惩罚并尽力杜绝"。请你根据要求，回答以下问题。

1. 你觉得如何才能生动、形象地表达以上数字信息？请说明理由（至

① 中国青年报．1999 年 11 月 19 日．

② 程云飞．《网络黑客的行为》试题［EB/OL］．http：//www.ictedu.cn/bbs，2007－07－10.

少两条）。

2. 结合题1选择的方式表达获取的信息（必须含文字、数字）。

3. 利用所掌握的信息安全法律法规知识，针对“网络黑客”行为阐明自己的观点。

分析：本题是一道综合性较强的题目。其一，考查的知识点有信息的获取、加工与表达以及网络信息安全问题。既考查了学生图表方面的知识和技能，又考查了学生对待网络黑客问题的情感态度与价值观，完美地达到了三维目标相互融合、共同评价的目的。其二，情境自然，贴近生活。出题时没有明确指出对信息获取一般过程与方法的考查，但无形中学生得到了这方面的锻炼。其三，题目提供了个性化空间。没有限定必须以哪种工具对信息进行加工与表达，而是让学生灵活运用所学知识，让他们有自由的空间去检索所掌握的多种相关知识，最终对检索到的信息进行评价，选取最符合要求的方式。在考查网络信息安全问题的知识点时，为学生个性化地表达自己的意见提供了空间。

本题虽然为材料分析题，实际上也具有论述题的特点。在论述题中要求学生对有关问题展开论述，现在多倾向于借助相关材料加以分析，结合材料可以使学生的回答更加具有针对性。基于论述题与材料分析题的相似性，不再对论述题进行分析。与简答题相比，材料分析题和论述题考查的内容更加全面、宽泛，对学生的要求更高，也更容易获得学生对某些问题的真实想法、看法及理解程度。

以上从理论上描述并列举了各种题型测试情感态度与价值观的可能。从题型的角度来看，既有客观题也有主观题，判断题、选择题作为客观题具有较高的区分度，但在考查情感态度与价值观方面都不够理想。具有较强主观色彩的简答题、材料分析题、论述题似乎能够更好地体现对情感态度与价值观的评价，更容易挖掘学生的真实想法，但问题是主观题很难形成清晰的区分度。这就需要我们在命题与组卷时作出取舍，对于知识与技能类内容可以借助客观题等形式加以考查，既保证区分度又保证信度与效度。情感态度与价值观作为三大目标之一，也是在评价中必须要考查的，为了获得较为真实的结果，对这一目标的考查可以采用主观题等题型，但主观题会降低试题区分度。实际上与情感态度与价值观相关的考查内容只是试卷的一部分，甚至是一小部分，一部分内容区分度不高不会影响到整份试卷，只要整份试卷保证足够的区分度即可。在这个问题上，其他学科也有相似的做法，如高考语文试卷中的作文。作文虽在 150 分中占到 60 分，实际上它所提供的区分度也是很小的，对大部分学生来说，大致是 45 分上下浮动而已，但作文在调整整张试卷的结构、引导学生正确地发展语文能力上所起到的作用，却是人所共知的。

以上是关于总结性评价中过程性、人性化、面向三大目标三个基本原则的阐述。在命题时还需要关注的一个问题就是题目的属性问题。在第一章“研究背景”中已经提及，一般情况下将试题分为客观题与主观题两大类，但实际上主观、客观并非截然对立的两个极端，在这两端之间在多个维度上存在着渐变的过程。笔者通过认真思考与实践尝试后认为，根据信息技术学科的特点，从主观——客观的维度上，将试题类型分为客观题、半客观题、微型主观题、大型主观题四类更为合适，增加半客观题与微型主观题是为了更加准确地描述题目的属性。不同属性的题目又可以用多种题型来表现，每种题型具有不同的特点。根据不同题型的特点，在一份试卷中可以设置多种题型来有效地平衡难度、覆盖面、区分度、信度等问题。

第四章 | Chapter 4

客观题和半客观题的研究与分析

Chapter 4 | 第四章

客观题和半客观题都属于客观性试题，这两种题型在信息技术课程总结性评价中应用广泛，主要用于评价较低层次的知识和技能。在现有的评价试题中，有不少优秀的客观性试题，但也存在很多模棱两可、考查价值不大的题目。而且客观题和半客观题因为具有“答案客观”这一特征，往往被认为在考查学生的信息技术实际应用能力、分析能力和创造能力方面有所欠缺。根据以上这些问题，笔者将对客观题和半客观题展开深入地研究和分析，以方便命题者在命题过程中正确把握试题属性及命题原则。

第一节 客观题及其存在意义

一、客观题的界定及特征

（一）概念的界定

客观题是试卷中存在明确的答案的试题类型，并且它的答案是不依赖评卷人员和考生的意志而客观存在的。题项本身或提供若干种答案，即只要求答题者对答案的正确性作出选择或判断，或填写客观存在的答案。评分时也只有两种情况：回答符合正确答案的判为对，给满分；回答与正确答案不符的判为错，不给分，没有“中间道路”可走。

客观题一般覆盖有限的能力范围和较低的学习层次，用来考查学生对知识的掌握情况，包括基础知识点、基本的判断能力等，含有比较多的记忆性成分。命题者常常提供答案让答题者作出选择或作为评判标准，所有供选择的答法都是命题者拟定的，答题者的反应也都是以命题者的语言和思想为基础的，因而较难考查学生的复杂思维过程和较高层次的能力水平，如发现问题、提出问题、解决问题、加工表达和创造性思维的能力。

因其考查的知识层次有限，客观题一般出现在试卷的前半部分，难易程度适当，符合试卷由易到难的命题原则以及被试者由浅入深的答题思路。

（二）主要特征

1. 答案客观、唯一

题目的答案客观、确定是客观题最显著的特点。题目涉及的知识点多属于记忆性知识或情境再现型操作，因而答案是客观、明确、唯一的，无二义性。

例 4－1：在 Word 中，要绘制一个正方形，可以在“绘图”工具栏中选择“矩形”工具，按住（　　）键的同时，拖动鼠标画出正方形。

A. Alt　　B. Tab　　C. Shift　　D. Ctr

分析：正确答案选 C，其他答案均错，而且毋庸置疑。本题考查的是学生对于 Word“绘图”工具栏中“矩形”工具操作技能的掌握。单纯的画矩形，只需选择此工具，在编辑区域拖动鼠标绘制即可，考查意义不大，画特殊的矩形（正方形）则需要结合键盘快捷键进行操作，难度有所提升。有的教师在教学中可能并没有强调过特殊键的特殊功能，但是如果在平时的学习过程中，学生曾经尝试过操作特殊键，就很容易答出本题。学生在解答本题的过程中需在大脑中重现 Word 软件的编辑环境、“绘图”工具栏及操作时的实际反应，考查难度适中，答案客观明确，属典型的客观题。

2. 简短易答，覆盖知识面广

客观题一般放在试卷的开头，体积小，题干内容简短易读，难度也是由浅入深，由易到难，在试卷中常大量存在。客观题题量大，一般占到总题目的 40% 左右，命题者可以尽可能地覆盖较广阔的知识点。对于答题者来说，客观题简短易答，不用组织自己的语言即可给出题目的答案，答题时间短。

3. 判分容易，评分不受主观因素影响，可以使用机器阅卷

通过客观题学生可以在一个相对较短的时间内完成大量的任务，并能够依靠人工或机器迅速评出分数，这种测验的高效率无疑是其被广泛使用的一个主要原因。由于此类题目答法固定，只有正误之分，不同的阅卷者会对同一作答给出同样的分数，完全不受主观因素影响，因此得到的分数

具有很强的客观性，容易保证评分的公正性。客观题可以依靠机器判分，评价结果以数字形式呈现，易于记录及向他人汇报，同时也能够有效地防止评卷过程中的舞弊行为。

二、客观题举例与反思

《普通高中技术课程标准（实验）》中指出“普通高中信息技术课程的总目标是提升学生的信息素养”，具体表现在知识与技能、过程与方法、情感态度与价值观的三个维度上。任何形式的题目都应该考虑从三维目标的角度对被试者进行考查。客观题因其所具有的优势，而被广泛应用在考试中，所以对客观题质量的把握就显得至关重要。我们常常可以看到很多优秀的客观题，在考查知识与技能的同时，也注重能力的检验。下面列举几个比较优秀的题目和几个相对没有价值的题目。

（一）比较优秀的题目

客观题不能仅局限于考查对简单内容的识记，还要考查学生对知识的理解，在设置问题时可以通过变换描述方式来提高难度。譬如，要考查局域网的三种基本拓扑结构，以下问题描述方式则显得比较简单。

例 4 -2：局域网常用的基本拓扑结构有环型、星型和（　　）。

A. 交换型　　B. 总线型　　C. 分组型　　D. 树型

虽然是同一个知识点，同样采用客观题的形式，若变换描述方式，考查的难度就会不同。

例 4 -3：交换机或主机等为中央节点，其他计算机都与该中央节点相连接的拓扑结构是（　　）。

A. 环型结构　　B. 总线型结构　　C. 星型结构　　D. 树型结构

例 4 -4：图 4 -1 所示的网络连接图反映的是（　　）网络拓扑结构。

A. 星型　　B. 环型　　C. 总线型　　D. 树型

对学生进行考查时采用例 4 -3 和例 4 -4 所示的描述方式，就不仅仅是简单掌握网络的拓扑结构分类，还需要了解不同拓扑结构的特点，通过图例或者语言的描述才能够辨别出拓扑结构的类型等。这样的试题不仅具有客观题的典型特征（答案客观、唯一），而且灵活性也有所提高。

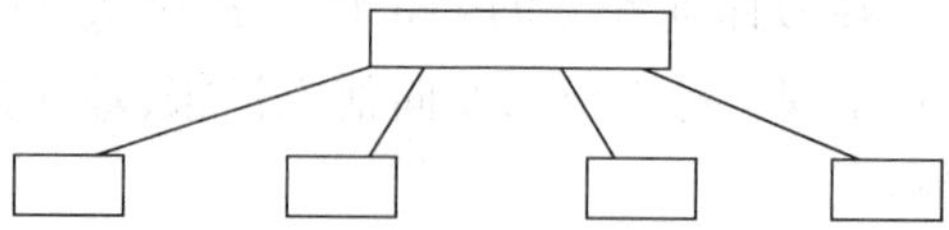

图 4－1

可将以上三个题目改成填空题的形式，如例 4－5 所示。

例 4－5：局域网常用的基本拓扑结构有环型、星型和＿＿＿＿＿＿＿。

交换机或主机等为中央节点，其他计算机都与该中央节点相连接的拓扑结构是＿＿＿＿＿＿＿＿＿。

图 4－1 所示的网络连接图反映的是＿＿＿＿＿＿＿＿＿网络拓扑结构。

这样的客观题形式虽然简短易读，但答题的难度大大提高。因为做选择题的时候，学生可以借助选项的描述在脑中再现相关的知识点，或者通过猜测也可能给出正确的答案，而填空题对知识点的掌握要求较高，学生一定要很清晰地识记该知识点才可能正确作答。因此，同一知识点，不同的命题形式带来了题目难度的不同和题目质量的不同。要体现题目的高质量，命题者一定要对知识点和课程标准进行慎重地分析，了解各个知识点究竟需要学生掌握到什么程度，从而给出最恰当的题目形式。

（二）一些相对无价值的题目

1. 无意义的题目

有些题目虽然以客观题形式存在，可是考查的内容却有偏差，显得毫无价值。

例 4－6：在 Word 2000（中文版）中，最多可同时打开（　　）个文档。

A. 5　　　　B. 3

C. 9　　　　D. 任意多，但受内存容量限制

分析：在操作软件方面的预期学习结果是，学生能结合实际任务自主探索和学习相关操作命令，逐步达到在某种操作环境下活学活用常用的操作命令，最终实现不假思索即可完成操作的自动化状态。而本题背离了这种预期学习结果，考查的是学生对命令选项的记忆，而非真实情境中的实际操作。由于评价目标上的偏差导致题目可能会对学生产生不恰当的区

分，即那些能熟练地、自动化操作 Word 的学生未必能准确回答本题，而记住这些命令并能在这些题目上得分的学生未必能熟练操作 Word；如果考试评价中采用此类题目，会对教学和学习过程产生不恰当的引导，即误导学生面面俱到地背诵相关命令及其选项而不重视实际应用。

例 4－7 至例 4－9 也属于这样的题目。

例 4－7：一个 Excel 工作表中最多有（　　）个单元格。

A. 255　　B. 65536 * 256　　C. 65536　　D. 65536 * IV

例 4－8：在 Access 数据库中，当某一字段的数据类型定义为文本型时，该字段可输入的汉字最多为（　　）个。

A. 10　　B. 100　　C. 125　　D. 255

例 4－9：在 Excel 中，可按需拆分窗口，一个工作表最多可拆分为（　　）。

A. 2 个窗口　B. 4 个窗口　　C. 6 个窗口　　D. 任意多个窗口

2. 钻牛角尖的题目

有一些题目出得毫无价值，具有“钻牛角尖”的倾向。

例 4－10：在 Excel 2000 中输入文本，有多种方法。请问最快地输入两行数据的方法是（　　）。

A. 利用键盘上的方向移动键移动单元格来输入数据

B. 双击单元格后在光标后进行数据的输入

C. 选定单元格后进行数据的输入

D. 利用键盘上的 Tab 键在单元格间移动并输入数据

分析：这是一道出现在某初二信息技术期末考试中的题目，目的是考查初二学生对 Excel 2000 的基本操作，但是将此作为考查点价值不大。命题者所指的“最快”的方法可能是为了考查操作的快捷性，但是对于不同的用户来说，操作习惯不一样，“最快”的标准也就不一样。所以，本题把 A 作为标准答案有点勉强。

3. 受时效性约束较大的题目

信息技术发展迅速，软件更新也很快。不同版本的软件可能随着时间的变化功能有所提高，不再受原来版本的限制。比如 Word 中剪贴板最多能够存储多少次操作的问题。早期版本的 Word 中剪贴板最多能够存储 3 次操作，Word 2000 以上版本的剪贴板最多存储 12 次操作。

4. 可以存在但不宜多的题目

在全面评价学生信息素养时需要包含对知识技能的考查，普通高中课程的基础性也决定了信息技术课程的评价必然包含对信息技术课程基础知识的考查。

例 4－11：(　　) 院士主持的计算机汉字激光照排系统迎来了中国印刷业“告别铅与火，迈入光与电”的时代。

A. 王永民　　B. 姚期智　　C. 王选　　D. 高庆狮

例 4－12：下列选项都是在中文信息处理技术发展过程中相当重要的事件，请选出哪一项是王选院士的科技成果。(　　)

A. CCDOS 操作系统　　B. 汉字激光照排系统和电子出版系统

C. 联想汉卡　　D. 中文字处理软件 WPS

以上两题描述方式不同，考查的都是和信息技术相关的扩展性知识，很多人觉得考查这样的题目没有意义，认为这些只是单纯地考查记忆性的东西，过分局限在对事实性知识的记忆上。实质上，一方面这样的认识是合理的。但是从另一个角度分析，上面两题不仅仅考查了需要识记的内容，更多的是重视情感态度的培养，蕴涵了更多的爱国主义情感因素。从这个意义上来说，这些题目又是可取的。诸如此类的题目很多，如例 4－13 和例 4－14。

例 4－13：下列应用程序中 (　　) 是我国金山公司自主开发的优秀字处理软件，具有鲜明的民族特色，更加符合中国用户的使用习惯。

A. MS Office　　B. 金山词霸　　C. Office　　D. WPS Office

例 4－14：我们要支持国产软件，支持民族产业。那么以下由中国人自主开发的软件是 (　　)。

A. Flash　　B. WPS　　C. Photoshop　　D. Word

这一类题目在试卷中可以适当出现，但不宜过多。

5. 要求不当的题目

例 4－15：圣诞节到了，小明到网上找了一张圣诞贺卡图片，如图 4－2 所示，他想编辑一下再发给同学。在图片上右击鼠标，然后选择哪一项可以将图片下载呢？(　　)

A. 仅①，③，④　　B. ①，②，③，④

C. 仅①，②，③　　D. 仅②，③，④

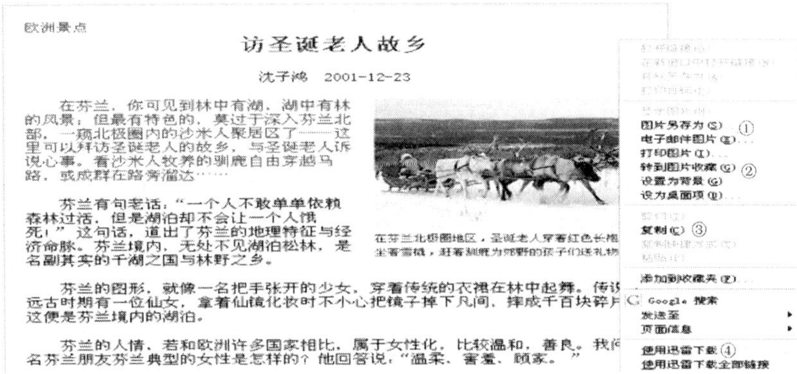

图 4－2

如果没有真实的环境，学生很难凭记忆完成本题。因为在具体操作时，一个结果往往可以通过多种方法实现，学生没有必要掌握每一种方法。所以本题提出的要求也许过于苛刻。考虑到学生的使用习惯，也可以将本题改造成为一道好题。改造方法见本章第二节的“三、半客观题的存在意义”部分。

类似的题目还有关闭计算机有几种办法，复制粘贴的操作有几种方法等。

三、客观题的存在意义

（一）平衡试卷的难度

难度是指试题的难易程度，是试题对学生知识、能力水平适合程度的指标。客观题的答案客观、唯一，命题者易于把握难度指标，其和主观性试题较容易结合构成一次考试的难度正态分布。在一份试卷中，题目一般由易到难，考查的知识内容由浅入深，客观题因其答案的唯一性，着重考查知识的基础性，简单、易答，在试卷中可以起到平衡难度的作用。

（二）提高试卷的信度

试卷的信度指的是其可信的程度，测试的题量、试题对教学知识的覆盖程度、分数的分布、试题的指导语等是影响测试信度的因素，信度不高的测试不能反映学生的真实情况。客观题一般题干简短，答案有明确的对错之分，答题者阅读、思考时间短，答题内容少，能够在较短时间完成较多的题量，评测的结果可以通过人工或机器迅速评出分数。评价结果不依赖于阅卷者的主观意志，不同的阅卷者对同一答案给出的分数是一样的，因而，对每位答题者均能体现测试的公平和公正。同时，题量的增加也可提高对课程内容的覆盖程度。因此，具有一定数量并合理覆盖课程内容的客观题可有效地提高测试的信度。

（三）增强试卷的效度

试卷的效度反映了测试结果和测试目标的相关程度，命题者对测试目标的理解，题型与目标的适合程度以及题干的简洁、易懂、准确，答案的精确、明晰、无二义性，均是影响试卷效度的重要因素。如果试卷的测试目标包含对知识的记忆和简单应用的考查，则客观题是较为理想的选择。

例如考查 IP 地址的知识点时可出题如下。

例 4－16：学校机房的计算机刚安装好操作系统，需要设置网络地址，请将 255. 255. 255. 0、192. 168. 1. 35、202. 102. 24. 35 添入如图 4－3 所示的文本框中。

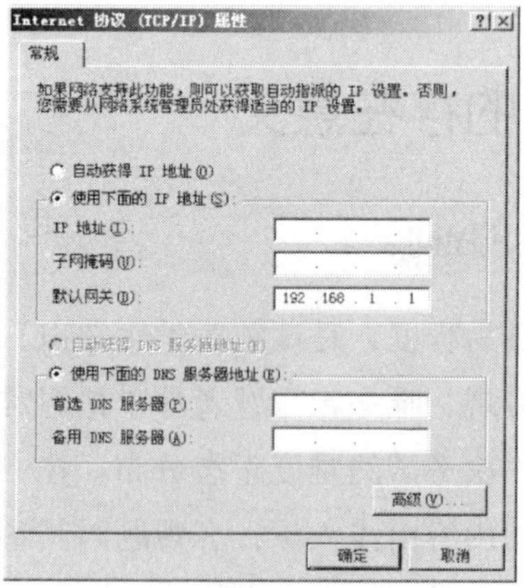

图 4－3

本题的考核要点是网络技术应用模块中 IP 地址的相关知识，但是命题者并没有简单地使用脱离学生生活的任务实现考查，而是和学生生活中计算机的网络地址配置相联系，也是希望起到引导学生理论联系实际的作用。

四、客观题的命题原则

（一）联系学生生活实际

命题在立足考查信息技术学科内容的同时，要紧密联系学生的生活和社会实际，体现各学科之间的交叉和融合，培养学生的全面素质。高中信息技术课程的培养目标是全面提升学生的信息素养，而高中学生信息素养的核心是学生能根据实际需要，评价和选用合适的信息技术工具，通过信息的获取、加工、管理、表达与交流来解决实际问题的能力。在信息技术课程的试题设置中，可以考虑信息技术与其他学科的整合和知识的迁移，帮助学生在信息技术和学科学习的有机整合中协调发展，或请学生将信息技术的学习和应用有机整合到实际生活中，解决实际问题。

《基础教育课程改革纲要（试行）》指出，要“大力推进信息技术在教学过程中的普遍应用，促进信息技术与学科课程的整合，逐步实现教学内容的呈现方式、学生的学习方式、教师的教学方式和师生互动方式的变革，充分发挥信息技术的优势，为学生的学习和发展提供丰富多彩的教育环境和有力的学习工具”。联系学生生活实际的题目恰巧体现了将信息技术与学科课程整合的思想。因为在生活中解决实际问题往往需要综合应用多个学科的知识。

例 4－17 考核的要点在于识别图表的类型，并且能够明确图表表达的含义。它和学生的生活紧密联系并和地理学科的知识相关联。

例 4－17：图 4－4 显示了南京市 2005 年 11 月 20～25 日的气温情况。

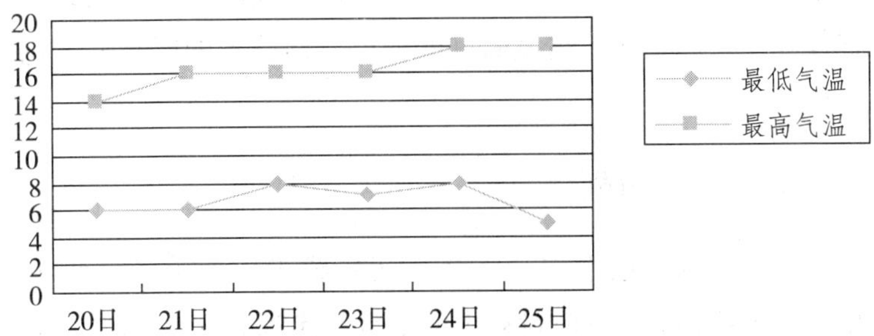

图 4－4

(1) 图 4-4 中的图表类型是 (　　)。

A. 柱形图　　B. 饼图　　C. 气泡图　　D. 折线图

(2) 这六天中最高气温和最低气温之差约为 (　　)。

A. 13℃　　B. 12℃　　C. 10℃　　D. 14℃

(二) 试题描述思路人性化

试题描述和设计思路要体现人性化的思想。通过在试题中设置平易近人的情境，使题目更具亲和力，学生在阅读试题时容易理解。例 4-18 通过设置装配计算机的情境，完成对计算机硬件系统组成知识的考查。

例 4-18：小明在组装计算机时遇到了困难，你能将图 4-5 右侧的计算机配件连线到左图的标记处，帮助他明确配件的正确装配位置吗？

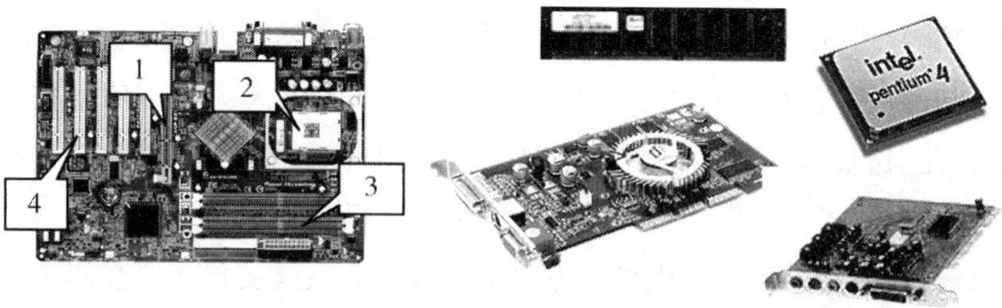

图 4-5　电脑配件组装

强调试题的人性化往往会导致出现另一种极端表现，就是试题的描述过于强调情境的设置。如果一份试卷 30 道题，设计 30 个情境，一方面这种情境的描述必然需要大量的词句，会造成学生阅读时间加长；另一方面多个情境的转换容易引起学生的阅读疲劳，产生烦躁心理。尤其是客观题本身往往体积小，题量大，情境的过度创设会使简单的问题复杂化，命题者应该对此加以注意。

(三) 测试内容过程化

在一个信息技术论坛中有一篇名为《有感于信息中考的背题》的文章，文中有以下描述："以前对初中的信息技术课程了解不多，最多的了解也就是在高一的新生那里获得一点信息。但经过这几天，面对近五千人的初中考生和许多初中信息技术教师，我才真正地对所谓的义务教育阶段的信息技术课程的开设和进行有了一点比较全面的了解。让我感到很奇怪的一点是，在考试前我看到几乎在每一个学生的手里，都会有厚厚的一叠印刷物。他们在进场前，如同我们经常看到的文化课考试前那样，在考场外尽力地背着什么。进考场时，我才发现，他们手中拿着的居然是一套套的模拟练习题和相关软件的操作步骤。我随手拿起一个学生的题目，看到一个问题：在网络中，可以公开发表自己的言论的地方是什么。答案为BBS。我问学生 BBS 是什么，他说不知道。我说不知道你怎么还能做对这道题呢，他说老师发答案，他们就管背。一时间，我不知道该说什么好了。参加考试的学生来自多所学校，有的学校条件好，也有的学校条件不好，但无论其硬件环境如何，他们对这次考试的应对方法全是这样。学生的状态也全是如此!”

《基础教育课程改革纲要（试行)》中指出要改变课程实施过于强调接受学习、死记硬背、机械训练的现状，倡导学生主动参与、乐于探究、勤于动手，培养学生搜集和处理信息的能力、获取新知识的能力、分析和解决问题的能力以及交流与合作的能力。

如果我们在命题过程中指导思想出现偏差，就会更加强化学生接受学习、死记硬背、机械训练的现状。因此我们在命题时，尤其是在对客观题命题时，要注意突破客观题容易简单停留在知识的再现和记忆上的情况，要强调基本知识的灵活运用，强调试题内容的过程化。试题的过程化体现在学生运用已经内化的知识和技能来解决实际问题，从而在客观题中实现把“学技术”与“用技术”融合在一起。

例 4 - 19 和例 4 - 20 都包含了对“加粗”按钮作用的考核。例 4 - 19 考查的关注点在知识点的记忆上，而例 4 - 20 考查的关注点从知识点的记忆变成了特定环境下知识点的运用。

例 4 - 19：“常用”工具栏中按钮 **B** 的作用是________。

例 4 - 20：文档排版效果和“常用”工具栏如图 4 - 6（a）和图 4 - 6（b）所示，请选择实现标题效果的最佳按钮组合 ________、________、________。

颐和园

颐和园位于北京西郊，是一座拥山抱水、气象万千的清代皇家园林，是中国传统造园艺术的典范，也是北京清朝皇家园林——“三山五园”中唯一完整独存的一处。

乾隆十四年（1749年）始建清漪园。咸丰十年（1860年）被英法联军所毁。光绪十四年（1888 年），慈禧为了个人享受，不惜挪用海军军费来重建，改称颐和园。慈禧晚年大部分时间在这里度过，园中留下了当年许多重大历史事件的痕迹。颐和园规模宏大，总面积为 290 公顷，共有殿堂楼阁、亭台水榭 3000 余间，全园布局分为行宫区和风景游览区。

图 4 –6（a）

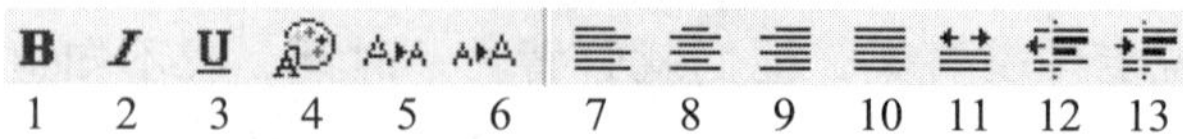

图 4 –6（b）

由于客观题本身的局限性，其考查的往往是局部的和微观的过程，即这种过程表现为解决某个阶段性问题或者某个问题的具体环节。例 4 –21 即为考查字处理软件中关于段落排版部分的知识点的应用。

例 4 –21：（多选题）小明将网页上的文字复制到 Word 中，结果如图 4 –7 所示。请推测造成段落一和段落二文字之间的间距过大的原因可能是（　　）。

A. 第一段的段后距非零

B. 第二段的段前距非零

C. 第一段和第二段中有一个空行

D. 第一段和第二段段间距为 1.5 倍行距

人禽流行性感冒（简称人禽流感）是由禽甲型流感病毒某些亚型的毒株引起的急性呼吸道传染病。人禽流感首先发现于 20 世纪末。这种病毒由禽类传染给人类，则引发人禽流感。

人禽流感疫情受到国际社会广泛关注，主要原因是疫情由高致病性的 H5N1 引起，能跨越种属屏障，是能引起人类高病死亡率的重症疾病。

图 4 –7

（四）关注学科发展

信息技术发展迅速，信息技术学科知识更新速度很快，应该在评价中适度地超越教材，引入信息技术领域的前沿问题，让学生有机会了解信息技术的最新发展成果及其在生活、学习中的应用价值，激发学生学习和应用信息技术的动机，培养学生对信息技术发展的适应能力。即一方面可以引导学生关注学科的动态，另一方面也可以考查学生的知识迁移和自我学习能力。2004 年上海市中小学信息科技学业水平等级考试三级（高中）考试试卷的第 48 题至第 50 题如图 4－8 所示，学生可在阅读和理解材料的基础上结合已有的知识经验对答案作出判断。

以下 48 题至 50 题可以参考阅读材料。

48. 能实现笔记本电脑、手机、掌上电脑、家电产品等设备之间的通信技术是_______。
    A. 互联网技术
    B. 蓝牙技术
    C. WAP 技术
    D. 网络技术

49. 网格计算就是_______。
    A. 电子表格
    B. 利用超级计算机实现快速复杂运算
    C. 利用网络中闲置的计算机资源实现超强数据处理
    D. 屏幕保护程序

50. 结合所学知识，推测手机上因特网除了 WAP 通信协议外，还必需的相关技术有_______。
    A. 相关的操作系统、浏览器以及无线标记语言
    B. 浏览器以及搜索引擎
    C. 相关的操作系统、蓝牙技术
    D. 浏览器、无线标记语言

阅读材料

一、蓝牙技术

所谓蓝牙（Bluetooth）技术，实际上是一种短距离无线通信技术，利用“蓝牙”技术，能够有效地简化掌上电脑、笔记本电脑和移动电话（手机）等移动通信终端设备之间的通信，也能够成功地简化以上这些设备与 Internet 之间的通信，从而使这些现代通信设备与因特网之间的数据传输变得更加迅速高效，为无线通信拓宽道路。说得通俗一点，就是蓝牙技术使得现代一些轻易携带的移动通信设备和电脑设备，不必借助电缆就能联网，并且能够实现无线上因特网，其实际应用范围还可以拓展到各种家电产品、消费电子产品和汽车等信息家电，组成一个巨大的无线通信网络。

二、网格计算

网格计算是一种新型计算模式。这种计算模式把分散在不同地理位置的电脑组织成一个“虚拟的超级计算机”，其中每一台参与计算的计算机就是一个“节点”，而整个计算是由成千上万个“节点”组成的“一张网格”来完成，所以这种计算方式叫网格计算。网格计算模式首先把要计算的数据分割成若干“小片”，而计算这些“小片”的软件通常是一个预先编制好的屏幕保护程序，然后不同节点的计算机可以根据自己的处理能力下载一个或多个数据片段和这个屏幕保护程序。只要节点上的计算机用户不使用计算机时，屏保程序就会工作。这种“蚂蚁搬山”式的计算式的网格计算，看似普通，但却有过极其出色的表现。1999 年，SETI@HOME 项目是网格计算的一个成功典范。该项目在 1999 年初开始将分布于世界各地的 200 万台个人电脑组成计算机阵列，用于搜索射电天文望远镜信号中的外星文明迹象。该项目组称，在不到两年的时间里，这种计算方法已经完成了单台计算机 345000 年的计算量。

三、WAP 技术

20 世纪 90 年代以来，有两种技术的应用直接影响着亿万人的生活方式，这就是 Internet 和移动电话。能否把上述两种技术结合起来，互相取长补短，做到在移动中随时随地访问 Internet，使因特网真正无时不在、无所不在呢？

为了探索实现这两种技术结合（即实现“移动因特网”）的可能性，早在 1997 年 6 月，诺基亚和摩托罗拉等公司就发起成立了一个称之为“WAP 论坛”的组织，WAP 技术应运而生。

WAP 是一种通信协议，其核心是为无线通信终端（例如手机）访问 Internet 定义了一套软、硬件接口，从而使人们可以像使用 PC 机一样使用手机来收发电子邮件、浏览 Internet 的信息。当然，为了实现这个目标，光有通信协议还是不够的，还要有能支持这个协议的一套相关技术。

图 4－8

（五）超量出题

有的学生对知识点的掌握不牢固，在答题过程中可能会猜测答案，由于客观题答案的有限性，无法排除学生猜对答案这种偶然情况，这样会带来试卷信度的降低，那么采用超量出题就可以有效避免这一现象的普遍出现。

通过尝试超量出题的方式，可在一定程度上给予学生自主选择试题的权力，比如试题量按指定完成数量的 120% 超量设置试题，给学生自主选择其展示特长与潜能的机会，满足不同层次学生的需求。在试卷结构上也

可以充分体现评价的人性化特点，比如，我们可以将评价的题目分为必答和选答两类，必答部分是对高中学生必备的信息素养的评价；选答部分则体现对学生个性化的尊重和信息技术会考的最低标准，只要回答出了其中的部分试题，即可认为合格。

超量出题增大考试样本，在大大减少猜题押题的偶然性的同时，也带来一些困惑：超量出题是否会增加学习负担，加剧竞争？因此要正确把握超量，难度不超，时间不超，答题总量不超，也可以考虑分数超量，但是超量的时候尽量不要往难、繁、偏的方向超。超量出题的宗旨是让学生在没有增加负担的情况下凸显个性，展现才能。

五、客观题的题型

客观题较多采用的题型有判断题（是非题）、选择题、连线题等形式，也可采用填空题和简答题等形式。

（一）判断题

判断题属于传统的客观题表现形式，通常用来测量事实性陈述、术语定义以及定律表述是否正确，一般由陈述句组成，要求学生对试题描述的内容作出真假、正误、是否等的判断。测量学习结果相对简单。每个问题只需要一个陈述句，每个问题只有两个可能的答案。

例 4-22：请判断下列说法是否正确。

Word 2000 可以把正在编辑的 Word 文档保存为网页格式的文件。(　　)

本题考查学生处理信息的能力，在 Word 2000 中不仅可以将正在编辑的文档保存为 . doc 文档，还可以将其保存为网页格式的文件。所以本题陈述式描述的内容是正确的。

判断题容易编制，学生在短时间内可以完成大量的题目，因而判断题可以覆盖大量的知识内容，体现客观题的典型特征。但是，由于它的答案只有两种可能，学生做题时的猜测性成分较大。学生单凭运气挑中正确答案的几率就有 50%，这大大影响了试卷的信度，同时大量的判断题也会引起学生对某一知识点的思维定式。因此，判断题虽然是传统的客观题，但在试卷中出现时不仅要控制其数量还要充分注意其质量，避免模棱两可的判断和无关线索的出现。

（二）连线题

连线题又称匹配题。题目由两列构成，将试题中描述的内容（前提项）与备选的合适答案（反映项）两两匹配，完成作答。连线题可以考查相对简单的知识。因为其前提项和反映项的出现，很容易为答题者提供相关线索，学生可能会根据掌握的知识先正确连线有把握的项目，剩下的就通过猜测和排除得出，而实际上学生对于该知识未必能完全掌握。因此，命题者可以将题目中的前提项和反映项的数目设置得不相等，在答题指导语中告诉学生一个反映项可以使用一次、多次或者根本不用，这样使所有反映项都可能是每个前提项的合适选择，从而减少了成功猜测的可能性。

例 4 – 23：信息作为一种资源，具有许多特征。请用连线将左侧背景资料与右侧信息的基本特征相连。

你有一个苹果，我有一个苹果，交换之后，每个人还是只有一个苹果；然而，你有一种思想，我有一种思想，交换之后，每个人就有两种思想	普遍性 不完全性 时效性
盲人摸象	可共享性
老黄历看不得	载体依附性

例 4 – 23 考查的是学生对于信息的基本特征的知识掌握情况，课程标准中要求学生能够描述信息的基本特征，或者根据基本特征列举实例，试题的左侧列举了一些背景资料，这些都是名言或俗语，分别反映了信息的不同特征。试题的右侧列出了信息的常见基本特征，在教学中教师常常会通过列举实例的方法进行教学，也鼓励学生在生活和平时的学习中发现反映信息基本特征的相关实例。在考查的时候，前提项只有三项，分别反映右侧反映项中的一个或多个结果，反映项有五项，可供学生选择作答。

连线题结构紧凑，可在短时间内测量大量的内容，但较难去除无关线索。因此，连线题一般出现数量不多，命题要求相对较高。

（三）选择题

选择题是最常见的传统的客观题的表现形式，也是最有适应性和最有用的客观性试题。可以测量在知识、理解和应用方面的多种学习结果，其灵活性以及大题量使选择题在测验中被广泛使用。学生的答题方式是从提供的备选答案中选择正确的或最佳的选项。错误的选项是干扰项，用来干扰那些知识掌握不牢固的学生答题。问题的阐述可以以直接提问或者不完整陈述的方式呈现，在不参考选项的条件下，问题的表述应该清楚、明确而且有意义。选择题一般包括单项选择题和多项选择题。

例 4－24：在 Word 2000 中要使文档的标题位于页面居中位置，应使用“格式”工具栏中的（　　）按钮。

A. 两端对齐　　B. 分散对齐　　C. 居中对齐　　D. 右对齐

例 4－24 考查学生的技能操作情况，熟练操作的同学能够使情境在头脑中再现，选出答案。

例 4－25：下列选项中，不属于常见的文字信息存储格式的是（　　）。

A. PDF　　B. DOC　　C. HTML　　D. MIDI

例 4－25 考查学生对文件扩展名的掌握情况，学生在平时会接触不同类型的文件，其存储格式也不一样，要求学生能够识记常用的文件类型的扩展名。

例 4－26：要表达学生会的组织结构，我们可通过（　　）方式实现。

A. 文字表达　　B. 项目式表达　　C. 表格表达

D. 结构图表达　　E. 流程图表达

例 4－26 考查学生表达信息的能力，并非所有的文本信息都可以用流程图方式进行加工和表达。

选择题中还有一种常见的考法——综合分析题，即对某一知识点设置贴近生活或学习的情境，要求学生将知识点运用到生活实践中，从而作出回答。

例 4－27：要组建一个有 20 台计算机联网的电子阅览室，连接这些计算机的恰当方法是（　　）。

A. 用双绞线通过交换机连接

B. 用双绞线直接将这些机器两两相连

C. 用光纤通过交换机相连

D. 用光纤直接将这些机器两两相连

例 4－28：张老师的计算机已接入局域网，要将一个资料文件在此局域网中共享，最合理的共享设置操作是（　　）。

A. 将资料文件放入 D 盘，右击桌面上的“我的电脑”图标，弹出快捷菜单，执行其中的“共享”命令后进行设置

B. 在 D 盘建立一个文件夹，再将资料文件放入此文件夹

C. 在 D 盘建立一个文件夹，再将资料文件放入此文件夹，右击 D 盘盘符弹出快捷菜单，执行其中的“共享”命令后进行设置

D. 在 D 盘建立一个文件夹，再将资料文件放入此文件夹，右击此文件夹弹出快捷菜单，执行其中的“共享”命令后进行设置

例 4－29：正在准备外语等级考试的小明在 QQ 上收到一个留言，声称可以花钱买到此次考试的试卷，小明的下列哪些行为是恰当的？（　　）

A. 不予理睬

B. 付钱买试题

C. 向有关部门举报此信息

D. 与对方联系，在确认不会暴露的情况下，花钱买试卷

例 4－30：小赵在打开电子邮箱时，发现有一封来自陌生人的主题为“生日快乐”的邮件，小赵恰当的做法是（　　）。

A. 直接打开

B. 直接删除

C. 启用邮件病毒监控程序，在确认安全的情况下，打开邮件

D. 不予理睬，随他去

选择题具有极强的灵活性，可以用来测量多种类型的知识和内容，但作为选择型的纸笔测试试题，只能在言语水平上对问题解决的行为进行测量。因为学生在做选择题时只需要选择一个或几个正确答案，所以它不适合测量组织或者呈现观点的学习内容。在设计选择题的时候也要注意保证题干中的问题要明确，避免似是而非的干扰项。用于测量理解力水平的题目需要有一定的新颖性。

（四）填空题和简答题

填空题和简答题都是建构性测验题目，要求学生通过一个单词、短语或一段完整的话语完成作答。这两种题的实质是一样的，只不过在问题的呈现方式上有所不同，填空题由不完整的陈述构成，而简答题则是采用直接提问的方法。填空题中补充的内容一定是客观的、唯一的，填空题和简答题适合测量各种相对简单的学习结果，考查的范围可以覆盖知识、理解和应用等多个方面，它们的出现大大提高了试卷的难度。

例 4－31：借助文本信息的结构化和形象化表达方式有时会使表达更直观、更清晰。结构化的表达方式有项目式、表格、______________、______________等。形象化的表达方式借助生动的图形、图像表达信息。它可以超越语言文字壁垒，实现更深刻意义和更广范的信息交流。

例 4－31 考查的是信息的表达方式。学生需要对信息的表达方式进行认真识记，即信息的表达方式有哪两种，各有哪些表现形式。

填空题的优点在于学生必须提供答案。如果说选择题学生有可能通过猜测走捷径，那么面对没有备选项的填空题，学生必须回忆所需的信息以解决呈现给他们的问题。

例 4－32：以下是“学生选修课程信息库.mdb”的图示，请根据图示回答问题。

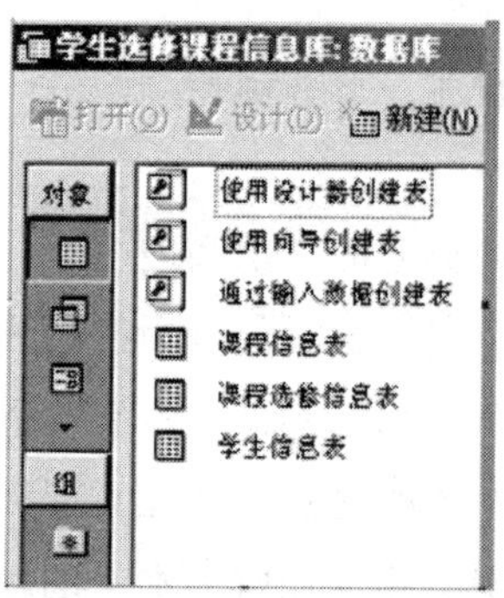

图 4－9　学生选修课程信息库

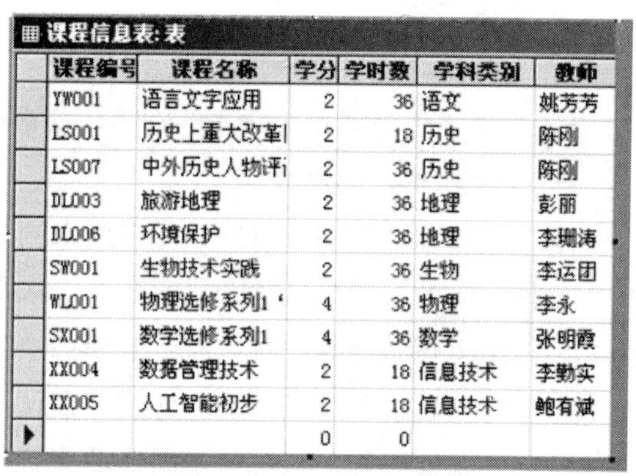

课程信息表：表

课程编号	课程名称	学分	学时数	学科类别	教师
YW001	语言文字应用	2	36	语文	姚芳芳
LS001	历史上重大改革	2	18	历史	陈刚
LS007	中外历史人物评	2	36	历史	陈刚
DL003	旅游地理	2	36	地理	彭丽
DL006	环境保护	2	36	地理	李珊涛
SW001	生物技术实践	2	36	生物	李运团
WL001	物理选修系列1‘	4	36	物理	李永
SX001	数学选修系列1	4	36	数学	张明霞
XX004	数据管理技术	2	18	信息技术	李勤实
XX005	人工智能初步	2	18	信息技术	鲍有斌
		0	0		

图 4－10　学生选修课程信息表

（1）图 4－9 的数据库中有______________个表。

（2）图 4－10 的表名是________________，它包含________________条记录和________________个字段。

学生如果要完成本题的作答，需要读懂题目，回忆出有关数据库的相关基础概念，并应用到实际中来。

例 4－33：表 4－1 是 2006 年中国足球超级联赛部分球队积分榜（截至第四轮），请进行如下分析。

表 4－1　2006 年中国足球超级联赛积分榜

球　队	胜	平	负	积　分	名　次
上海联城	2	1	0		
山东鲁能	3	0	1		
大连实德	1	1	1		
武汉光谷	2	1	1		
北京现代	1	2	1		
厦门蓝狮	1	2	1		
长春亚泰	1	2	1		
天津泰达	2	1	0		

（1）请根据规则“比赛获胜积 3 分、打平积 1 分、落败积 0 分”计算各队积分，找出积分最多和最少的球队分别是哪个队。

（2）分析“北京现代”球队的排名是第几。（相同积分的按相同名次算）例如，a 队 20 分，b 队 14 分，c 队 10 分，d 队 14 分，则排名顺序就是 a 队第一，b 和 d 两队都是第二，c 队第三。

（3）第五轮比赛结果是“上海联城 0∶1 天津泰达”“山东鲁能 0∶0 长春亚泰”“大连实德 1∶0 厦门蓝狮”“武汉光谷 2∶2 北京现代”。请分析第五轮过后，积分上升最多的是哪支球队？

填空题和简答题能提高试卷的难度，但同时也提高了记分的难度。因为在填空题中需要学生自己填写文字，在判卷时可能因为学生的拼写错误，造成阅卷者很难判断学生真正所想的是什么，从而加大了评分的难度。

在填空题和简答题命题的时候要注意措词简洁具体，填空题不要留太多空白，同时要避免模棱两可的提问。题目的描述应尽量让学生能够理解考查意图，而不应让学生猜测。

第二节

半客观题的研究与分析

一、半客观题的界定及特征

（一）概念的界定

半客观题是介于客观题和主观题之间的一种评价方式，它的试题答案是不依赖阅卷人员和答题者的意志而客观存在的，并且答案不唯一。

它主要用于考查学生的知识记忆、理解和应用能力，简单的组织、语言表达、分析能力，较难考查深层次的分析能力、综合能力、组织表达能力以及创造能力等。

它可以测量学习成就领域中从简单到复杂、从低级到高级的广泛的学习结果，测量效率高、信度高、测验评分与计分误差控制得好。

（二）主要特征

1. 答案具有客观性、有限性

由于半客观题的答案具有不依赖阅卷人员和答题者的意志而存在的特性，因此它具有客观性的特点。命题者在设计半客观题时必须事先给定一定数量的可接受答案，虽然正确的答法或表述不是唯一的，但是局限在很小的范围之内，只要与所给的正确答案中的某一个相同，就可认为答对了，给满分，否则就判为错误，不给分。

例 4－34：下面是在 Word 中制作的课程表（如表 4－2 所示），请你进行以下分析。

1. 在表 4－2 中，左上角的表头斜线应该如何创建？________。

表 4－2　课程表

	星期一	星期二	星期三	星期四	星期五
1					
2					
3					
4					
5					
6					

2. 在表 4－2 中，要使表格中的第二列到最后一列的宽度相等，我们通常采用的最优化的方法是什么？

这是一个在 Word 文档中创建表格的应用案例，是一道典型的过程化试题，第 1 小题的答案有两种：①利用“表格和边框”工具栏中的“绘制表格”工具直接绘制；②采用“表格”菜单中的“绘制斜线表头”命令。两种方法只要答出其一即可。第 2 小题则要求学生在使用具体工具软件的过程中同时能不断总结，使自己解决问题（操作）的过程得到优化——寻找到简单、快捷的方法。答案有三种，选中表格的第二列到最后一列后：①使用“表格”菜单中“自动调整”选项下的“平均分布各列”命令；②右击并在打开的快捷菜单中选择“平均分布各列”命令；③在“表格和边框”工具栏中单击“平均分布各列”按钮。三种方法只要答出其一即可。

例 4－34 似乎是介于客观题和主观题之间，形式上像是主观题，但实质上又有客观题的属性，这种题目有标准答案，不过答案不唯一，有多个选择，这正是半客观题的典型特征。

2. 具有一定的灵活性

较之客观题来说，半客观题具有一定的灵活性，它不仅可以考查答题者的知识和技能，更可以考查答题者运用知识的能力。半客观题命题时可以设计富有操作性、探究性的问题，引导学生在真实的情境中发现问题，运用有关知识提出探究思路，通过实验、资料搜集，分析、归纳和推理，或提出解决问题的方法，或阐述自己的看法，或得到问题的结论。

半客观题评价的灵活性特征十分明确地给教师传递了这样一个信息：要把基础知识、基本技能的学习与社会生产生活实际相联系，重视知识中蕴涵的思想、观点、方法等内容，改变过于注重书本知识的现状。这与新课程要求改变过于强调接受学习、死记硬背、机械训练的现状，要求注重知识形成过程的了解、学习过程的体验与感悟是完全一致的。

二、半客观题的现状与反思

半客观题的名称似乎比较陌生，实质上，这种试题已经存在于很多学科的试卷中。例如，2002 年起在研究生英语入学考试中增加的听力部分就是半客观题。听力部分由 A、B、C 三节组成，考查考生理解英语口语的能力。其中 A 节和 B 节采用了半客观题。这种半客观题又分两种题型：填充表格、补全句子或简要回答问题。A 节（如图 4－11 所示）主要测试考生理解特定或具体信息的能力。要求考生根据听到的独白或对话，填充表格中的空白。A 节每个小题答案的字数为 1 个词，要求拼写正确，注意表格形式，对字母大小写不作要求，但对专有名词的拼写应按照英语拼写习惯进行要求。

Information about Sudeley Castle		
opening hour	a. m.	1
closing hour	5 p. m.	
cost for adults	£	2
cost for children	£3	

Information about Snowshill Manor		
collection that children like		3
payment for visit	£	4
close from (month)		5

图 4－11　听力试题一

By early morning showers will reach		6
The minimum temperature in the south during the night will be no lower than		7
On what day of the week was this weather forecast given?		8
The speaker feels that the weekend weather in much of France is		9
It will be cloudy but dry over the weekend across		10

图 4－12　听力试题二

B 节（如图 4－12 所示）主要测试考生理解具体或总体信息的能力。

要求考生根据听到的独白或对话，补全所给句子或简要回答给出的问题。B 节每个小题答案的字数控制在 3 个词以内（并不是要求必须写满 3 个词），要求拼写和语法结构正确，对标点符号以及字母大小写不作要求，但对专有名词的拼写应按照英语拼写习惯进行要求。

A、B 两节题目的答案分为标准答案和可接受答案。标准答案直接来自录音内容，可接受答案来自考后抽样的考生答卷中可能正确的答案。考试完毕后，由部分命题人员和专家随机抽取一定数量的答题卡，尽可能地找出答卷中可接受的答案，组成最后的答案送到阅卷人员手中。

再例如 2006 年北京市高考语文试卷中第四大题阅读题第 16 小题。

例 4－35：作者从审美角度，指出天坛的意境是崇高、祥和、清朗，请你根据文章提示的故宫的建筑特点，也从审美角度，用三个双音词概括一下故宫的建筑意境。

答：________________，________________，________________

参考答案：雄伟（雄壮、雄浑……），威严（庄严、森严……），厚重（凝重……）

在信息技术学科的各类考试中也出现过半客观题，如江苏省 2007 年的信息技术学业水平测试中的题目。

例 4－36：在收藏夹中新建“江苏体彩”文件夹（和“链接”“门户网站”等同级并列），并将原收藏夹内与体彩相关的三个网址移动到新建的“江苏体彩”文件夹内，其余的三个网址移动到“链接”文件夹内。

本题要完成的目标是客观明确的，但操作的方法和步骤却是多种多样的，所以是一个典型的半客观题。

又如海南省 2007 届普通高中基础会考试卷中的题目。

例 4－37：小雪为了祝福远在家乡的母亲生日快乐，用文字处理软件制作了一张如图 4－13 所示的电子贺卡，并通过电子邮件将贺卡发送给母亲，图 4－14 是编辑新邮件的界面。

（1）进行文字修饰常见的工具有“加粗”“倾斜”“下划线”等。请在图 4－13 中选择一个标号填在 4－3 的一个空格中，使标号对应的文字效果与表中修饰工具相符。（只要求任意选填一个空格）（2 分）

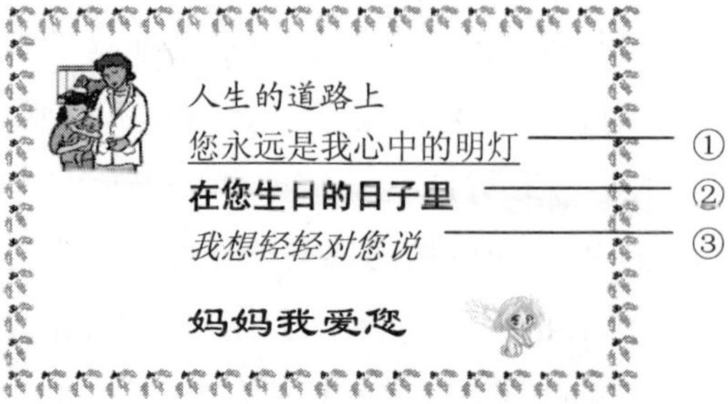

图 4－13　电子贺卡

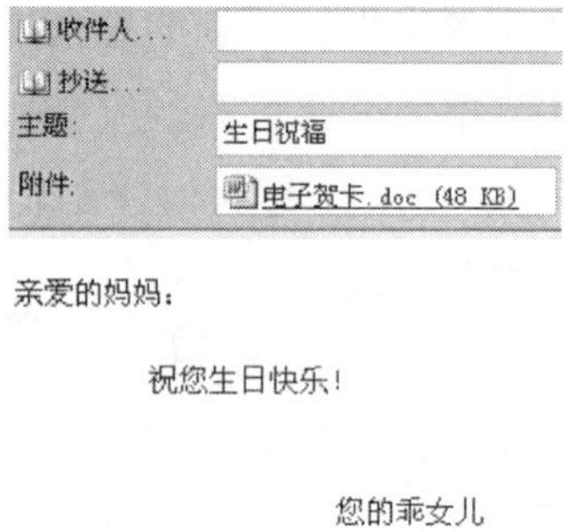

图 4－14　编辑邮件的界面

表 4－3

修饰工具	B	U	I
文字效果的标号			

（2）小雪要将编辑好的生日贺卡文件“电子贺卡 . doc”发送给母亲，从图 4－14 中可以看出，她使用了电子邮件的____________功能。（2 分）

（3）小雪在 www. 126. com 网站上申请了用户名为 xiaox 的电子信箱，小雪的母亲在 www. 163. com 网站上申请了用户名为 liujp 的电子信箱，则图 4－14 中收件人完整的 E－mail 地址是____________________。（2 分）

参考答案：

（1）②①③

评分标准：本小题为半客观题，只要求考生选填一个空格，不论考生填了几个空格，只要填对一个空格即可得 2 分。

（2）附件（2 分）

评分标准：填其他答案不给分。

（3）liujp@ 163. com（2 分）

评分标准：字母大小写均可，类似 liujpwww@ 163. com 的答案，中间的 www 可以换成是字母、数字、－ 、_ 这些字符的任意组合。其他答案不给分。

本题中的填表题只要求学生任意选填一个空格，是一道半客观题。

例 4－36 是因为试题本身操作方法的多样性决定了试题的属性，例4－37 则是命题者为了降低试题难度将该题出成半客观题。但是在考核时这些半客观题的作答仍然存在一些问题，例如由于江苏省的信息技术学业水平测试采用上机考核，学生在模拟环境中作答，学生必须依据考试系统预设的操作步骤来答题，否则不得分，显然这样和学生的日常操作习惯相违背，造成学生答题出错。而例4－37考核的知识点为文字处理中的加粗、倾斜、下划线，这些知识是学生应该掌握的而且难度不高，没有必要再刻意降低难度。

半客观题的存在有其重要价值，但人们对它的认识还不够深刻，因此还需要命题者更加关注该类题目的特征和命题原则。

三、半客观题的存在意义

（一）人性化地解决多操作方法问题

某学校列出了FoxPro软件的复习提纲，节选如下。

1. 启动FoxPro的方法如下。

方法1：开始→程序→FoxPro For Windows→FoxPro For Windows。

方法2：双击桌面上的快捷方式图标。

2. FoxPro窗口由哪几部分组成？标题栏、菜单栏、工作区、状态栏。

3. FoxPro有哪几个菜单？

FILE（文件）EDIT（编辑）DATABASE（数据库）RECORD（记录）PROGRAM（程序）RUN（运行）TEXT（文字）WINDOWS（窗口）HELP（帮助）

复习提纲列出来的内容是要求学生必须掌握的。例如，提纲“启动FoxPro的方法”让我们联想到试题“请列举出计算机关机的方法（列出5种）”；看到提纲“FoxPro有哪几个菜单”，让我们联想到试题“复制操作在Word的哪个菜单下”。这些题目属于相对无价值的题目，但是它们真实地存在于我们的各种信息技术考试中。

在一篇名为《全国专业技术人员计算机应用能力考试技巧》的文章中有这样的描述：“理解领会题目的考查意图。在平时的练习中完成一个操作可能有多种方法，但是由于我们的试题是被设计在特定的试题环境下的，因此，考生必须有判断出题者考查意图的能力，分析出题目要求你需要用哪种具体的操作才能正确地做对题目。比如，题目：利用‘运行’启动‘计算器’应用程序，文件名为 C：\ windows \ calc. exe（要求在‘打开’文本框中直接填写文件名）。平时我们启动‘计算器’应用程序可以通过‘开始→程序→附件→计算器’打开；也可以通过双击桌面上建立的快捷方式打开；还可以在资源管理器中找到文件名直接打开。但是，这里你就只能按照试题的要求在打开的对话框中执行。”

如此的题目导致我们列出如此的复习提纲，如此的考试系统导致我们写出如此的考试技巧文章，于是学习中必然存在死记硬背的现象，关注学生利用信息技术解决实际问题的目标必然流于空谈。

诸如上面提到的启动软件的方法、软件中的菜单操作等题目共性的特点是操作方法多种多样，然而因为个人的习惯不同，使用者可能经常使用一种或几种方法完成，作为命题者没有必要让学生掌握全部的方法，因此采用半客观题的形式，既可以完成对知识点的考核，也考虑到学生的差异，避免死记硬背，不失为一种人性化的解决方法。

例如我们可以将客观题中例 4－15 进行改造，使其更加人性化。题干文字修改如下：

圣诞节到了，小明到网上找了一张圣诞贺卡图片，如图 4－2 所示，他想编辑一下再发给同学。在图片上右击鼠标，然后选择哪一项可以将图片下载呢？并用一两句话简述下载过程。

标准答案为 1 或 3 或 4，选择其中一种就视为回答正确。下载过程此处略。命题者将原来的多项选择题改造成了一道简答题，答题者可以根据自己对图片的下载经验选择快捷菜单的某项，而没有必要记忆所有的操作方法。题目中给出了快捷菜单的图片，也能给学生提示，弥补了笔试的不足。同时为了避免答题者猜测答案，本题要求答题者简述下载过程，使得本题更加严谨。

因此使用半客观题是避免答题者死记硬背具有多种操作方法的题目的有效方法之一。

（二）超量答案的可选择性

超量答案的可选择性是指命题者在出题过程中考虑到学生学习水平的差异或部分答案有可能超越学生现有的知识水平，因此给出的备选答案超过正确答案的数量，让学生根据自身的能力加以选择。如例 4 - 38。

例 4 - 38：请将以下文件按不同类型分类，每类至少给出两个文件。

丁香花 . mp3、command. com、index. htm、文本 . txt、新课程 . txt、成龙 . doc、vb. exe、abc. exe、学习的方法与技巧 . doc、哭砂 . rm、dog. wav、marry. wps、cxsj. html、hacker. exe、usbdrive. dll、car. midi、中国 . bmp、五指山 . jpg、如果 . exe、神舟五号 . bmp、还原精灵 . rar、change. psd、飞翔 . gif、windows start. wav

图形、图像文件：________________

声音文件：________________

文本（网页）文件：________________

可执行文件：________________

参考答案：每类给出两个即可

图形、图像文件：中国 . bmp、五指山 . jpg、神舟五号 . bmp、change. psd、飞翔 . gif

声音文件：丁香花 . mp3、dog. wav、car. midi、windows start. wav

文本（网页）文件：index. htm、文本 . txt、新课程 . txt、成龙 . doc、学习的方法与技巧 . doc、marry. wps、cxsj. html

可执行文件：command. com、vb. exe、abc. exe、hacker. exe、如果 . exe

本题考核的知识点是文件的类型，题中给出的备选文件个数多于正确答案的个数，这样不同水平的学生都可以选择自己熟悉的文件，以确保完全得分。这样做也使试题的难度有所降低，这种方法和超量出题有类似的目的。

（三）评价信度高

半客观题中命题者给出若干参选答案，或者答案在某个有限的范围之内，避免了答题者海阔天空式的主观答案，因此阅卷者不会遇到酌情加分或者扣分的问题，评分标准客观统一，因此评分信度较高。

四、半客观题的命题原则

（一）合理选择试题属性

一篇介绍某省高考命题的文章中有如下描述①："语文阅读题应该是主观题，但是仍沿袭以往的做法，作为'半客观题'考，同时所设题目大多也没法考查学生的阅读能力。所谓的'半客观题'，是指命题者设置了参考答案，但不'一刀切'，而是提供一种以上的可能的答法，或考生只要答对意思即可。其实，就是'多刀切'也和'一刀切'没有什么本质的不同，无论怎样都没法穷尽学生的正确答案。'诗无达诂'，'一千个读者有一千个哈姆雷特'，这道理谁都懂；在教学中我们也强调'个性化体验''多元解读'，鼓励学生的创新思维，但一到命题就啥都不管了。能举出四五种答案可能就不错了，而我省考生有20多万，越聪明的考生，解读越新颖，结果越可能答到参考答案的'界外'。评分教师是无法逐个仔细斟酌的，优秀的考生往往容易失分。"

任何一道试题的属性都必须要能准确地反应考核内容和考核目标的要求，也就是说，我们不能因为客观题评价的难度较低，将某些必须用其他题型才能准确表达考核意图的内容错误地用半客观题表述，从而影响考核的效果。如例4－39。

例4－39：要使远方的朋友得到你计算机中的文件，你会用什么方法？

参考答案：① 把文件复制到U盘，再到邮局把U盘邮寄过去；② 通过QQ聊天平台进行文件传输；③ 将文件压缩后挂到网站上，让对方执行文件下载操作；④ 用FTP进行文件传输。

例4－39是教师在讲FTP文件传输时向学生提出来的。它的内在要求是让学生在已有的信息素养基础上，大胆地展开猜想。如果命题者只是以常见的方法作为标准答案，该试题的属性自然是半客观题，然而这必然会限定学生的思维，使得给出合理答案的学生被判错误。如果在把常见方法

---

① 林志强．高考备考研讨会发言稿．http：//www.fzywms.com/jz/wz/200708/42.html，2007－08－10.

作为标准答案给出之后，再说明只要学生描述得有理，能设计出具体的操作想法，即便现在技术还不能达到，也是一种可取的思路，这样诸如学生提出的“远程控制”等方法自然也可以得到认可。而本题则也转变为一道主观题。

因此在命题时首先要依据考核的目标和内容，合理选择试题属性。

（二）题意答案明确

半客观题命题时除了要注意联系学生生活实际、试题描述人性化、测试内容过程化和关注学科发展等原则以外，还特别需要注意题意明确和答案明确。

由于半客观题答案的不唯一性，因此题目描述中应该加以说明，如例4－40。

例4－40：图4－15中“邮政编码”字段可以定义为何种类型？

	编号	地名	所属省份	长途区号	邮政编码
	1	厦门市	福建省	0592	361003
	2	开元区	福建省	0592	361003
	3	鼓浪屿区	福建省	0592	361002
	4	思明区	福建省	0592	361001

图4－15

A. 文本型　　B. 数字型　　C. 日期/时间　　D. 货币

选项A、B都是正确答案，学生答题时容易产生疑惑，为什么一道题有两个正确答案，从而误以为试题错误。因此本题的描述可以改为“图4－15中‘邮政编码’字段可以定义为何种类型？（选择一种即可）”。

由于半客观题答案虽不唯一但有限，因此命题者应尽可能地将所有正确答案给出。如果命题者无法罗列出所有的答案，可以告知阅卷者只要答案合理就可给分。

（三）评价标准明确

判卷前要制定切实可行的评分方法和评分标准，对评分中常出现的问题要规定恰当的处理办法。要么给满分，要么不给分，避免出现要酌情扣分的情况。例如在前面提到的研究生英语入学听力考试中学生填写表格时必然会出现拼写错误、标点符号错误等非正常错误，为了避免酌情给分的情况，评分标准作了如下规定：要求拼写和语法结构正确，标点符号以及字母大小写不作要求，但对专有名词的拼写应按照英语拼写习惯进行要求。再如例 4-41。

例 4-41：请在括号内填写正确的内容实现双机互联。

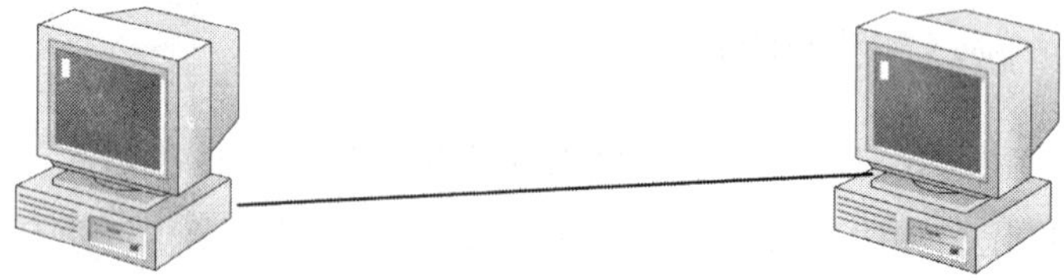

图 4-16　双机互联图

计算机名：stul	计算机名：(　　　　)
IP 地址：192.168.1.21	IP 地址：(　　　　)
子网掩码：255.255.255.0	子网掩码：(　　　　)

学生在作答时往往多加标点符号如"192.168.1.22."等，这主要是因为学生日常的书写习惯造成的。评分者可以依据填写的数字是否准确作为评分依据，对于书写习惯造成的错误可不予追究，这样也就避免了某些酌情扣分的情况。

五、半客观题的题型

本章第一节提到，实现客观性题目的常见题型有选择题、判断题（是非题）、连线题、填空题和简答题等，这些题型是否适合半客观题呢？下面逐一加以分析。

（一）判断题和连线题

判断题一般要求学生作出对错、真假等判断，每个问题都只有一个正确答案，一般用于测试事实性陈述、概念定义是否正确。连线题一般由两列构成，左右两列相互匹配，该类题型一般用于测试那些存在简单联系的事实信息。这两种题型都具有答案客观、唯一的特点，一般不适用于表现半客观题。

（二）选择题

选择题包括一个问题和一组答案，答案中包括正确答案和干扰项。如果只有一个正确答案一般称为单选题，它适用于表现客观题。传统的单选题多侧重于知识点的单纯记忆，学生从给出的一系列可能的选项中选择一个作为答案，答案非对即错，但这种高度结构化的抽象问题在真实生活中很少出现。采用半客观题可以使测试过程更加接近真实生活。例如山东省学业水平测试题中的一道题（如例4－42），题目的内容是学生生活中经常遇到的表格排序，而参考答案给了学生灵活选择的余地。

例4－42：表4－4“健康情况调查表”中的数据是按（　　）排序的。（请只给出一种合理答案）

表4－4　健康情况调查表

姓　名	性　别	身高（m）	体重（kg）	视　力
王韦	男	1.8	65	1.2
于洪涛	男	1.75	62	1.5
于国防	男	1.7	66	0.8
马婷婷	女	1.64	52	1.0

A. 性别升序　　B. 体重　　C. 身高升序　　D. 身高降序

参考答案：A或D

如果标准答案为多个答案，即为多选题。人们往往容易把它和半客观题混淆。虽然它有多个答案，但是它仍是客观题，因为虽然答案有多个，但学生只要选一个就能拿满分。

例4－43：（多选题）小明将制作的网页发布到Internet上后，原来正常显示的图片，现在成为如图4－17所示的状态，可能的原因是（　　）。

A. 图片没有上传

B. “图片属性”中图片的路径是绝对路径

C. 图片的扩展名是“. bmp”

D. 图片的大小大于1MB

参考答案：AB

答题者只有将 A 和 B 均选出才能拿满分，所以具有客观题的客观性和唯一性的特点。而如果将试题的描述改为“（只需选出一种）小明将制作的网页发布到 Internet 上后，原来正常显示的图片，现在成为如图 4－17 所示的状态，可能的原因是（　　）”，则试题就是一道半客观题。因为答题者只需选 A 或 B 均可拿满分。

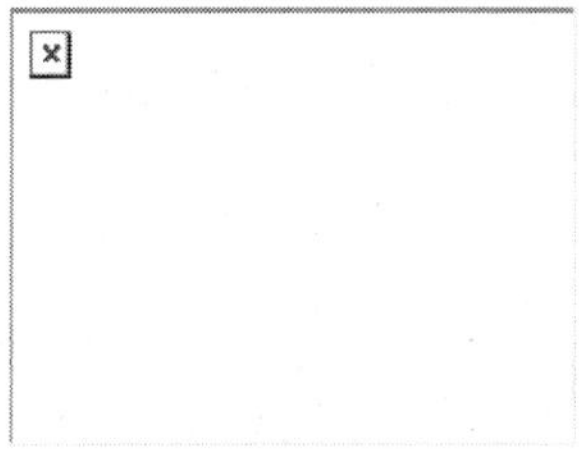

图 4－17

选择题提供了备选答案，就可能造成答题者猜测题目的正确答案。如果再用于表达半客观题，就造成被猜中答案的可能性增大，考核结果也就不能准确反映考核目的。因此命题者在命题时一定要考虑上述因素，尽量避免在试卷中出现大量的半客观性选择题，而对少数的半客观性选择题要控制标准答案的个数。

（三）简答题和填空题

简答题和填空题都是建构型测验题目，学生可以用词、短语、数字或符号作出回答。它们的实质是一样的，只不过在问题的呈现方式上有所不同。简答题采用直接提问的方式，而填空题用不完整的陈述方式实现。这两种题型比较适合表现半客观题。

例 4－44：几位同学在制作一个介绍 NBA 的网站，需要搜索一些相关信息。图 4－18 为某搜索引擎的搜索目录，他们可以在________目录下的________栏目找到对自己有帮助的信息。

参考答案：体育健身 NBA　　体育健身　　篮球　　娱乐休闲 明星　社会文化 人物

实际上简答题是填空题的一种变化形式，即将填空题的陈述方式改为以问句的形式提出问题，要求答题者在题后的空白处填写答案。如例 4－45。

例 4－45：中国互联网络信息中心历次调查不同性别网民的数量如表 4－5 所示。

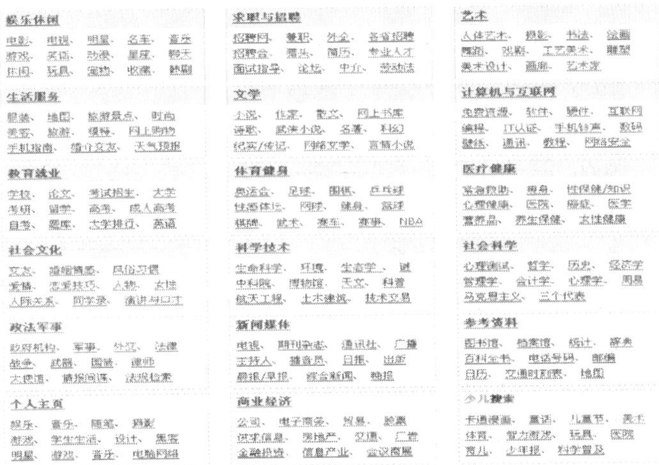

图 4－18　某搜索引擎的搜索目录

表 4－5　中国互联网络信息中心历次调查不同性别网民数量

时　间	2001.06	2002.06	2003.06	2004.06	2005.06	2006.06
女性（万人）	1026	1791	2713	3541	4161	5068
男性（万人）	1624	2789	4087	5159	6139	7232

试分析数据并完成以下各题。

(1) 在网民的特征结构方面，________性网民的比例占据主要地位。

(2) 以________图表形式表示男女网民数量的变化趋势比较恰当（柱形图、饼图、折线图），试绘制该图。并说明图形反映的男女网民数量的变化趋势是什么。(最少两点)

(3) 以________图表形式表示每年男女网民比例的变化趋势比较恰当（柱形图、饼图、折线图），试绘制该图。并说明图形反映的男女网民比例的变化趋势是什么。(最少两点)

(4) 以上分析体现了数据的________性。

参考答案：(1) 男

（2）折线图（如图4－19所示）

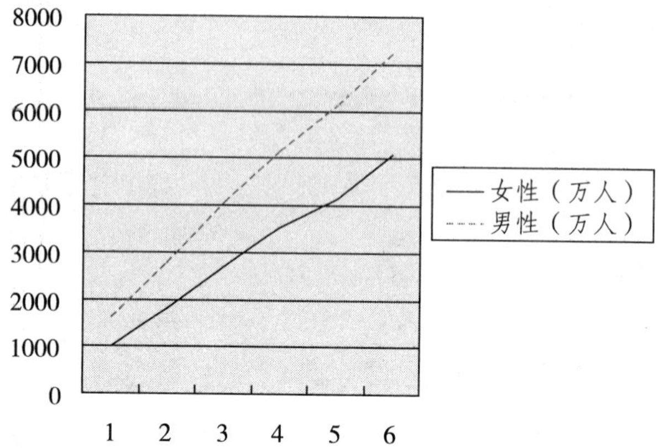

图4－19

说明网民数量在逐年递增；男性网民数量增长比女性网民快；男性网民比女性网民数量多。

（3）折线图（如图4－20所示）

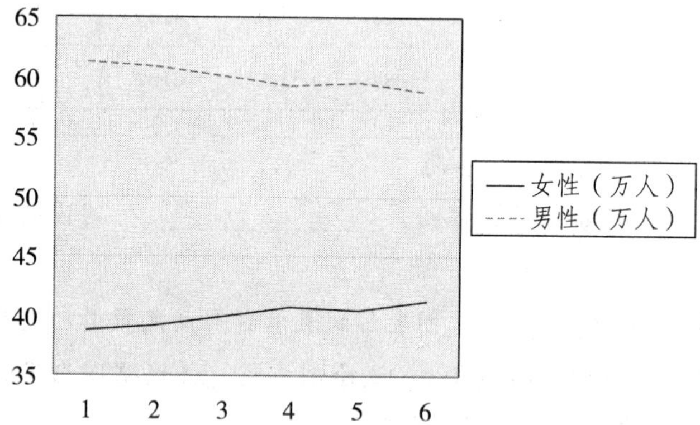

图4－20

说明女性网民比例比男性网民少；女性网民比例增长比男性网民快。

（4）多元

本题中折线图的绘制和表述趋势都属于半客观题。

第三节

客观题与半客观题的共性与区别

一、共性

（一）特征上的共性

客观题和半客观题都属于客观性的试题。客观性试题一般只有一个或有限个正确选择项，不存在超出范围的模棱两可的答案，试题评分的方式也很机械，无论是人工还是用计算机进行阅卷，其结果是客观的、一致的。客观性试题答题时间相对较短，而且基本能消除阅卷时的主观性，加强了科学性，往往在试卷中占有较大的题量，因此能够考查的点和面比较广，但它较难测出考生较复杂的实际应用信息技术的能力，这就使得测试的效度大打折扣。

（二）评价目标中的共性

《普通高中技术课程标准（实验）》提出“信息技术课程的总目标是提升学生的信息素养”，并从知识与技能、过程与方法、情感态度与价值观三个方面对信息素养作出了具体的诠释。评价目标和课程目标具有统一性，但是由于课程目标比较笼统和抽象，没有具体的量和质的规定性，难以进行评价。因此笔者在进行总结性评价时，为了使评价得以顺利开展，有针对性地为总结性评价重新设定了以下三个层面的评价目标①，以供参考。

---

① 杜楚源．信息技术课程总结性评价与高中会考［J］．中小学信息技术教育，2003（11）：68.

①掌握信息技术的基础知识。

②掌握操作和使用信息技术工具的能力。

③具有应用信息技术解决实际问题的能力。

掌握信息技术的基础知识、掌握操作和使用信息技术工具的能力是基础，应用信息技术解决实际问题的能力则是在基础上的深化。而对“情感态度与价值观”的评价在本书第三章已经进行阐述，此处不再赘述。

客观题和半客观题由于具有客观性的共性，因此在评价目标上也体现了一些相同的特点。它们往往比较适合用于对信息技术基础知识进行考核，答题者能在较短时间完成较大量的题目，评价实施简单，评分标准客观，易于记录、分析。因此教师也偏爱选用客观性试题来考查学生对基础知识的掌握情况。

例 4－46：

系统调用是（　　）。

A. 一条机器指令　　B. 提供给编程人员的接口

C. 中断子程序　　D. 用户子程序

标准答案：B

例 4－47：请列举人工智能技术的三个应用。

参考答案：机器证明、推理、模式识别、专家系统、智能机器人、计算机博弈、自然语言理解、数据挖掘、机器翻译等

由于信息技术工具本身具有客观性的特点，如修改文字的字体无非是通过使用快捷键、快捷菜单、菜单等方式实现，因此客观性试题能够比较容易对其进行考查。工具的使用往往是和第三个目标“应用信息技术解决实际问题”相结合的。复杂问题的解决往往需要高层次的组织能力、创造能力、逻辑思维能力等，而通过客观性的有标准答案的试题考查这些能力往往会限制学生的思维，因此客观性的试题只能考查一些解决过程简单的问题。如例 4－48 和例 4－49。

例 4－48：我们使用以下哪种方法保存自己喜爱并且经常浏览的网站地址最合适？（　　）

A. 电子邮箱　　B. 标题栏　　C. 收藏夹　　D. 状态栏

标准答案：C

例 4－49：一位化学老师要打印一份化学试卷，在试卷中有许多类似“$2H_2+O_2=2H_2O$”的化学公式，请告诉该老师输入下标的一种方法。

参考答案：设置下标或利用公式编辑器

（三）命题把握的共性原则

客观性试题由于其自身的特性所限，必然存在一些问题，如答题者可能凭猜测而侥幸得分，又如试题适用范围有一定的限制，出题容易死板，只能考查答题者对零碎、琐屑知识的机械记忆，忽略对知识的理解、组织和应用等能力的测量。这些问题都使得客观性试题遭受批评，所以在命题中无论是对客观题还是对半客观题都应该更加关注试题的过程性和人性化原则，尽可能地规避客观性试题的缺点。

课程改革中提出的三维目标体系，倡导改变课程过于注重知识传授的影响，倡导改变课程实施过于强调接受学习、死记硬背、机械训练的现状，希望过程与方法、情感态度与价值观的评价得到应有的重视。客观性试题一般考查较低层次的学习内容，含有较多记忆性知识成分，但不能因为这个特征就忽视对学生能力的测量和评价，因此，试题的设计既要关照到学生识记性知识的掌握，更要有效地评价学生实际的操作能力以及利用信息技术的方法和手段解决实际问题的能力，过程化的命题原则就显得尤为重要。

另一方面，由于客观性试题答题时间相对较短、考核知识点覆盖范围广泛，评价标准客观公正，因此在试卷中客观性试题仍然需要占有比较大的比重。在命题的时候也要有效地把握超量出题的原则，让学生在不增加负担的情况下凸显个性，展现才能。同时，超量出题也要体现人性化的命题特点，让学生在自己熟悉的操作经历和情境下进行问题的作答，消除学生在完成大量试题答题中的紧张感，同时也有助于开拓学生的思维。当然，在凸显人性化命题原则的时候还要注意不能让情境的过度创设造成简单问题的复杂化。

二、区别

为了人性化地解决多操作方法的问题，出现了半客观题这种题型。半客观题与客观题都属于客观性试题，在特征、评价目标、命题原则等方面存在很大的共同点，但两者也有区别。

客观题的答案客观、唯一，对错无二义性；半客观题的答案有限但不唯一，答案会在很小的范围之内，只要与所给的正确答案中的某一个相同，就可认为答对了，否则判错。正因为如此，我们体会到半客观题较之客观题更加灵活，答题也相对显得宽松很多，学生对某一知识点不需要死记硬背，只要在长期的学习中在大脑中形成操作记忆，答题时将正确答案重现出来即可。不同答题者写出的答案可能是不一样的，但只要能实现效果，就都是正确的，这正符合命题的人性化的原则。

有些知识点如果以客观题的形式呈现，为了保证答案的客观、唯一，试题的描述常常受到限制，这使题目显得比较死板，而如果以半客观题的形式呈现，效果会有所不同。

我们可以看到，由于描述上的区别，同一知识点用不同属性的题目去考查，难度和考查目标将会有所不同。在客观题与半客观题的相互转换中，我们会进行细致地说明。

三、相互转换

客观题和半客观题在特征、评价目标和命题的原则上都存在很多共同的特性，并且两者在实现题型上也有很多交叉，如选择题、填空题和简答题。因此两者在很多时候是可以互相转换的。然而两者又存在一定的区别，所以试题转换后也会带来一些最终考核效果上的差异。

例 4－50：C 盘的结构如图 4－21 所示。

某位同学完成了以下操作。

（1）将 school \ sx 文件夹下的文件 good. txt 移动到 text \ book 文件夹下。

（2）将 home 文件夹下的文件 new1. doc 复制到 school 文件夹下。

（3）在 school 文件夹下建立新的文件夹 myfile。

现在 C 盘的结构如何？（用图 4－21 所示的形式描述）

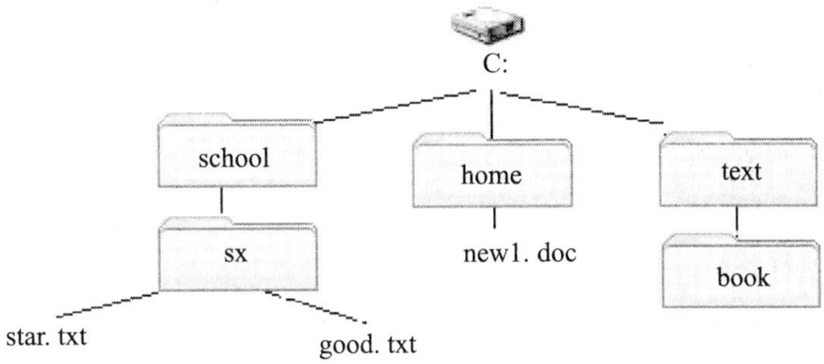

图 4－21

例 4－50 的答案具有客观性、唯一性，因此它是一道客观题，如果将试题的描述修改如下（如例 4－51 所示），则变为一道半客观题，因为答题者给出的操作步骤可以有多个，但是可能出现的答案是有限的。

例 4－51：C 盘的结构如图 4－21 所示。

某同学经过一系列的文件操作后，C 盘的结构如图 4－22 所示。

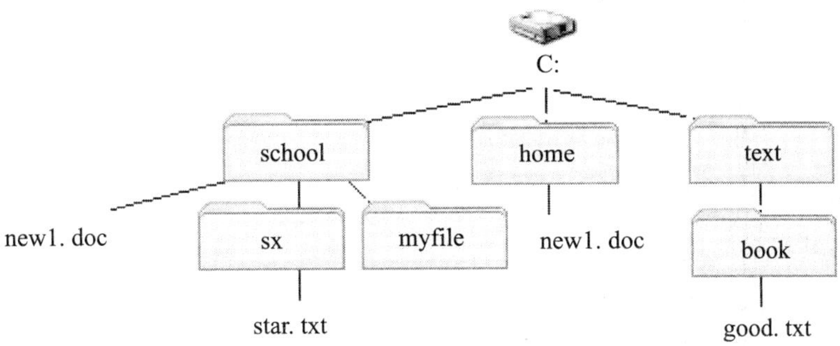

图 4－22

请用文字描述该同学的操作步骤。

试题属性的变化也会使考核的目标产生细微的变化。例如采用客观题的形式，答题者依据试题列出的项目，在头脑中逐条模拟完成文件操作步骤，最终得出试题的答案。而这种模拟是完全依据题目的要求，无须更多的思考，评分者可以非常准确、快速地依据正确答案给出分数。而采用半客观题的形式，答题者必须比对初始状态和最终状态的不同，在头脑中灵活运用文件的各种操作方法，有机组合，完成答题，它对答题者的理解能力和组织能力要求更高，评分者必须根据答题者的答案是否正确作出判断，这需要花一些时间。

再如例4－52。

例4－52：信息资源管理方式有人工管理、计算机文件管理、数据库管理三种。请判断下面几种信息资源管理方式所属的类型。

网站提供的同学录查询，属于____________；

利用电子表格管理某同学日常账务信息，属于____________；

记录在纸质小本子上的电话号码和通讯地址，属于____________；

在中国国家图书馆网站上进行书刊目录查询，属于____________；

用资源管理器整理网站文件，属于____________。

例4－52属于客观题，答题者必须要理解各种信息资源管理方式的含义，然后据此判断题中列出的事件属于哪种管理类型。

如果换成如下描述则变为半客观题，如例4－53所示。

例4－53：信息资源管理方式有人工管理、计算机文件管理、数据库管理三种。请从下面列出的几种信息资源管理方式中选出一种填入。

____________属于人工管理；

____________属于计算机文件管理；

____________属于数据库管理。

利用电子表格管理某同学日常账务信息

网站提供的同学录查询

记录在纸质小本子上的电话号码和通讯地址

用资源管理器整理网站文件

在中国国家图书馆网站上进行书刊目录查询

试题考查的目标没有变化，但例4－53作为半客观题，比例4－52形式的客观题的难度降低了。

从例4－52和例4－53两例可以看出，试题属性的变化可能导致答题需要的能力、试题本身的难度以及对评分的要求发生变化。因此试题命题者必须依据考查的目标、试卷的整体要求等选择合适的试题属性。

第五章 Chapter 5

主观题的研究与分析

第一节

主观题综述

一、主观题的界定

（一）概念描述

我们可以从外显和内隐两个层面对主观题进行界定。在外显层面，主观题主要表现为参考答案的多样性和不确定性。阅卷者在评分过程中没有确定的答案可以参照，只能根据参考答案中提供的众多正确答案中的一种或几种再结合主观思考对答案的正确与否或正确程度作出判断，因此主观题的评判结果也在一定程度上受阅卷者主观因素的影响。

在内隐层面，主观题表现出很大的开放性。主观题多数情况下与实际生活相联系，学生无法运用头脑中已有的较良构的知识对题目作答，只能在对题目提供的特定情境进行分析判断的基础上，结合自身的知识经验积累方能给出较合理的答案。因此此类型试题主要用于考查学生复杂的思维过程和较高层次的能力水平，如将知识迁移后灵活应用的能力、综合利用信息技术解决问题的能力及情感态度与价值观等。在主观题中对学生不会有过多的限制，允许并鼓励学生个性的释放与创造性的发挥。

主观题这两个层面的特征是“质”和“形”的关系。其中，“内隐”是质，“外显”是“形”。正是主观题本质的开放性才决定了其答案的多样性与不确定性，因此，开放性是主观题的本质特征。

（二）试题举例

由于种种原因，在很长一段时间内主观题在国内信息技术课程总结性评价试卷中几乎没有出现过，近几年来，它才逐渐引起信息技术教育界的重视。尽管发展时间很短，却也出现了一些水平较高的主观题，第三章的例 3 - 34 就是很好的一个例子。

例 3 - 34 的第 1 小题首先要求学生为例题提供的材料选择恰当的信息表达方式，信息表达方式是有限的，因此该题如果到此为止则属于一道半客观题。可命题者巧妙地加上了“请说明理由”这句话，使得学生只有在对材料内容特征进行分析的基础上，再结合自身关于信息表达方面的知识积累才能给出较合理的答案，避免了学生不经深入思考凭感觉草率给出答案的可能性。虽然学生选择了相同的信息表达方式，选择理由却未必相同，答案呈现出多样性和不可预料性。该题考查了学生的知识迁移应用能力及利用信息技术解决问题的能力，具有开放性特征，因此，属于主观题范畴。第 2 小题与第 1 小题存在很强的关联性，学生在选择表达方式时头脑里其实已经有了关于表达结果的大体框架，第 2 小题则要求将框架清晰化并付诸笔端，这是学生在第 1 小题基础上的思维过程的继续，前两个小题共同构成完整的运用信息技术解决问题的过程。第 3 小题则属于对学生进行情感态度与价值观考查。对于同一件事情或同一种情况，学生的经验不同，所持态度就会存在差异，该题允许学生自由表达态度与价值观，只要思想不过于偏激就给分，该题的人性化与开放性特征鲜明，因此属于主观题。该题在同一情境下从不同角度设置了 3 个主观题，综合起来又可以看作是一道大的主观题，实现了三维目标的全面考查，是一道综合性很强的水平较高的题目。

根据前面的介绍可知，一些国家在信息技术课程总结性评价命题方面积累了相当多的经验，存在大量水平较高的题目，其中不乏优秀的主观题，如第二章第一节的例 2 - 2 就是其中一例。试题以网络银行为背景，创设了网络银行在实际生活中的不同应用情境，要求学生对其应用的有利之处与不利之处发表自己的看法，在同一问题背景下较全面地考查了学生网络安全方面的知识以及有关网络安全的情感态度与价值观，具有很强的开放性，是一道典型的主观题。虽然其难以达到较高的信度与效度，也会给评分带来一定的困难，但这种直接在题目中对学生的情感态度与价值观进行考查的做法却非常值得我们尊重和借鉴。

（三）主观题的优势与劣势

任何一种评价方式总有其不容忽视的积极意义和不可避免的缺陷，主观题亦然。主观题的积极意义主要在于因自身的开放性所体现的对学生个性的尊重、对评价目标的全面覆盖、对教学实践的积极导向作用以及实现完整的过程化评价，可以使试卷结构更趋合理等。这在后面的“二、主观题的价值”部分会有详细阐述，故此处不作过多解释。而主观题的缺陷，主要表现为以下两点。

1. 覆盖面较窄，无法达到良好的效度与信度

主观题一般“规模”较大，需要占用学生大量的时间作答，因此在一份试卷中不会大量存在。虽然主观题具有较强的综合性，但是因题量的不足仍然无法实现对知识点的全面覆盖，而对知识点的覆盖程度是影响试卷信度与效度的重要因素。一般来说，覆盖面越广，试卷的信度与效度就越高。因此，主观题对于知识点覆盖面较窄这一特点使其无法达到良好的信度与效度。

2. 评分困难

评分困难首先表现为评分标准制订困难。主观题的答案表现出多样性和不确定性，同一道题目有存在多种甚至无数种正确答案的可能，所以不能人为地只确定一种答案为正确答案，必须在综合考虑多种情况的基础上列出尽可能多的正确答案以供阅卷者作为评分参考，同时指出一切合理的答案都应给分。主观题的答案并不是绝对的，答题的质量也因人而异，呈现出一定的质量等级，评分标准中要对不同质量的答案的应给分值作出规定，这都大大增加了评分标准制订的难度。其次，评分困难还表现在对阅卷者的要求上。因为在阅卷者具体评分的过程中，虽然评分标准中会给出多种可能出现的正确答案，但因试题的开放性必然会出现评分标准中无法完全阐述、涵盖之处，这就需要阅卷者具有较高的信息素养和敏锐的洞察力方能作出合理的评判，这对阅卷者提出了一个挑战。

二、主观题的价值

第八次基础教育改革强调“以人为本，促进每一个学生全面而富有个性的发展”的核心理念，作为课程重要组成部分的课程评价也应把“以人为本”“尊重个体”及“追求并促进学生的全面发展”作为自身最根本的价值取向，体现新课程的灵魂和一以贯之的价值追求。钟启泉在对评价理念作具体表述时提到：“评价应体现以人为本的思想，建构个体发展。评价要关注个体的处境和需要，尊重和体现个体的差异，激发个体的主体精神，以促使每个个体最大可能地实现其自身价值。”① 信息技术课程总结性评价作为基础教育阶段课程评价的一种方式，应遵循其基本理念与价值取向。而主观题在这其中的作用，则是无可替代的。

（一）尊重学生个性

尊重学生个体这一点在客观题中较难实现，学生在回答客观题时只是选择命题者预设的答案或是填写客观存在的有限的答案，学生的反应是以命题者的语言和思路为基础的，其个性与创造性被命题者的思想所束缚。主观题固有的开放性特征体现了对学生个别差异与个性特点的充分尊重。它不提供预设的答案，也没有客观存在的答案，学生在主观题提供的自由开放的空间里以自己的知识和经验为基础完成题目的作答，题目允许学生依据自身的兴趣和特长作出不同形式或不同内容的解答，答案只要存在合理之处就适度给分，很少出现给零分的情况，这也从一个侧面体现了对学生个性与创造性的鼓励与尊重。

（二）实现完整的过程性

过程性是信息技术课程总结性评价的一个重要原则，也是客观题在命题过程中坚持的基本原则。但是正如第四章中所说：“由于客观题本身的局限性，其考查的往往是局部的和微观的过程，即这种过程表现为解决某个阶段性问题或者某个问题的具体环节。”但是过程性不仅包括局部的环节，还应包括解决某一问题的完整的过程。局部环节的考查只能说明学生是否曾实践过相同的或相似的操作或是否经历过相同的或相似的解决问题的过程，“完整的过程性”才能考查学生是否具备对实际问题进行整体分

---

① 钟启泉，崔允漷，张华.《基础教育课程改革纲要（试行）解读》[M]. 上海：华东师范大学出版社，2001：303.

析与规划，并运用信息技术将其解决的能力。试题的过程性旨在促进学生的动手实践，但是过程性的两种含义所指向的实践却存在很大差别，前者主要强调对实践过程的经历，而不对过程中的思考作过多的要求，后者则不仅需要经历，更需要对实践过程进行深入思考以总结出解决问题的一般规律以便迁移到新的问题情境之中。因此，从某种程度上说，“完整的过程性”更有意义。主观题在实现完整的过程性考查方面具有突出的优势，它可以为学生创设一个真实的问题情境，而不对解决问题的过程作过多的干涉与提示，学生只有有过解决类似问题的经验，并能够在对新的问题综合分析的基础上将已有经验合理迁移，才能很好地完成问题的解答。如第二章第二节的“3. 测试‘传递’能力要素样题”就较好地实现了完整的过程性考查。

该样题创设了一个针对特定问题进行研究并撰写研究报告的问题情境，解决问题需要经历以下几个阶段：根据任务需求搜索相关信息；对信息进行评价以确定对于完成任务来说较有价值的信息；制作幻灯片以呈现研究结果；将幻灯片发到导师的邮箱中以待审查。这四个阶段综合起来构成了完整的解决问题的过程。学生只有经历过相似的研究过程，并在对研究过程深入思考的基础上总结解决此类问题的一般性的规律和方法性要素，才能通过合理的迁移顺利解决问题。该样题通过一个真实的问题情境实现了完整的过程化考查，即对学生分析问题、解决问题能力的考查，如果只重视过程中的一个或几个阶段，或阶段中的某个或某几个环节都有悖于真实的问题解决过程，不能准确地考查学生利用信息技术解决问题的能力。

（三）实现对评价目标的全面覆盖

信息技术新课程强调对学生进行全面的评价，即从知识与技能、过程与方法、情感态度与价值观三个维度对学生进行综合评价，不能对任何一个维度有所忽视。但是这三维目标需要的考查情境却有所不同，知识与技能目标对考查情境没有特别的要求，而其余两维目标，特别是情感态度与价值观目标却需要真实的开放的，给学生留有充分的自由空间的考查情境。客观题固有的封闭性使其较易实现对知识与技能的考查，对其余两维目标只能很粗浅地涉及。如第三章中涉及的部分题目虽然是对学生的过程与方法的考查，但却是完整的问题解决过程中很小的一部分，无法有效地考查学生的问题解决能力。主观题开放性的本质特征使其较容易创设出“过程与方法”及“情感态度与价值观”所要求的考查情境，在这一情境中，学生的能力可以尽情彰显，学生的情感可以自由表达。如例 3 – 34 就很好地达到了三维目标相互融合、共同评价的目的，因前面已经对该题有过详细分析，此处不再赘述。

综上所述，主观题在提高信息技术课程总结性评价试卷的合理性方面有着重要的作用，主观题的出现是试卷结构不断走向成熟的必然。

（四）对教学实践的积极导向作用

总结性评价的一个非常重要的作用就是对教学的导向作用。在总结性评价中需要通过设计主观题来加强对教学的引导。

实际上，主观题对教学的积极导向作用在基础教育阶段其他课程中早有体现，比如语文课程中的作文题。作文题是语文课程总结性评价中“规模”最大、开放性最强的主观题，在 150 分的试卷中所占分值高达 60 分。但是作文题的作用主要并不在于提高区分度。

既然不能提高区分度，那么作文题存在的价值是什么呢？为何其在语文总结性评价试卷中一直存在且受到很大重视呢？究其原因，正是这个主观题对于语文教学实践的积极导向作用。正是因为高考中作文题占据如此之多的分值，从义务教育阶段起就重视学生写作能力的培养，并据此对学生的情感态度与价值观给予更多的关注。因此，为了引起对写作能力培养、对价值观引导的长期重视，作文题等这样的主观题有必要长期存在下去。同样，在信息技术学科中，主观题对教学的导向作用也是非常显而易见的。

三、国内信息技术主观题现状及反思

在相当长的一段时间内，信息技术课程总结性评价试卷中仅存在客观题一种评价方式，主要表现为选择题、填空题、判断题、操作题等题型。直到近几年主观题才在总结性评价中出现，主观题发展的时间较短，在具体操作上缺乏经验，必然导致其存在诸多不足之处，现以现阶段信息技术课程中较为规范的一种总结性评价形式——信息技术会考为主要研究对象（同时还包括一些学校自主命题的期中期末试题），对当前国内信息技术课程评价中的主观题存在的问题进行分析并试图寻找其形成原因。

（一）目前存在的问题

1. 试卷结构中忽略了主观题

长期以来，信息技术课程总结性评价主要着重于知识与技能方面的考核，对“过程与方法”“情感态度与价值观”关注较少。尽管如何在总结性评价中实现三维目标的综合考核这一难题已被部分解决——其中一个重要解决方法就是在试卷中加入主观题，并且通过海南省的实验已经证实这种方法是可行的，但是在多数地区的信息技术课程总结性评价试卷中，特别是在影响范围较大的信息技术会考试卷中，仍然少见主观题的踪影。不可否认，很多地区已经意识到了以往试卷中存在的问题，并采取了一些措施加以解决，但是选择题、判断题和操作题依然是多数地区信息技术会考的主要题型，其本质上仍然是客观题，偏重于知识与技能的考查，因此，这种不引入主观题的试卷改革方式难免给人隔靴搔痒之感。

2. 存在形似主观题实为综合客观题的现象

在少数地区，会考命题者已经认识到了主观题对于信息技术课程总结性评价的重要性，也尝试在会考试卷中加入主观题，这种尝试非常值得肯定，也值得其他地区学习。但是仔细分析其会考试卷后发现，有相当一部分外形很像主观题的题目实际上是多个客观题的综合，暂且称其为综合客观题，如例5－1。

例5－1：某同学想要通过制作网页来介绍北京故宫。

（1）如图5－1所示，该网页为首页，通过超链接方式，将首页与自己制作的几个网页建立超链接，共同表达一个主题。写出图5－1中可以看出的两种超链接方式的名称。（2分）

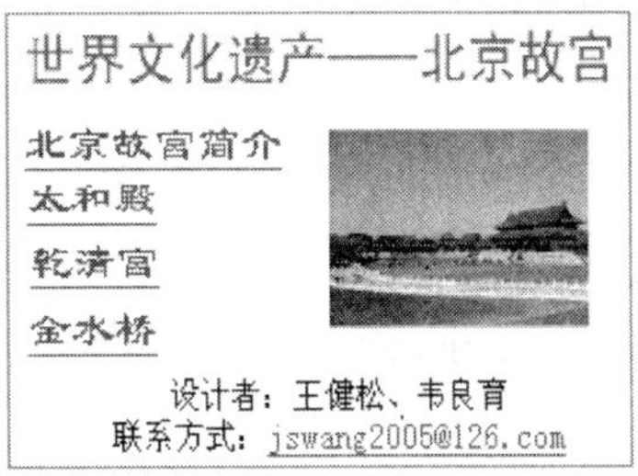

图5－1　某同学制作的网站首页

（2）该同学收集了网页素材图片文件gugong. jpg，使用Photoshop软件打开该文件

后如图 5－2 所示，如要去除边缘部分不需要的内容后如图 5－3 所示，需要使用图 5－4 中的哪种工具？（1 分）

图 5－2 原图

图 5－3 效果图

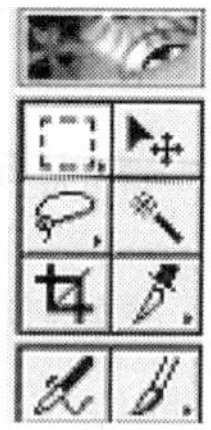
图 5－4 工具示意图

（3）使用网页编辑软件 Dreamweaver 或 FrontPage 制作网页。在某页面内插入文件 gugong. jpg，他可以执行的操作选项如下：A. 插入——图片；B. 插入——图片——来自文件；C. 选择插入位置；D. 确认；E. 选择图片文件 gugong. jpg。根据所用的软件，选择正确的操作选项，用字母排出次序。（2 分）

分析：本题以简述题的形式出现在卷Ⅱ中，给人的感觉像是主观题，下面依次分析本题包含的 3 个小问题，以判断其是否应归属于主观题范畴。本题第 1 小题要求学生写出图 5－1 中包含的两种超链接方式的名称，考查学生对知识的识记与理解能力。虽然图 5－1 中包含的超链接方式不止两种，本意是给学生预留在多个答案中选择的余地，从而体现人性化的特征，但是图 5－1 中超链接方式的有限性决定了本题答案虽不是唯一的，却是有限的，因此该小题属于半客观题，不属于主观题范畴。第 2 小题要求学生根据操作结果写出运用的操作工具，考查学生对于软件工具的知识与技能，与第 1 小题类似，虽然图 5－4 中提供的工具不止一种可以达到题目中所示的操作结果，但是正确答案数量依然很有限，无论从该小题考查的能力要素还是从答案的特征来看，该小题仍属于半客观题。第 3 小题对于学生能力的考查仍然局限于知识与技能，题目答案仍然有限，所以该小题也是一道半客观题。因此，本题虽然看似主观题，但是通过对其下的每一个小题进行分析后发现，实际上它是 3 道半客观题的综合，因此这是一道综合客观题。

如果从贯彻新课程的评价理念、实现三维目标综合评价的角度来看，本题出现在卷Ⅱ，又占有如此大的篇幅，却设计成一道客观题实在让人遗憾。但是从会考的权威性与影响力，以及对信度与效度的要求的角度来看，这种题目设计方式又存在一定的合理性，在后续内容中会对此有更详细的分析。

3. 题目要求过于笼统

虽然由于多方面原因，主观题没有在信息技术会考中被广泛使用，但是在很多学校自主命制的总结性评价试卷中却不乏主观题的存在，而且确实存在一些较优秀的题目。目前由学校自主命制的主观题绝大部分还存在着较多缺陷，其中普遍存在的一个不足之处就是题目要求过于笼统，如例 5 –2。

例 5 –2：学校要组织一次“奥运在我心中”的知识竞赛，假设你是参与者之一，为准备知识竞赛，你需要掌握与奥运会有关的知识信息。请你利用信息获取的一般过程来剖析该信息获取活动的各个环节。

分析：初看此题，给人的第一感觉就是无处下手。首先，题目要求学生获取“与奥运会有关的知识信息”，与奥运会相关的内容十分丰富，可以是其发展历史，也可以是奥运会的比赛项目，可以是某年比赛的排名情况，也可以是对某一个参赛运动员的评论。如此宽泛的信息获取范围使学生没有一个可以进行深入思考的切入点，回答的内容很可能就是对信息获取一般过程的泛泛而谈，根本无法体现学生将知识运用到实际问题解决之中的能力。其次，信息来源也是多种多样的，包括文献型、口头型、电子型、实物型等多种信息源，每种类型又包含多种类别，而不同类别的信息源需要的关键信息获取技能是存在差异的。例如，利用因特网获取信息，关键在于搜索关键词的选择，其他类别则不同。在评分标准制订的过程中不可能全面照顾因信息源的不同所导致的信息获取过程的差异，只能在更宏观的层面上泛泛而谈。以上两个“泛泛而谈”产生的直接结果就是原本可以考查学生综合分析、处理问题能力的题目却因为要求过于笼统而只能实现对学生知识与技能的考查，这就使主观题的价值大打折扣。

4. 评价标准存在问题

评分问题是主观题的软肋，其中一个重要表现就是评价标准制定困难。因为难度大，所以在实践尤其是初期的实践中，出现问题是在所难免的。在对收集的大量信息技术课程总结性评价主观题评分标准进行深入分析的基础上，我们发现其存在的问题主要表现为以下两种类型。

（1）评分标准客观化。

这主要表现为主观题提供唯一的客观的答案，如例 5 – 3。

例 5 – 3：作为高科技的产物，银行自动取款机的出现极大方便了储户取款。但是，却有不法分子把诈骗的黑手伸向自动取款机。

5 月 29 日，家住周宁城关的陈某就差点被骗。当晚 8 时许，陈某来到县宾馆门口的一台自动取款机上准备取款，当他把卡插入时，自动取款机出现“故障”，不能取款且卡也无法取出。他看见自动取款机上贴有“网络故障请与 130××××××××联系”的字条，于是按照号码拨通了这个电话。这时，电话里传来“我是省农行总行……”，于是……

根据上面的材料完成如下题目。

1. 这时如果你是陈某，你应该如何去做？并写出你的理由。

2. 当你第一次拿着刚办好的金融卡去取款，但不知道如何操作，这时有一个陌生人来帮助你，要求你提供密码，你应该怎样做？

3. 今天是 12 月 8 日，可是你来到自动取款机前发现这样一则通知“自动取款机正在维修，今天暂时不能使用。12 月 5 日”，你还能取款吗？为什么？这说明这则信息具有哪方面的特征？

评分标准：1. 应该找到银行相关部门询问，绝对不能打自动取款机上的电话。因为这很有可能是骗子的电话，如果打了骗子的电话，骗子可能会说“我是××总行，我刚才没空，请把卡号及密码告诉我，你明天再来银行取卡”。等到受骗的人一走，骗子就用工具将卡取出，用获取的密码将卡内的钱取走。

2. 婉言谢绝，我们不能轻易相信陌生人，而应该到相关银行部门询问工作人员。

3. 能，因为通知已经说明时间是 12 月 5 日维修，取款日期是 12 月 8 日，当然可以正常办理。这说明信息具有时效性的特征。

分析：本题的第 1、第 2 小题是典型的考查学生有关信息安全问题的情感态度与价值观的开放性较强的主观题，答案并不唯一确定，不同的学生根据自身在生活中的经验积累对此问题可能会采取完全不同的但却同样合理的处理方式。比如，对于第 1 小题，陈某可以找银行相关部门咨询，他也可以选择其他的办法，如换一台工作正常的取款机，这同样是合理可行的做法。但是本题的评分标准中却给出了唯一一个确定的客观的答案，显然与题目的评价目标相矛盾，而且还会对教师的评分和教学产生错误的导向作用。

（2）评分标准不严谨。

由于目前国内真正意义上的主观题还只是存在于校级考试中，学校精力以及重视程度的不足、研究的缺乏，导致了评分标准不严谨成为主观题中普遍存在的一个问题。主要表现为对应给的分数不作量性规定，没有详细列出学生的可能回答情况并为每种情况确定相应分值等，如多次提到的例3－34一题，题目设计得很精彩，但是评分标准却不能令人满意，具体的评分标准如下。

评分标准：

题1：要求说明至少两条理由。

题2：结合题1选择的方式，含有文字、数字可给分。

题3：利用所掌握的信息安全法律法规知识，阐明观点即可给分。

分析：首先，从整体来看，评分标准中没有出现以量化形式存在的分值规定，这是其不严谨的一个十分明显的表现。下面从局部出发对每一小题的评分标准逐一进行分析：首先，题1标准中只说明写出两条理由即可给分，但是并没有给出尽可能多的可能出现的合理的理由以供阅卷者作为评分参考；其次，学生可能只给出一条合理理由，或者给出两条以上的合理理由等，评分标准并没有对这些可能出现的回答情况的应给分值作出规定。题2、题3的评分标准愈加笼统，既没有提供参考答案，也没有对可能出现的答案作分值规定，更进一步的是，评分标准中指出“含有文字、数字可给分”“阐明观点即可给分”，这显然存在很大的漏洞，极有可能导致阅卷者在评分过程中感到疑惑。

评分标准不严谨使得阅卷者缺少统一的参照，因此评分过程在更大程度上受主观因素的影响，这不仅不利于评分工作快速有效地展开，而且还大大增加了不公平现象发生的几率。在阅卷小组人员数量非常有限的情况下，这一问题还比较容易得到协调与解决。当题目运用于大规模的考试中，涉及大量阅卷人员时，问题就会非常难于解决。

同时，这样的评分标准因其含糊性而无法给今后的教学、试卷设计以及评价标准制订提供参考，因此题目价值大打折扣。

（二）问题原因分析

如前面所述，信息技术课程总结性评价中的主观题在步入实践的过程中出现了种种问题，而教学实践中任何一个问题的产生基本上可以说不外乎理论基础和现实条件两个层面的原因。

1. 理论基础层面

在理论基础层面，主要表现为以下两个方面的原因。

（1）以前课程目标的偏颇。

信息技术课程的发展经历了计算机文化论、计算机工具论以及现在所处的信息文化论三个阶段，其中计算机文化论时期距现在时间较远，其理论对当前信息技术教育的影响已经很小。现阶段在部分信息技术教育工作者头脑中仍然根深蒂固的、且对信息技术教育实践还在很大程度上发挥作用的是计算机工具论时代的相关理论，这些理论以课程目标为基础和核心，从1987年出台的《普通中学电子计算机选修课教学大纲（试行）》及1994年《中小学计算机课程指导纲要（试行）》对课程目标的规定来看，工具性色彩非常浓厚，过于强调信息技术课程的工具性定位，埋没了其人文性，由此导致课程内容、课程教学、课程评价等一系列与课程相关问题都围绕计算机的基本知识和基本操作技能展开，过程与方法、情感态度与价值观被极度漠视。而在总结性评价中客观题足以实现对知识与技能的考查，主观题的缺失也就成了顺理成章之事，而且信息技术教育工作者对于这种客观题一统天下的局面早已适应，在没有太大外界压力的情况下，多数人还是倾向于固守原有的评价方式，乐于并敢于创新的人并不多，这是导致当前主观题在试卷结构中缺失的一个重要原因。

（2）新课程实施以来对评价研究的缺乏。

信息技术课程是一门较年轻的课程，对于与课程相关问题的研究，包括课程目标研究、课程内容研究、课程教学研究等还处于不断探索与完善之中，而课程评价研究相对于课程领域其他问题的研究来说，其难度更大，且其研究在某种程度上应建立在其他课程问题的研究成果之上。因此，自新课程实施以来，对于评价问题的研究一直没有深入下去，造成了上层理论的匮乏，理论的不完善必然导致实践中产生种种问题，包括前面所述的主观题存在的问题。

2. 现实条件层面

在现实条件层面，主要表现为因主观题的出现给实践带来的种种不便造成的信息技术课程总结性评价对主观题的抵触。如前所述，主观题存在信度与效度低、评分困难等诸多缺陷，而总结性评价，尤其是具有较高权威性和较大影响力的总结性评价，如会考等对于评价的信度与效度有很高的要求，这一矛盾是其排斥主观题的原因之一。主观题的另一个缺陷就是评分困难，在较大规模的总结性评价中，评分是一个耗时耗力的工作，这是总结性评价试卷中主观题缺失的又一个原因。

第二节

相关研究成果借鉴

如前面所述，国内信息技术课程总结性评价在对主观题的概念认识到规律掌握等各方面存在诸多问题，而问题产生的根本原因就是经验不足，因此借鉴与汲取是现阶段解决问题的明智之举。下面进一步分析我国基础教育阶段语文课程及国外信息技术课程总结性评价中主观题的命题思路，以期提炼出能为国内信息技术课程总结性评价所用的相关经验。

一、我国基础教育阶段语文课程研究成果借鉴

借鉴旨在寻求方法，即寻求将主观题的价值最大限度发挥的方法，即探求在主观题中如何实现三维目标的综合考查，特别是如何实现情感目标的考查，因此在对我国基础教育阶段课程进行分析遴选以寻找能够为信息技术课程借鉴的对象的过程中，笔者并没有将视线仅仅局限在包含具体技术操作内容的课程上，而是将关注焦点定位在课程是否与信息技术课程存在某种相似性，该课程总结性评价的主观题是否存在或曾经存在信息技术课程主观题所面临的问题并是否将其很好地解决了等方面，所以语文课程

较其他课程能更好地符合我们的条件。首先，在语文课程中长期大量应用主观题，语文课程在课程发展历史、课程性质等方面都与信息技术课程存在着很大的相似性；其次，语文是基础教育阶段一门有数十年发展历史的较成熟的课程，其在上位理论与下位实践方面都积累了丰富的经验，因此必然存在值得我们借鉴的地方。

（一）课程性质比较

1. 信息技术课程

从20世纪70年代至今，我国对信息技术课程性质的认识经历了一个不断深化的过程，主要经历了三次大的变迁，即“计算机文化论”“计算机工具论”和“信息文化论”。

（1）计算机文化论。

在“计算机文化论”这个时期，文化被狭隘地定义为程序设计文化，信息技术课程也就逐步异化为程序设计语言课程，课程目标被定位在了解计算机的基本工作原理以及培养逻辑思维能力上。

（2）计算机工具论。

在这个时期，由于信息技术的快速发展及渐趋大众化，人们逐渐明确了计算机的工具性地位，此时的信息技术课程带有很强的工具性，课程核心是培养学生的计算机应用能力，课程内容则相应地转向了关于计算机的基本知识与基本操作及常用软件的学习。

（3）信息文化论。

随着信息技术的继续大众化，人们开始认识到信息技术的文化品性，于是信息技术课程实现了“信息文化论”转向，课程性质被界定为基础性、综合性与文化性，可以这样认为：信息技术是一门综合性较强的课程，也是在基础教育阶段处于基础性地位的课程，它是学生学习以及将来工作和生活的基础。同时本课程又兼具工具价值与人文价值，即既有恰当而充实的技术内涵，又体现科学精神，强化人文精神。

2. 语文课程

语文课程的发展历史相对来说“悠久”得多，我们暂且将1950年8月颁布的《小学语文课程暂行标准（草案）》作为研究起点。从那时起至今，我国语文教育界对语文课程的认识同样经历了三次大的变化，即“工具论”“基础工具论”和“文化负载的交际工具论”。[①]

（1）工具论。

工具论强调语文是学习其他课程知识的工具，是为学习其他课程奠定基础的，这基本上奠定了语文在中小学课程体系中的工具性地位。

（2）基础工具论。

基础工具论不仅仅认为语文是“工具”，同时还认为中小学阶段的其他学科也同样是学生发展的“工具”，语文是一门“基础工具”。这体现了语文与其他带有“工具”性质的课程的区别，即处于比基础教育阶段其他课程更为基础的地位。

（3）文化负载的交际工具论。

该理念在1996年被第一次明确提出，强调“语文是最重要的交际工具，也是最重要的文化载体”，深刻而简约地说明了语文这一交际工具负载着丰富多彩的文化内容。新课程改革全面启动以后，我国语文教育界对语文课程性质的认识又有了进一步的深化和发展。新课程标准中明确指出：“语文是最重要的交际工具，是人类文化的重要组成部分。工具性与人文性的统一，是语文课程的基本特点。”这一课程性质的定位，不仅强调了语文课程的基础性与工具性属性，而且还强调了语文课程的人文性，揭示了语文课程具有丰富的对学生精神领域有深广影响的人文内涵。

由以上对比可以发现：首先，人们对信息技术课程性质的认识过程与对语文课程的认识过程存在很大的相似性，即都经历了工具论向文化论的转向；其次，现阶段人们对这两门课程性质的认识也存在着很大的相似性，即认为这两门课程在基础教育阶段较之其他课程更具基础性，且都富含工具价值与人文价值。所不同的是，语文课程的发展呈现出一定的超前性。早在“基础工具论”时期，人们在具体的教学实践（包括评价）中就开始重视对学生进行知识、能力与思想的综合教育。当然，这里的思想性有很大的政治性倾向，相对于“文化负载的交际工具论”时期提出的“文化负载”“人类文化的重要组成部分”及“人文性”等理念来说无疑存在很大的局限性。但如此长时间的发展使其在实现对知识、能力、思想三方

---

① 彭泽平．建国以来我国对语文课程性质认识的变迁［J］．教育探索，2003（12）：17-18.

面综合培养与评价，特别是对思想进行培养与评价方面确实积累了非常多的宝贵经验，这对在信息技术课程中如何实现三维目标的综合评价，特别是如何实现对情感态度与价值观的评价方面都有非常强的借鉴意义。

（二）课程目标比较

新世纪伊始，在第八次基础教育课程改革浪潮的推动下，我国信息技术及语文教育界对课程的认识都上升到了更高的水平，并都制定了课程标准将认识的深化和发展付诸笔端并推向实践。

《普通高中技术课程标准（实验）》从三维目标出发，对课程目标作了新的界定：在知识与技能维度，主要要求学生了解信息技术的基本知识，掌握信息技术的基本操作技能；在过程与方法维度，主要要求学生掌握应用信息技术解决实际问题的方法，对信息技术过程、方法与结果评价的方法，并能够运用信息技术解决学习和生活中的实际问题；在情感态度与价值观维度，主要要求学生形成积极地学习信息技术、参与信息活动的态度，理解并遵守与信息技术相关的权利与义务、伦理道德、法律法规等。

语文课程标准同样从三位一体的角度界定其课程目标，但在表述时则采用了一种交叉融合的方式，现以三维目标为框架对其整理如下：首先，在知识与技能、过程与方法维度，主要要求学生正确地理解和运用祖国语言文字，丰富语言的积累，培养语感，发展思维，具有适应实际需要的识字写字能力、阅读能力、写作能力、口语交际能力；其次，在情感态度与价值观维度，主要要求培养学生热爱祖国文化的思想感情，提高学生的道德修养和审美情趣，使他们逐步树立正确的价值观和积极的人生态度。

从课程目标中可以看出，两门课程都很重视学生综合能力的培养，在情感目标方面，语文课程作了更多的强调，更加重视。

语文课程最具权威性的总结性评价——高考，在其《考试大纲》中只规定了识记、理解、分析综合、表达应用和鉴赏评价五个能力目标，对情感目标根本没有提及。但是在高考试题中，特别是在主观题中并没有忽视情感目标，实际上就是采取了“将情感态度与价值观维度的评价目标蕴涵其中”的方式，应该说这是语文评价研究和实施中的一大误解。信息技术课程可以从其命题思路中获得启发，更好地解决在主观题中如何将情感目标的评价渗透到另外两维目标之中的问题。

（三）主观题命题思路借鉴

通过本章第一节的分析我们已经知道，信息技术课程总结性评价在主观题命题方面既存在值得肯定的地方，同时也存在很多不足之处。从1977年恢复高考一直到现在，语文高考中都给予主观题命题很大的重视（这里所说的主观题是将信息技术课程总结性评价中确定的主观题的定义运用到语文学科得到的结果，而不是语文学科所指的一般意义上的主观题，语文学科将选择题以外的题目都统称主观题，主要包括古诗鉴赏题、现代文阅读题、仿写句子题及作文题等）。在主观题命题方面，语文学科积累了较多的经验，归纳起来，对信息技术课程总结性评价主观题命题有较大启发意义的主要有以下几点。

1. 命题材料突出人文精神，价值内涵丰富

工具性与人文性的统一，是语文学科的基本特点。语文学科在重视教会学生理解和运用祖国语言文字的同时，更注重引导学生关注人生，学会做人。这在高考中主要表现在对主观题命题材料的选择上，即对命题材料的文化内涵和精神底蕴给予了非常大的重视。从阅读到写作，它提供给学生的都是学习真善美的范例，鞭挞假恶丑的靶子，并引导学生去明辨是非，激浊扬清，弘扬积极健康的情感态度与价值观。

信息技术课程同样重视对学生进行情感态度与价值观的培养，但这方面素养的提高是长期的潜移默化的过程，所以应抓住每一次机会、每一个细节让学生接受正确的情感态度与价值观的濡染与熏陶。以上语文课程的经验非常有借鉴价值，当然，在选择命题材料时同样要注重其思想意蕴和价值内涵，使学生阅读材料完成试题的过程成为形成积极的情感态度与价值观的过程。主观题，特别是较大型的主观题在信息技术课程总结性评价试卷中所占比例不大，所以不必担心增加命题材料会增大学生的阅读量的问题。

2. 贴近生活，彰显语文本色

语文即生活，语文的外延就是生活的全部。因此，高考命题者十分注意主观题的试题情境与学生学习实际和生活实际的有机联系，本着语文生活化、生活化语文的原则，将学生的角色定位本色化，尽可能提供真实的测试场景。这在语言运用题中表现得尤为突出，如要求为学校的汇报演出拟写节目串口词，要求为中学校报的版面列出宗旨，这些都与学生的实际生活联系非常紧密，学生入手时会感觉十分平易亲切，有利于客观、准确地考查其语言运用能力。

信息技术的迅速发展和向社会生活的广泛渗透使其已经成为人们日常生活中必不可少的一部分，高中生学习信息技术课程的最终目的就是能够运用信息技术提高自己学习和生活的质量。换句话说，信息技术只有与实际生活相联系才能使其价值真正彰显，学生的信息素养只有在真实的问题情境中才能真正显现。因此，信息技术课程总结性评价在主观题情境的处理上应借鉴语文课程的思路，即站在学生的立场上，尽量提供学生熟悉的真实的测试场景，不应为了追求语言简练而将问题情境抽象化，更不能生搬硬套地造出实际生活中很少出现的或是学生根本不熟悉的问题情境。

3. 科学规范，凸显以人为本的人文情怀

科学规范始终是语文高考命题所坚持的基本原则。这在主观题方面首先表现为对学生能力考查的稳定性。如现代文阅读题、古诗鉴赏题主要考查学生的理解能力、分析综合能力及鉴赏评价能力，作文题则主要考查学生的表达应用能力。虽然语文高考试卷始终处于不断调整与改革之中，但各种类型主观题涉及的能力要素却一直保持相对的稳定性。

其次，命题的科学规范性还表现在不同难度题目顺序的安排上，《考试大纲》要求的识记、理解、分析综合、表达应用、鉴赏评价五种能力是难度不断上升的层级，每一道主观题侧重考查学生这五种能力中的一种，在不同题目顺序的安排上，语文学科十分尊重学生的阅读和认知遵循由浅入深、循序渐进的原则这一特点，使题目形成一定的难度阶梯。

最后，科学规范还表现在作文题评分标准的确定上。作文是语文高考试卷中开放性最强的主观题，答案可谓千人千面，可评分标准制定者却从中相当全面地提取出了几乎每一篇文章都会涉及的、只是在程度上有所不同的最核心的要素，如语言、结构、感情等，将其分基础和发展两个等级加以组织，并根据每个等级涉及的核心要素所达到的程度将这两个等级各分为四个小的等级，对这两个等级各自应分配的分值，以及每个等级所包含的小等级各应分配的分值都作了详细的规定。如此科学严谨的评分标准在很大程度上降低了阅卷者在评分过程中的难度和随意性以及不公正现象发生的几率。评分标准的数年沿用也从一个侧面证明了其科学规范性。

“科学规范”原则在本质上是人性化的一种体现。它既是对学生的人性化，又是对教师的人性化。人性化是信息技术课程总结性评价的一个重要原则，因此语文学科坚持的“科学规范”原则在信息技术主观题的命题过程中同样适用。一方面，信息技术主观题应构建并逐渐固定几种题型，并尽量使其考查的能力要素不产生交叉。另一方面，在题目顺序的安排上也应形成难度阶梯，以便于学生思考与解答。最后，虽然信息技术主观题涉及的核心要素与作文题存在很大差异，可我们完全可以借鉴其科学严谨的评分标准制订方法，根据信息技术主观题自身特征提取出相应要素，在主观中尽量寻求客观，降低主观题的评分难度。

4. 开放性与限制性统一，在矛盾中寻求平衡

开放性是主观题的重要特征之一，此特征使主观题可以提供给学生足够的展示个性与创造性的空间，但是从评价的公平性及有效性角度考虑，题目又不能过于开放，必须有所限制，如何在开放与限制之间寻求平衡是多个学科主观题命题中共同存在的问题。从作文题命题方式的变化上可以看出语文课程在解决这一问题上作出的努力。恢复高考三十多年来，作文题的命题方式主要有命题作文、材料作文、话题作文以及近两年来才出现的范围作文四种形式，前三种命题方式都没有很好地解决开放性与限制性的矛盾，范围作文则将这二者结合得比较完美，如某年的高考作文题要求学生根据提供的材料自选角度、立意、文体、标题作文，没有话题和立意的限制，留给学生充分的张扬个性和展示写作能力的空间。而其题目要求中通过“全面理解材料”及“不脱离材料的含义”巧妙地对学生的写作范围设置了一定的限制，从而在开放性与限制性之间寻找到了比较合适的平衡点。

在信息技术课程总结性评价主观题的命题中，特别是在需要学生用大量时间和文字作答的“规模”较大的主观题的命题中，同样需要考虑开放性与限制性的矛盾问题。我们可以从语文课程的命题思路中获得启发，即通过命题语言的灵活运用来达到在矛盾中寻求平衡的目的。

5. 综合性强，兼顾多种能力的考查

综合性是语文学科主观题的又一个突出特点，指在同一道题目中综合考查学生的多种能力，此特征在语文学科“规模”最大的主观题——作文题中表现最为突出。作文题主要考查学生的表达应用能力，但是在解答这类题目时需要一定的理解分析能力作为基础，特别是在材料作文中，对材料的解读正确与否关乎文章是否契合题意。同时，虽然作文题的命题角度在不断变化，但是任何一个角度几乎都可以从一个层面折射出学生的情感态度与价值观倾向。如“诚信”“假如记忆可以移植”等都是综合考查学生多种能力的典型范例。

如前面所述，在信息技术课程总结性评价中引入主观题，特别是较大型的主观题更大的意义是对教学的导向作用，意在引导教师在教学过程中对学生进行三维目标的综合培养，那么综合性必然是其应该具备的特征。主观题在试卷中所占的比例较小，且具有不能较好地涵盖考核目标的缺点，因此适度增加其综合性可以在一定程度上弥补主观题这一劣势，使其发挥更大的价值。

二、英国、美国、中国香港地区信息技术课程研究成果借鉴

由第二章相关内容可知，英国、美国、中国香港地区较早开设信息技术课程，多年的经验积累使其在总结性评价的理论与实践方面都达到了较成熟的水平，以下将在第二章的基础上继续对英国、美国和中国香港地区信息技术课程总结性评价主观题的命题思路进行研究，以期提炼出可为我国信息技术课程所借鉴的经验。

（一）主观题概况

1. 英国 GCSE ICT 主观题概况

英国的 GCSE ICT 有 AO1、AO2、AO3、AO4、AO5 五大评估目标，这五大目标可以分别映射到知识与技能、过程与方法、情感态度与价值观三个维度。与我国相似，英国的 GCSE ICT 主观题主要用于实现对过程与方法及情感态度与价值观的考查。

在试卷结构中，主观题占有相当大的比重，譬如在 2005 OCR ICT B（Higher Tier）试卷中，主观题所占分值为总分值的 50%，由此可见英国 GCSE ICT 对主观题的重视程度。

在题目具体呈现方式上，GCSE ICT 主要采用主观题与客观题相互融合

的方式，即在同一问题情境下分别设置主观题与客观题，如第二章第一节中的例 2-1，同时也少量采用了单独设置主观题的形式，如例 2-2。

2. 美国 iSkills™评估主观题概况

美国 iSkills™评估涉及定义、获取、管理、整合、评估、创造、传递七种能力要素，采用互联网在线考试形式，评估的题型主要是基于模拟情境，解决实际问题的综合题，实际上就是我们所说的“规模”较大的主观题，其每一道主观题侧重于考查七种能力要素中的一种或几种。完成题目的过程就是完成真实任务、解决实际问题的过程，学生的认知技能、操作技能以及解决问题的过程与方法在这一过程中得以全面考查。

在题目呈现方式上，美国 iSkills™评估十分注重题目表述的清晰规范，主要表现在情境描述力求具体，且要清晰地列出学生解决问题的过程中需要完成的阶段性任务等方面。为了使答案尽量规范，降低阅卷难度，iSkills™评估还会采用主观题客观化的方式，这些都值得我们在主观题的命题过程中学习和借鉴。

3. 香港电脑与资讯科技课程会考主观题概况

香港的电脑与资讯科技课程与大陆的信息技术课程有诸多相似之处，这也表现在课程目标的设置上，虽然没有明确说明，但实际上香港的电脑与资讯科技课程的课程目标同样是按照三维目标结构清晰地加以组织，具体描述如下：知识与概念的理解，解决问题、进行批判性思考、沟通及自学的能力，对电脑与资讯科技的影响的评价能力，价值观与态度。

香港电脑与资讯科技课程会考试卷由卷一和卷二两部分组成，卷一又分为甲乙两部分，主观题存在于卷一乙部分及卷二中，主要用于考查学生解决问题、进行批判性思考、沟通及自学的能力，对电脑与资讯科技的影响的评价能力，以及价值观与态度。

在试题呈现方式上，香港的电脑与资讯科技课程采取将主观题作为综合题的一部分或是将主观题单独作为一道综合题两种形式。

（二）命题思路借鉴

1. 题目表述清晰规范

英国、美国及中国香港地区总结性评价主观题共同的特点就是题目表述力求清晰规范，学生能够很容易找到问题的切入点，极少出现大而空泛、不切实际的题目。这方面在美国课程的总结性评价中表现得尤为突出。其总结性评价的每一道题目几乎都是源自生活的具体问题，命题者除了对问题描述得非常清晰以外，还对学生解决问题过程中需要完成的阶段性任务作了详细的规定，这样学生就会非常清楚自己需要解决的问题及可以或需要采取的步骤，继而有针对性地进行思考与解答。如第二章第二节的“3. 测试‘传递’能力要素样题”中提到的制作幻灯片一题，命题者在情境中说明了需要学生解决的问题并对问题解决的总体要求作出规定，随后又给出了解决问题需经历的几个阶段，并分别对完成每个阶段后学生需要将问题解决到何种程度提出非常具体的要求。虽然题目要求具体，但是却留给了学生充分彰显能力、展示个性的空间。比如，要求学生创作一个用来口述课程项目的五分钟的幻灯片，对研究结果的呈现方式以及呈现时间都作了严格规定，这不但没有束缚学生的思路，反而使学生在对自己需要完成的任务有非常清楚的认识的基础上可以更有针对性地思考，有利于其能力的发挥与个性的彰显。美国的这种命题思路对于如何把握我国信息技术课程总结性评价主观题开放的程度，即如何既留给学生充分的自由空间，又不会使题目大而空方面有很强的借鉴意义。

2. 将主观题客观化

将主观题客观化这一命题思路在美国总结性评价中有比较突出的表现，前面对这一命题思路已做过较为详细的阐释，但其作为主观题的命题思路有必要在此重复列出，具体可参照第二章第二节的相关内容。

3. 评分标准科学严谨

英国及中国香港地区的信息技术课程总结性评价都采用笔试的形式，试卷中存在着较大比例的需要人工评阅的主观题，为了使评分工作公平有效地展开，英国和中国香港地区在主观题评分标准制订方面力图科学严谨。一般来说，其评分标准中不仅会提供大量的正确答案的范例，而且还会在更上位的层面上进行归纳，这样就使阅卷者在头脑中形成非常清晰的正确答案的框架，有利于对学生所给答案的合理与否作出判断。另外，评分标准中对学生的各种回答情况都会作详尽的考虑，且会对每种回答情况都作分值的规定。有时，为了适应不同人的阅读习惯，评分标准中还会对各种回答情况采用文字和符号两种表述方式。从以上分析可以看出，英国信息技术课程总结性评价主观题评分标准的制订过程充分考虑了阅卷者评分时的需要，对阅卷者在评分过程中面对各种可能遇到的回答情况该如何评判尽可能地作统一的规定，最大限度地减少了主观因素对评分结果的影响，使评分过程更趋客观、公正和有效。香港地区主观题评分标准的制订遵循与英国相似的理念与做法，在此不再赘述。

前面已经详细分析过我国信息技术课程总结性评价主观题评分标准中存在的种种问题，上述英国及中国香港地区的做法则为我们提供了一个很好的思路，合理借鉴其做法可以在一定程度上解决我国当前面临的问题。

第三节　大型主观题

一、大型主观题的定义及特征

大型主观题是信息技术课程评价实践中经常使用到的题型，之所以称其为“大型”主观题，一方面是因为其外在特征，即篇幅较大，需要大量的时间和文字作答；另一方面更是因为其内在特征，即这种评价方式所表现出来的较强的综合性也是其为“大型”主观题的最本质的特征。具体来说，此类题目更能创造出贴近真实生活的情境，将多个冲突放置在同一场景之下，考查学生对于实际问题的解决能力，能够实现对知识与技能、过程与方法、情感态度与价值观等多维度教学目标的综合评价。

由于完成这类题目耗时较多，所以一般在试卷中使用的题量很少。虽然每道大型主观题的覆盖面都较广，但由于题量的限制，使得其在试卷整体中的覆盖面较为有限。因此在使用这类题目保证评价目标完整性的同时，需要设计较多数量且对知识点有相对合理覆盖度的其他题型，来保证试卷的信度、效度、区分度。有意思的是，在会考中使用了这类主观题的省市，教师们往往对会考就比较满意，而没有使用这类题目只考客观题的省市的会考中总会有许多问题，这可能是因为这类题目的特殊价值造成的。

这类题目之所以长期以来被忽视，一是由于评价设计与推动者对情感态度与价值观课程目标的忽视，另一方面是因它确实存在阅卷耗时较多、评判标准不易掌握等特点。

二、大型主观题存在的意义

大型主观题隶属于主观题范畴，因此本章第一节列举的主观题的价值，即尊重学生个性、实现完整的过程化、实现对评价目标的全面覆盖、对教学实践的积极导向作用四方面在此处同样适用，同时大型主观题综合性强这一本质特征又使其具有自身独特的存在意义。下面以语文课程总结性评价为例进行说明。

语文高考试卷中的主观题主要包括现代文阅读题、古诗鉴赏题、语言应用题及作文题等几种类型，其中，前三种题型的共同特征是每一道题目都是从一个细微点上实现对学生语文能力的考查。如现代文阅读题，其在文章后会设置几道题目，多为简答题，每道题都侧重于考查学生某一方面的语文能力。一般情况下，题目所考查的能力要素按理解能力、分析综合能力、鉴赏评价能力依次排列。而作文题则可以实现对高考要求的识记、理解、分析综合、表达应用、鉴赏评价这五种能力要素中的几种甚至全部的考查。因此作文题可以看作语文课程总结性评价中的大型主观题。学生在回答作文题的过程中，其积淀的语文能力可以畅快淋漓地彰显，其逐渐形成的情感态度与价值观可以在有意无意间表露。应该说，作文题是语文高考试卷中最彰显个性的题目，正是因为作文题的存在，语文试卷才更加丰富多彩，更具人文色彩。

作文题之于语文高考的价值与大型主观题之于信息技术课程总结性评价的价值有某种程度的相似之处。大型主观题具有较强的综合性，因此能较全面地评价学生的信息素养以及运用信息技术解决问题的能力，且在更深层次上反映学生的能力及个性差异。此类题目为学生充分展示自身信息素养提供了自由的空间，使信息技术课程总结性评价更具深度与广度。同时大型主观题也使教师意识到教学过程中不能仅仅满足于对学生进行信息素养各个要素的单独培养，而是要力求使学生在综合运用各种信息能力解决实际问题方面有所发展，这也使信息技术教学实践更具深度，更加面向实际。

三、大型主观题的题型

在信息技术课程总结性评价中，主观性题目的题型包括填空题、简答题、论述题、作品题等。虽然填空题和简答题都属于建构型测验题目，允许学生用词、短语、数字或符号自己组织答案，具有一定的主观色彩，但填空题用不完整的陈述构成，只留有很有限的空间供学生填写答案，顾名思义，简答题也仅仅允许学生用简短的语言作答，因此这两种题型都不能提供给学生足够的展示自我的空间，这就与大型主观题综合性强及由此形成的篇幅较大两大特征相悖，不能很好地体现此种评价方式的价值，所以不适宜用这两种题型来实现大型主观题。相比之下，论述题和作品题则能较好地符合大型主观题的特征及体现其价值，是实现大型主观题的理想题型。

（一）论述题

论述题同样属于建构型测验题目，允许考生根据自己对题意的理解采用自由的表达方式组织答案。这种题型一般综合性较强，篇幅较大，所占分值较多。论述题在国外信息技术课程总结性评价中早有应用，如2007年OCR GCSE ICT的2512试题第10大题便是一例。题目要求学生讨论人们越来越依赖信息通信技术自动化系统将会对个人发生什么影响，题目简单易懂，也容易入手，但要将其答好却并非易事。本题涉及对信息通信技术自动化系统的评价，而对某一事物深入全面的了解是对这一事物进行评价的前提条件。学生要想对信息通信技术自动化系统有较深入的了解，首先必须对与之相关的知识有较全面的掌握，其次还要对信息通信技术自动化系统在实际生活中的应用过程有大量直接或间接的经验，其中更重要的是直接经验。学生积累的知识及经验的差异将直接导致答案质量的不同，使答案呈现出一定的质量等级。再者，学生在讨论及给出最后结论的过程中都会有意无意地表露出对于信息通信技术自动化系统的情感态度与价值观，因此该题目亦能够实现对情感目标的考查。综上所述，本题具有很强的综合性，且能深层次地反映学生的差异，较好地符合了大型主观题的特征，实现了大型主观题的价值。

（二）作品题

作品题是信息技术无纸化考试中常用的一种题型，这种题型在湖南省信息技术会考中被多次使用。会考中的作品题要求学生制作一个多媒体作品，且一般会用一段文字将要求具体化，并提供学生制作过程中所需的素材。作品题是典型的利用信息技术解决实际问题的题型，具有很强的综合性，比较适用于实现大型主观题。以下便是一道作品题。

例 5－4：根据提供的素材，在提供的两个主题中选择一个进行多媒体作品的创作。

要求：作品的主题突出，内容充实，鼓励有创意。

1. 写出你的设计规划和总体结构图存入文本文件。(5 分)
2. 将提供的声音和图像素材进行适当地处理加工。(10 分)
3. 使用 Flash 动画。(5 分)
4. 使用 Authorware 集成多媒体信息，实现交互的制作。(10 分)

主题 1：2008 年奥运会将在我国北京举行，本届奥运会的吉祥物是福娃，现请你利用提供的素材，制作一个多媒体作品，向世人介绍福娃。

主题 2：花季的天空

高中时期是人生中花季般的岁月，丰富多彩的校园生活给我们留下了难忘的回忆。以“花季的天空”为题，以反映高中生的校园生活为题材，根据提供的素材，创作一个多媒体作品。

分析：本题要求学生从提供的两个主题中选择一个主题制作多媒体作品，首先学生要在头脑中对作品进行整体设计规划，且题目要求将设计构想及总体结构图写入文本文件，这就巧妙地实现了对学生思维过程的考查。而要想将设计构想转化为实际的多媒体作品，必须经历制作过程，这就需要学生能够熟练运用多媒体加工、编辑等软件，从而实现对学生信息技术课程基本知识和基本技能的考查。再者，学生在作品中所运用的语言、所表达的主题等都能够体现其思想价值取向，因此本题也能在一定程度上实现对情感态度与价值观的考查。学生最终作品的主题突出程度、内容充实程度、创意水平等方面都会存在差异，这也就体现出了学生能力的差异。本题是作品题的一个典型代表，学生完成本题的过程就是利用信息技术解决问题的过程，在这一过程中，学生的信息素养得到了综合全面的评价，能力及个性差异得以深入反映，本题是一道典型的大型主观题。

四、大型主观题的命题思路

（一）合理使用命题材料

在近几年的信息技术课程总结性评价中经常会遇到这样的题目，即让学生对某一种信息技术，如无线网络在生活中应用的优势与劣势进行讨论，或是针对信息技术的应用给社会带来的种种问题，如网络安全问题、侵权问题谈自己的看法等，这些题目的评价取向很明显，即倾向于对学生情感态度与价值观的考查。一方面，情感态度与价值观的培养是长期的潜移默化的过程，需要不失时机地对其加以培养；另一方面，总结性评价的意义不仅仅局限于测量与考查，它还应成为促进学生提高与发展的一个重要途径。由前面的描述可知，在语文高考阅读题中通过巧妙地运用命题材料使学生完成试题的过程成为不断提升情感态度与价值观的过程，充分体现了总结性评价促进发展这一方面的价值。在信息技术课程总结性评价试卷中，大型主观题一般只出现一道，因此完全可以借鉴语文高考阅读题的命题思路，在试题前面加入一段思想意蕴和价值内涵比较丰富的且与题意相符的阅读材料，而不用担心由于文字的增加使学生的阅读量增大的问题。对比例 5 –5 和例 3 –33 两题，孰优孰劣十分明显。

例 5 –5：请谈一下你对盗版软件问题的看法。

分析：这两个题目的意图都是考查学生有关盗版软件问题的情感态度与价值观，例 5 –5 除了用一句话表明了题目的意图之外，没有其他内容；例 3 –33 则用很长的文字给出了两则有关盗版软件问题的材料，让学生在阅读材料的基础上发表自己的看法，这就使对盗版软件问题认识不清的学生（比如有的学生认为因为价格便宜，盗版软件为普通大众带来了益处）在材料的引导与启发下认识到盗版软件对我国经济的巨大危害性，形成使用正版软件的意识，这样例 3 –33 就具有了促进发展与测量考查的双重作用。相比之下，例 5 –5 仅仅是对现有能力的评价，学生的情感态度与价值观在考查前后几乎不会产生变化，这将会使评价的价值大打折扣。由此可以看出，对于同一内容的考查，通过合理使用命题材料可使评价效果大有不同。

（二）题目要求明确具体

开放性是主观题的本质特征，这一特征使主观题可以为学生发挥能力，彰显个性提供自由的空间，在具体评价实践中可以利用主观题实现对学生复杂的思维过程和较高层次能力水平的考查。开放性只是一个质性描述，在命题过程中合理把握开放的程度则比较困难。现阶段信息技术课程总结性评价中出现的主观题，特别是大型主观题在开放程度的确定上还存在一些问题。如例5－2的题目就大而空，看似留给学生非常大的自由发挥空间，而实际上却使学生无处下手，无法达到主观题应有的评价效果。保证主观题的开放性固然重要，但也不能使题目过于笼统宽泛，因此，题目要求明确具体是大型主观题命题的关键之一。在这方面我们可以借鉴美国的命题思路：首先，题目中选取的问题应尽量务实；其次，应尽量将问题表述得具体清晰，使学生能够较容易找到问题的切入点，从此点深入下去，学生可以将自身的信息素养充分彰显，不应使学生感觉问题可以有很多切入点，而从每个点都无法深入下去，只能做到浅尝辄止；最后，对于一些需要多个步骤才能解决的问题，可以考虑对学生在解决问题的过程中需要完成的阶段性任务作出规定。

（三）大型题目小型化

大型主观题一般规模较大，综合性较强，需要大量的文字作答，这一方面容易产生题目大而空的现象，另一方面也会给评分过程带来困难，因此可以考虑将大型主观题小型化。具体来说，就是根据题目考查的能力要素，或者完成题目所需经历的思考过程等将大型题目分解成若干个小题，由这些小题综合起来实现原题目的考查目的。例如语文高考中的现代文阅读题，通常在阅读材料后设有多个小题，分别考查学生的理解、分析综合以及鉴赏评价能力，如果单独分析，这几个小题都不属于大型主观题的范畴，但是综合起来分析，就会发现其实这些小题是不可分割的整体，它们共同考查了学生的阅读能力，因此，整个现代文阅读题就是一道大型主观题，只是命题者根据考查能力要素的差异将其拆分了而已。有时为了降低题目难度或评分难度等，也可以将这些小题中的一个或多个转变为客观题，即将主观题客观化。如第二章第二节“高级学术评估测量‘创造’能力要素样题”中调查公众对于书籍口味一题，命题者就是根据学生在答题过程中经历的思考过程将一道大型主观题分解成四个小的客观题，但四个小题综合起来依然可以达到大型主观题的评价目的，关于这一点的详细分析可参照第二章。

大型主观题小型化这种命题思路可以在一定程度上缓解其开放程度难以把握、容易流于空泛以及评分标准制订过程困难等弊端，有利于在总结性评价中广泛有效地应用大型主观题。

（四）评分标准科学规范

主观题固有的开放性特征使答案呈现出多样性和不确定性，由此导致评分标准制订困难，大型主观题在开放性的基础上又具有较强的综合性，使评分标准制订愈加困难。如果评分标准制订不合理，不仅不利于评分过程的顺利展开，而且还会对教学过程产生负面导向作用。因此，评分标准科学规范是大型主观题命题的基本原则。

首先，虽然评分标准中无法涵盖所有的正确答案，但是如果有可能，必须提供多个正确答案的范例，使阅卷者在头脑中形成正确答案的大体框架，以保证阅卷者对正确答案有尽量统一的认识。其次，在多数情况下学生所给答案与正确答案即应给满分的答案之间总是存在差距，表现出不同的作答情况，评分标准中应对每种情况的应给分数作出详细的规定，以最大限度避免凭主观判断任意给分的情况。最后，对于答案中包含多个要素、各个要素在不同学生的答案中又存在显著差异的题目，除了要为各个要素分配相应分值以外，还要对每个要素所达到的不同程度的应给分值作出规定。比如作品题，在作品中可以提取出主题、内容、结构、创意等要素，而这些要素在不同学生的作品中表现出来的程度，如主题突出程度、内容充实程度、结构合理程度等都会存在显著差异，因此作品题的评分标准要兼顾要素及其程度，分别在应给分值上作出规定，这方面可以参照语文高考作文题的评分标准。

第四节

微型主观题

一、微型主观题的定义及特征

顾名思义，微型主观题属于主观题，以开放性为其最大特点。而“微型”，则体现在其“体积”小上，即与大型主观题那样动辄数百字的题干、参考答案，数十分钟的答题时间相比，微型主观题则完全是另一种风格。它短小精悍，题干、答案一般均只有寥寥数字，只需较短时间即可完成答题。相对于客观题侧重对于基础知识、技能的考查，微型主观题能以小见大地反映出学生对知识迁移后的灵活运用能力及情感态度与价值观。

二、微型主观题存在的意义

（一）理论分析

主观题能较全面客观地评价学生的信息素养以及运用信息技术解决问题的能力，且能从深度和广度上反映学生的能力及个性差异。但由于学生需要花费较多的时间来作答，因此在整个试卷中题量很少，再考虑到其题干、情境创设的限制，所以使用主观题往往不能达到在知识点上的广泛覆盖。大型主观题更由于其评价标准的难以确定，会给阅卷带来困难，因此在很多评价中往往被省略。如何既能满足新学习目标中对情感态度与价值观的评价需求，又避免传统主观题耗时长、覆盖知识面小、不便于在评价中大量使用的缺点，是我们提出微型主观题这一新概念的初衷。微型主观题因其题目短小，完成所需时间少，可以冲抵部分客观题，以足够的数目形成主观题对知识点的合理覆盖，从而保证评价的信度与效度。

（二）已经隐性存在的微型主观题

微型主观题，是一个以前从未出现过的新概念，但是通过对其特征的研究，我们发现，其实它早已隐性存在于信息技术以及其他课程的评价中了。

首先，依然选择语文课程作为研究对象。造句是语文课程中低年级评价中的常见题型。从开放性上讲，其开放性非常大；从体积上讲，其题干、答案都很简短。这正是微型主观题最主要的特征。

再回到信息技术学科上来，在第二章第一节例2－2中，请学生对网络银行以及网络购物、网络安全等各方面辩证地进行评价。虽然每一小题题干都很短小，答案部分也只需学生写出结论而不需要展开阐述，但是从其开放性上，我们可以判定它属于主观题。

三、微型主观题的题型

（一）常用题型——填空题和简答题

微型主观题用于描述信息技术课程中主观性的知识结构，强调考查新课程标准中的"知识的运用能力"，其特点是开放性，这决定了它不宜使用选择题、连线题等开放性较小的题型，自由空间更大的填空题、简答题更为符合微型主观题的精神，体现微型主观题的优势，如例5－6。

例5－6：几位同学在制作一个介绍黄山的网站，需要搜索一些相关信息。下图为某搜索引擎的搜索目录。（图略）

（1）他们可以在哪些目录下找到对自己有帮助的信息？请填写表5－1。

表5－1　目录列表

一级目录	二级目录	目录中可能包含的黄山信息
参考资料	地图	黄山景区游览图及周边交通图等

续表

一级目录	二级目录	目录中可能包含的黄山信息

（2）网站设计好后，同学们希望能够将网站加入搜索引擎的数据库以增加网站的知名度，于是向搜索引擎提出申请，那么你建议他们将网站申请加入哪个二级目录中？______________

请说明理由__________________________________。

本题考查的是搜索引擎的使用。对于搜索引擎，大家都比较熟悉，同时评价时经常涉及的基本都是关键词检索方式，而本题考查的则是被相对忽视的目录式检索方式。第（1）小题中，要求填写“一级目录”“二级目录”列的开放性相对较小，而开放性较大、能够体现学生思维能力的主要集中在学生如何填写“目录中可能包含的黄山信息”这一列。根据学生对于网站内容着眼点的不同，学生会选择搜索不同的黄山信息，并进一步进行分析和判断这些信息应该存在于哪些目录之下。第（2）小题从本质上讲与第（1）小题类似，题干中对于网站的描述很简单，并没有对网站内容进行更多的界定，因此就给了学生更大的自由空间。

（二）其他题型

填空题以外的其他题型，在恰当的设计之下，也可以实现微型主观题的功能。如以选择题配合简答题的形式，由学生选择一个答案，并简要解释选择该答案的理由。因为理由的多样性与个性化，使得选择题的答案也就没有了标准答案之说。阅卷时的得分点主要不在其选择项，而在于其后面阐述的理由是否能充分地解释选择的原因。如例 2－1，英国 GCSE 考试中的亚洲餐馆例题，其中最后一小题“用哪种图表说明销售情况比较合理？并说明原因。”即是典型的以选择与简答相结合的形式所实现的微型主观题。

而例 5－7 则采用了填空题与连线题相结合的形式。

例 5－7：有一位高一的同学在学习了信息技术的信息管理之后，决定对自己计算机中的文件进行合理管理。

（1）请你为他在驱动器根目录下建立相应的文件夹和子文件夹。

（2）图 5 -5 中列出的文件是该同学计算机中现有的部分文件，请以连线的方式归到相应的文件夹中。

要求：在根目录下至少分出两个文件夹，这些文件夹下必须包含三个以上子文件夹。文件夹的设置不仅能够满足图 5 -5 中文件归类的需求，而且能够基本涵盖他在学习以及课余生活中的各个方面。

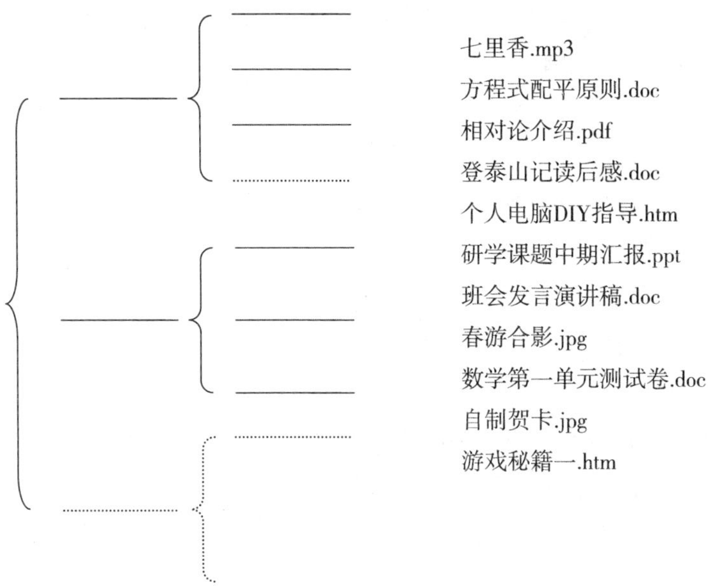

图 5 -5

连线题原本是答案客观唯一的题型，但是由于本题中线左端的结构及目录是由学生设置，开放性便因此油然而生。

四、微型主观题的命题思路

对于同一个知识点的考核，不同的命题方法评价的侧重点不同。对比例 3 -27 和例 3 -28，同样是信息特征这一知识点，但其侧重点的不同却是很明显的。

例 3 -27 考查的是学生对信息特征的识记能力，学生不管是否理解，只要能记住概念即可，因此该题是半客观题。例 3 -28 不仅考核学生对信息特点的识记，同时更侧重于考查学生对这一知识点的理解，学生是在理解内化的基础上作答，可以举出多个实际生活中的例子来说明信息的特点。个人的生活体验不同，回答的内容也不同，答案是富有个性的、多样的、开放性的，可以体现对情感态度与价值观方面的考查。因此例 3－28 是微型主观题。

微型主观题可以体现生活化、个性化的命题思路。我们可以从学生实际生活中的问题中寻找微型主观题的情境，考查学生在实际生活中的信息素养，如例 5－8 和例 5－9。

例 5－8："朋友是人生的一大财富"，你选用下面哪种方式来管理你的亲朋好友的信息？请简述理由。

A. 用纸质材料分类记录

B. 用专业通讯录软件记录

C. 在计算机中建立表格或数据库文档记录

D. 其他（请写出具体方式）

____。

例 5－9：假如你准备参加学生会的竞选，你将选择用____________（什么方式）来介绍你自己，以争取更多的支持。如果有条件，你会使用______________（软件），其中内容将包括以下几个方面：

A. ____________ B. ____________ C. ____________ D. ____________

例 5－9 中的介绍方式由学生自己表述，通常有语言演讲、张贴文字宣传画、发传单、在网上发帖子、制作个人主页、通过广播站宣传等；无论用什么软件制作，都应该先构思，通过表述介绍的几个方面，即作品内容的结构组成，可以考核学生制作的过程性和条理性。学生可以按个人的自然情况、特长、竞选目标、工作方向等方面来介绍；评价时，可以根据学生自由作答的情况灵活判断，酌情给分。

由此可见，微型主观题可以用简单的文字表述主观认知，它不仅可以全面客观地评价学生的信息素养以及运用信息技术解决问题的能力，还可以考查学生的情感态度与价值观，考查过程性的学习和培养创新意识。

第五节

两种主观题之间的共性与区别

一、共性

大型主观题与微型主观题同属于主观题范畴，具有共同的开放性本质，这决定了二者有许多共性，主要表现在评价目标与评价原则两方面。

（一）评价目标

大型主观题具有较强的综合性，能够创设出具有多个冲突的问题情境，并留给学生足够的时间和空间来完成问题解决的全过程，在这一过程中实现对知识与技能、过程与方法、情感态度与价值观的综合评价。这里的“知识与技能”已经超越了简单记忆的层次，更强调与实际问题相结合基础上的理解和运用。

微型主观题不具备大型主观题的综合性，倾向于从局部出发考查学生的问题解决能力，如例5－6就节选了制作网站过程中的两个小环节，虽然只需寥寥几字便可作答，不能考查学生在综合分析、全面规划的基础上解决问题的能力，但学生只有在对题意全面理解的基础上将头脑中原有知识合理地迁移才能完成题目的解答，仅靠简单回忆是无法完成此题的。再如例3－28举例说明信息基本特征一题，在考查学生对知识的理解与运用能力的同时，也从一个侧面反映出学生的情感态度与价值观。

大型主观题与微型主观题虽然在综合性上有所差异，但是从评价目标上来讲，因开放性的存在，这两种类型的主观题都特别适于对理解、运用而非记忆的评价，以及对分析问题、解决问题的能力和情感态度与价值观的考查。

（二）评判原则

1. 科学性与权威性

虽然主观题有开放性的特点，但参考答案的设立依然应与客观题一样，遵从科学性与权威性原则。更因为主观题答案的不唯一性、非客观性，还由于长期以来缺少实践而给人以不够规范的错觉，所以尤其应注意参考答案的科学性、权威性，以免因设计或考虑的不周全，给人以主观题不适宜在考试尤其是大规模考试中使用的错觉。

首先，对于主观题来讲，科学性除了指所给答案必须正确，经过科学验证之外，还指评分标准结构设计科学。主观题的答案呈现出多样性和不确定性，评分标准中无法涵盖所有的正确答案，这就更加要求其评分标准必须科学，以保证在不提供所有正确答案的情况下，使阅卷者能够对学生所给答案合理与否以及各种作答情况应给分值形成尽量统一的认识，使评分过程尽可能少地受主观因素的影响，体现对学生的公平、公正。

其次，对于权威性的把握相对复杂一些。因为对于情感态度与价值观的评价，或者对于作品的评价，可以说“仁者见仁，智者见智”。在这种情况下，把握权威性可以从以下几点来体现，即高中新课程目标的符合程度、与我国精神文明建设目标的符合程度以及与现阶段信息技术发展水平的符合程度等。

2. 开放性与宽容性

这两个标准是主观题评判的特殊原则。主观题的主要价值之一就在于能够给学生以个性张扬与能力彰显的充分空间，因此在评分过程中要秉持开放、宽容的原则，尊重学生的创新意识与创新思想，包容学生的差异，对学生给出的与参考答案相差较远的答案要慎重对待，对其合理的部分适当给分。切不可把参考答案当作金科玉律，对与其不符的答案一律以零分处理。

主观题评分原则的开放性与宽容性对教师提出了更高的要求。首先，需要教师有丰富的信息技术知识和敏锐的洞察力，既以参考答案为依据，又不完全受参考答案的束缚，能够从学生提供的各种答案中，特别是与参考答案有较大差异的答案中发现合理的部分。其次，还需要教师放下权威者的身份，在教学中以引导者的身份指导学生作出自己的评判，得出自己的结论与方法；在评价中以评判者兼学习者的心态对待学生的答案，对学生给出的与众不同的答案要全面慎重地考虑，不可武断对待。最后，教师在教学过程中要注意对学生进行适应性训练，激发学生的创新意识，鼓励学生表现真实的自我。长久以来，应试教育的影响使学生习惯于在考试过程中揣摩命题者的命题意图，在很多情况下不愿也不敢表达自己的真实想法。如例5－8，如果在平时不对学生进行适应性训练的话，那么结果很可能是绝大多数学生会选择答案C，而实际情况则是现阶段由于物质条件等原因，很多学生还是倾向于用纸质材料记录信息。

二、大型主观题与微型主观题的区分

从分类上说，微型主观题从属于主观题，即它是没有所谓标准答案的题目。之所以将它单独列为一个题型，是因为从题目本身的“体积”来说它完全不同于我们通常接触到的大型主观题。通常情况下大型主观题以论述题的形式出现，学生答题时需要进行大量的语言描述，耗时较多。但也正因篇幅较长，所以较易实现对学生综合能力的评价。而微型主观题最主要的特点是它需要学生作答的内容为寥寥几字，但其形式并不影响其作为主观题的本质，既能考查学生的主观价值取向，又短小精悍，节省时间。下面将从外显和内涵两个层面来具体分析这两种类型主观题的区别。

（一）外显区别

大型主观题和微型主观题可以很清晰地从体积上加以区分，但这里所说的“体积”并不是题干的体积，而是题干与答案的体积之和。通常大型主观题的题干仅有十几个字，但是要将问题回答好却需要大量文字。相比之下，微型主观题如例5－7建立文件夹一题题干的文字量则大得多，但学生只需很少的文字便可作答，因此，从整体来看，微型主观题的体积明显小于大型主观题。

（二）内涵区别

大型主观题与微型主观题的内涵区别在于关注点的不同，这也是导致二者体积差异的根本原因。

大型主观题主要关注对学生综合分析、处理问题能力的评价，这一点在作品题中体现得较为充分。学生完成作品的过程中要经历设计规划、素材搜集、素材加工、素材集成等阶段，综合运用信息获取、信息加工、信息集成等技能。因此，学生完成作品的过程就是综合运用各种信息能力解决问题的过程，在这一过程中，学生的知识与技能、过程与方法、情感态度与价值观得到了综合全面的评价。

微型主观题则倾向于从某一细微点上考查学生分析、处理问题的能力，如例5－9参加学生会竞选一题，解决整个竞选自我介绍材料制作问题实际上要经历与作品题相同的多个阶段，而题目只要求学生完成设计规划阶段的工作，从一个小的环节考查了学生的整体规划能力。

第六节

主观题与客观题之间的边界——微型主观题与半客观题

半客观题与微型主观题，乍看之下极为相似：两者都短小精悍，都有着若干个正确的答案，题型上又都以填空题和简答题为主。对于一个题目，我们如何界定它是半客观题，还是微型主观题呢？通过仔细观察两者的概念，我们也许能够体会到两者之间质的不同。

一、评价目标的侧重点不同

半客观题从大范畴来说属于客观题，其评价的目标侧重于知识、技能的掌握。微型主观题侧重于知识、技能迁移后在新情境中的运用以及情感态度与价值观的评价。因微型主观题的评价目标是知识、技能迁移后的运用，因此个性化色彩强烈。正因其评价目标是无法标准化的情感态度与价值观，所以才具有较大的开放性。半客观题类似于理科计算题中的一题多解，而微型主观题则可以被比喻为语言学科中的造句题，虽有基本的评判标准，但具体的答案却是千人千面。

二、正确答案的评判清晰程度

对于半客观题，有明确的标准答案，阅卷者可依据标准答案将学生的答案明确地评判为正确或不正确。微型主观题答案的评判标准相对模糊，尤其在涉及情感态度与价值观时更是如此。对于微型主观题，我们无法罗列出所有的正确答案，因此在评判标准中，除了列出的若干个可判为正确的参考答案外，最后必定会有一条“其他合理的答案均可”，评判时标准更多地掌握在阅卷者手中。因此，相对于半客观题，微型主观题的评判需要阅卷者具有较高的信息技术能力与判断能力。

三、正确答案的概念及数量

对于半客观题来说，答案正确与否非常明确，因此所有正确答案都可称为标准答案。微型客观题则没有标准答案可循，在评判标准中列出的只可被称为参考答案。

半客观题标准答案的个数是有限的，一般我们可以列举出所有的标准答案。而对于微型主观题来说，命题者无法在标准答案栏中列出所有参考答案。因为一般来说，微型主观题的正确答案数量是无限的。但也不排除有一些微型主观题的正确答案数量具有有限性，但这所谓的有限，其数量也远比半客观题的正确答案数量庞大许多。

四、两者互融的边界

客观题、半客观题、微型主观题、大型主观题是在从客观到主观这一维度上随着开放性的增加而渐变的四个概念。它们之中相邻两者之间有着明显的区别，但也会有着互融的边界，如例 5－10。

例 5－10：替换法是一种常用的加密方法。请自定义一种英语字母替换原则，并为“hello”这个单词加密。你的替换原则是________________

________________，“hello”加密后变成了____________________。

从考查的目标来说，例5－10更侧重于应用，这是微型主观题擅长的领域。从题型上来说，这种填空题形式是半客观题与微型主观题都经常使用的形式。从答案的评判清晰程度上来说，替换原则可行不可行，有清晰的分界线，而根据此替换原则“hello”加密成了什么，更是容易作出清晰的判断。因此从这一角度分析，该题有着半客观题的特征。再从答案的数量上讲，每一个学生的替换原则都有可能是不同的，因此第一个空格的答案数量理论上是无穷多的。而在第一个空格确定的情况下，第二个空格却因此有了唯一的标准答案。从这一角度来说，第一个空格更像微型主观题，而第二个空格又有了半客观题甚至客观题的特征。那么这一题，我们应该说它是什么类型的呢？

其实对于题型的分类，我们不必过于关注，没有必要将某题一定要界定为微型主观题或半客观题。我们进行题型分类的目的是为了更好地掌握每类题型的特点，以将共性带入实例，更好地设计试题。过于拘泥于概念的界定，反倒会使概念与应用两者的轻重地位本末倒置。

第六章 | Chapter 6

信息技术课程总结性评价的实施

建立科学规范的学科课程评价体系是基础教育课程改革和发展的一个重要目标，这也是课程改革的核心内容之一。教学评价是依据国家新课程标准确立的教育目标和规定的教学目标，运用科学可行的手段，通过一定程序收集信息资料，进行分析整理，对教学活动、教学过程、教学结果进行价值判断，促进教学工作不断完善并为教育教学决策提供依据的过程。就信息技术课程总结性评价而言，需要关注新课程的知识与技能、过程与方法、情感态度与价值观三维目标，要充分体现信息技术课程总结性评价命题中的过程性、人性化、面向三大目标的原则。同时，在信息技术课程总结性评价的实施过程中还需要坚持一定的程序和原则，只有了解和采用科学的管理方法才能达到总结性评价的预期目标。

本章将讨论信息技术课程总结性评价中关于如何确定评价的目标，如何科学地组卷以及会考和高考的可行性等问题。

第一节　组卷的规划与原则

在信息技术课程总结性评价中，试题、试卷结构质量的好坏直接关系到考试效果，影响考试质量。从系统的角度看，结构决定功能，同等数量和同等质量试题以不同的排列组合方式形成不同的试卷结构，其整体测试效应亦会随之改变。所以，试卷结构的优化是实现考试量尺标准化和增强考试整体效应、保证考试质量的重要前提。

试卷结构主要是指试卷包含的考试内容、目标、题型、难度、分数、时限六种要素及其相互联系的方式和各要素的比例关系。试卷结构的优化，就是要根据考试性质和目的要求，以相关课程标准、考试标准、配套的教材和考生的身心特点为基本依据，科学确立试卷的目标结构、内容结构、题型结构、难度结构、分数结构和时限结构等。

对如何进行组卷的规划以及试卷结构的优化，应有一个整体的系统观念，优化过程中必须通盘考虑、彼此兼顾，否则，其中任何一种结构的不合理，都将影响试卷结构系统内在关系的协调，进而影响考试的质量。

一、确定评价的目标与内容覆盖范围

（一）确定评价目标的内涵与可操作的表达方式

课程的学习目标可以决定总结性评价的内容，信息技术课程的新课程理念及新学习目标给评价领域带来了一系列的改变，新的信息技术课程总结性评价不仅要了解学生的学习效果，还要促进每个学生的全面发展。所以在编排试题的过程中应着眼于学生的学习进步和动态发展，着眼于教师的教学改进和能力提高。目前信息技术课程总结性评价测试中存在着测试题类型单一，模仿性太强等问题。引进开放性教学思想，设计开放性测试题对改革目前信息技术教学、落实素质教育有着重大意义。

所谓开放题，是指那些答案或解法不一定唯一，解题策略多样，并在测试方式上要求学生多方面、多角度、多层次探索的问题。它以尊重学生的创新意识为本，以答案多样性为前提，以培养激发学生的开放性思维为目的，鼓励学生注重观察，善于联系，能够从多个角度给出答案，从答案的多样性中体会知识容量，以达到理解的深入和思路的拓展。

当我们将各种学习成果融入题目和任务时，必须对理解、思维技能和其他复杂的学习成果有清楚的认识。这种认识上的澄清，能够使我们更有效地设计教学活动，增强我们在教学中对理解、思维技能和其他复杂的学习成果的重视程度。设计良好的纸笔测试题通常会带来对教学方法的重新思考，也常常使教师放弃那些鼓励死记硬背的教学方式。

总之，信息技术课程总结性评价不仅要作为了解学生学习状况的工具，也应作为鼓励师生、促进教与学的手段。由于学生个体之间不可避免地存在着差异，因此，在学习质量评价过程中必须从学生发展的实际出发，因人而异，通过采取不同的评价技巧，最大限度地发挥信息技术课程总结性评价对学生发展的促进作用。美国教育评价学者布卢姆说过，学生此次考试成绩在全班相对来说并不高，但跟他过去的成绩相比却有进步，评价时就应予以肯定和表扬，这才有助于他们赶上去。这是教育应遵循的基本规律，也是学习质量评价应具备的作用和特点。

在明确评价目标之后，应进一步确定评价的可操作的表达方式，拟定详尽的评价计划。教学评价计划一般应包括以下内容：评价的指导思想、评价的目的任务、评价的具体内容、评价的标准要求、评价中各个项目的权重指标、评价的方法与步骤、评价的组织与管理、评价的结果预测等。

（二）确定课程的内容覆盖范围

新课程改革以来，我国采用了“一标多本”的教材体制，着重体现了多元化、自由化、民主化的教育理念，使各地区和学校都可以选择更符合自己特色的教材。由于信息技术新课程有不同版本的教材，无法承袭过去“一纲一本”（在同一地区）相对统一的评价方式，那么面对新的现状，信息技术课程总结性评价该如何在维持考试公平性的基础上兼顾教学实际情况的差异呢?

笔者建议确定课程的内容覆盖范围时，应分析所有教材包含的内容，充分考查教材、教参，以及出版社提供的其他参考资料，结合本地区新课程实施过程中采取的一些针对性措施，本着“求大同存小异”的思想，让试卷内容尽可能涵盖不同版本教材中相同部分的内容，对确有争议的部分则应以课程标准为依据进行取舍，最终确定考试内容的大致范围。

课程标准是学校教育发展方向的准则，教材是教师与学生互动的素材，评价则是检验教学成效的指标。考试像一个“指挥棒”，如何发挥“指挥棒”的正确导向作用，贯彻新课程理念，把握好考试的形式和内容十分重要，试题内容要贴近学生实际，试题应注重全面考查学生的能力，尤其强调对实践能力和创新能力的考查。

对于大型考试，建议制订考试指导文件，在制订的考试指导文件中明确考试的内容范围，并在适当的时间向社会予以公布。下面以海南省为例加以说明。

例6－1：海南省的会考方案《海南省2007届普通高中信息技术基础会考试卷》命题的目标和内容，主要依据《普通高中技术课程标准（实验)》信息技术部分、海南省教育厅颁发的《海南省2007届普通高中基础会考信息技术科目考试说明》(以下简称《考试说明》),命题的试题设计方法主要依据总结性评价项目组前期研究成果《高中信息技术新课程总结性评价研究报告》(以下简称《研究报告》),试题难度控制的依据是2006年4月24日的基础会考模拟考试之后,笔者做的《海南省2007届普通高中基础会考信息技术模拟考试数据抽样分析表》。试卷中的试题力图体现以下要求:

1. 以考查技术基础,技术问题的解决为出发点,贴近学生生活;

2. 试卷知识点覆盖均衡,技术深度的把握得当;

3. 试题指向明确、陈述清楚,尽可能使用图表和符号的简洁的表达方式;

4. 第二卷试题力求做到再现技术过程,让考生结合学习的过程性体验、综合学习内容答题;

5. 注重技术的应用情境,充分考虑地区差异、考生个体差异,慎重处理不同版本教材内容关系。

海南省对普通高中信息技术基础会考试卷命题的目标和内容作了较为具体的分析和说明,并经过一年的试验和模拟考试。这样,教师和学生对考试的形式和内容都有比较全面的了解。

二、内容分布设计

(一)评价内容比重的分配

具体的命题计划应包括两项基本内容:一是评价的内容范围、方法目标、试题编制和组配试卷的要求;二是评价内容中各部分试题的数量分布和所占比例。

信息技术课程总结性评价要体现出课程标准的要求,既要全面覆盖各个能力水平的题目又要有所侧重,且要能区分出优秀、良好以及及格、不及格的不同水平,这些是设计信息技术课程总结性评价内容的关键所在。

试题的难易程度要形成合理梯度,能反映不同层次学生的真实学习水平，基础题与难题应该保持恰当的比例，尤其需要注意的是，在出难度较高的题目时，不能在繁、偏以及技巧性上做文章。按照难易程度，一般可将试题分为三类：容易题、中等难度题、较难题。在考试中，各类试题的比例要根据考试的目的要求、内容特点及考生学习状况等因素而定。一般情况下，在信息技术课程总结性评价试卷中，这三类题目的比例有三种情况，即6∶2∶2、6∶3∶1、7∶2∶1。在实际的考试中可以根据考试性质和目的的不同适当调整这三类题目的比例，且要注意每种题型的题目要按由易到难的顺序合理安排。

设计试卷时还要注意试卷内容结构的优化，内容结构是指一份试卷所含内容的组成部分，以及不同内容所占的比重与相互关系。试卷内容结构的确立应把握三个基本点：一是试卷内容的不同组成成分应能如实反映所考科目教材的基本内容体系；二是试卷内容的各组成成分之间需要有内在联系，能正确体现教材内容点与面的关系；三是试卷各分项内容在全卷内容中所占的比重，应与各分项内容在所考科目内容体系中所处的地位相称。

确定试卷内容结构时如何把握试题对知识点的覆盖率，历来是试卷结构优化的一个难点。课程标准中关于知识和技能层次的划分，对考查范围的覆盖情况起到了一定的指导作用。

虽然提高覆盖率有助于降低试题难度，在一定程度上避免了“深挖洞”，但又不可盲目追求高覆盖率，将试卷搞成“大杂烩”，而要注重知识的内在联系与综合，着重考查学生的综合应用能力。因此，优化试卷内容结构，不能单纯强调知识的覆盖率，还应突出教学思想方法的考查，对要求“掌握”和“理解”的内容覆盖率应高些，而要求“知道”和“了解”的内容覆盖率可以低些。

题型结构的优化也很重要。采用何种题型要依据考试内容和目标来确定，不同的题型在测试的功能和评分误差的优化上具有不同的效果。为了保证大型考试的科学性，在考试中应采用多种题型组合，将学科内容、能力分解后使题型与内容、能力相匹配。

分数结构的优化与内容结构和目标结构的关系最为紧密，每题赋予的分值以知识点及能力层次在考试整体中的重要性为依据。优化试卷的分数结构应注意三个要点：一是不能完全按题型赋分，需从试题内容、测试目标要求和题型三个维度综合考虑；二是考试内容各组成部分的分数比重，应与该部分内容在所考科目内容体系中的地位和作用保持一致；三是应有确定试题分值的共同参照系，以使全卷各题的分数基本等值。

题量与考试时限有较大的关系，比如目前中考改革中，分值增加、题量减少就是普遍趋势，一份中考试卷以多少题量为宜，是一个值得研究的问题。1999 年的全国中考试题评估分析表明，语文和数学两科题量分别由 43 个、32 个减少为 35 个、30 个。如果题目数量偏多，要达到既考查基础，又考查能力的目的是较难的，因为考查能力的试题需要留给学生更多思考的时间，题量过多，考试时间紧，给学生造成的心理压力可能会过大。对于信息技术这门年轻的学科来说，也同样需要认真思考和面对这些问题。可喜的是近几年来国内外许多机构作出了很多有益的尝试并取得不少成功的经验，值得我们借鉴。

例 6－2：2007 年浙江省高中信息技术会考标准部分内容

根据教学大纲的要求，本学科会考将考生的学业成就分为优秀、良好、及格、不及格四个等第，依次用 A、B、C、D 表示。及格以上的各等第标准如下。

高中信息技术会考采用上机考试形式，考试时间为 45 分钟，满分为 100 分。

高中信息技术会考的试卷结构如下。

（1）考试内容分布

必修：

信息技术基础：(10 ±3)%

信息的获取、加工与管理：(28 ±3)%

信息的表达与交流：(20 ±3)%

选修Ⅰ：

算法与算法表示：(5 ±3)%

VB 程序设计初步：(15 ±5)%

算法实例及程序实现：(22 ±5)%

选修Ⅱ：

多媒体基础：(6 ±3)%

媒体的采集与制作：(30 ±5)%

多媒体的合成：(6 ±3)%

(2) 试题类型分布

选择题：(30 ±5)%

操作题：(70 ±5)%

(3) 试题难度分布

容易题：(70 ±5)%

稍难题：(20 ±5)%

较难题：(10 ±3)%

(二) 试卷规划与双向细目表

为了很好地控制评价内容中各部分试题的数量分布和所占比例，在命题前要认真作好试卷总体规划工作，即根据考试目的和要求制订测试内容和目标的具体计划。试卷规划可以采用简单列表法、图表法和双向细目表等方法。简单列表法适用规模比较小的单元测验，只需列出测验任务及测量每项任务的题目数量就足够了，大多数测验需要更详细的说明，双向细目表（或称为测验蓝图）是较为常用的一种说明形式。

双向细目表是一个二维表，主要包括考查内容、考查能力要求，以及每个目标和内容在全卷所占的比例，它是测验的一个编制提纲，是保证测验题目具有代表性的手段之一。一般来说，从一开始就要明确规定这些比例，以表明每一项考查内容和目标的相对重要程度，从而在组卷的过程中发挥有效的指导作用。

在双向细目表中可采用以下方法列出知识点。

(1) 按知识顺序排列：知识点按照教材的章节条目出现，对于教材中知识体系排列逻辑性、条理性或时间顺序性较强的学科，要按知识顺序排列知识点，以便于操作。诸如历史、地理、数学、物理、化学等学科，均可用这种方法。

(2) 按知识分类排列：如语文学科，课文分单元编排，课文之间知识点交叉重复出现的现象较多，教学中出现的文体又多，像这样的学科，就应按照知识分块的原则去排列知识点。

(3) 按知识分组排列：如英语学科，教学内容大体分为语音、词汇、语法、阅读、书面表达、口头表达等，那么在排列知识点时，就应按照这些教学内容分组进行排列。

在信息技术科目的考试中建议采用按内容模块进行排列，即按照信息技术课程一个必修模块与五个选修模块的顺序进行排列。

双向细目表是根据考试的目的和要求制订的测试内容和测试目标的具体计划，并以表格形式详细明确地列出各项内容的量化指标，用以规范、指导编题和制卷。双向细目表的内容包括试题内容和类别、不同内容在试卷中所占分量、各种内容拟采用的题型、各类试题应占的比重、能力要求的层次及比例以及分数比例和时间分配等。双向细目表的形式是通过纵横两个坐标，分别标明知识内容和认知能力两种维度，并将不同内容和能力目标细化为具体指标，在表格中分类分项列出。制订命题双向细目表，在内容上应做到以下要求。

（1）围绕考试目的设计细目。即所设计的细目内容，必须符合考试目的要求，体现考试目的。

（2）知识能力比例搭配合理。充分考虑认知领域各学习水平层次所占的比例，使其达到考试目的的要求。

（3）教学中涉及内容的比重适当。在信息技术学科中，对客观题、半客观题、主观题、微型主观题各占多大比重及相应解题的时间分配等，应作适当安排。

（4）各类试题采分点明确。应根据每道试题欲测试的知识内容、认知水平层次确定各采分点的分值比例。

（5）要依据学科特点和学生的实际制订双向细目表，且形式要明确具体，即表中所列内容一目了然，方便命题操作使用；表述准确，即表中使用的文字、符号要精练、准确，易于理解；完整清楚，即指格式、内容表述、分数分布要完整清楚。双向细目表的设计，应根据考试目的及要求，按照纵、横分别设计的方法编制，并在汇总之后进行分析调整，力求做到符合实际，准确有效，便于使用。

海南省2007届普通高中信息技术学科基础会考试卷试题“信息技术基础”模块试题双向细目表如表6－1所示，“网络技术应用”模块试题双向细目表如表6－2所示。

表6－1　“信息技术基础”模块试题双向细目表

考核内容	目标水平	对应《考试说明》内容要求的序号	题号	题型	题分	试题预估难度
信息的基本特征	理解	1	1	单选题	2	0.85
选择适当的方法获取信息	理解、应用	2	2	单选题	2	0.8
运用多个关键词进行网上信息检索	掌握、应用	3	3	单选题	2	0.8
选择恰当工具软件处理多媒体信息、呈现主题和表达创意	掌握、应用	4	4	单选题	2	0.7
人工智能的应用	了解	7	5	单选题	2	0.8
信息资源管理的方法和特点，数据库管理信息的基本思想，使用数据库管理实现高效检索	理解、掌握	8、9、10	6	单选题	2	0.75
信息保护、病毒防范的基本方法	理解、掌握、应用	13	7	单选题	2	0.75
运用文字处理工具加工信息，规范地使用电子邮件	理解、掌握、应用	4、5、6	28	填空题	6	0.75
选择工具处理多媒体信息、呈现主题和表达创意；规范地使用BBS、即时通信、电子邮件等	综合应用	4、5、6	29	简述题	5	0.7

表 6－2 “网络技术应用”模块试题双向细目表

考核内容	目标水平	对应《考试说明》内容要求的序号	题号	题型	题分	试题预估难度
因特网服务基本类型，跨时空交流的特点	理解	1、3、4	8	单选题	2	0.8
搜索引擎工作原理，因特网信息检索工具的使用方法	理解、应用	2	9	单选题	2	0.7
IP 地址的格式与分类，子网掩码和网关	理解、应用	9、6	10	单选题	2	0.7
计算机网络主要功能	理解、应用	5	11	单选题	2	0.75
B/S、C/S 软件结构	理解、应用	8	12	单选题	2	0.75
网络通信中常用的信息交换技术	理解、应用	7	13	单选题	2	0.7
动态网页概念，制作简单动态网页	了解	12	14	单选题	2	0.7
组建小型局域网方法，网络分类、拓扑结构、网关	综合应用	5、10、9	30	填空题	6	0.7
网页、主页、网站基本概念，规划、设计、制作、发布与管理简单网站的基本方法	综合应用	11、14、15	31	简答题	5	0.7

表 6－1 和表 6－2 所示的双向细目表较为详尽地列出了试题内容和类别、不同内容在试卷中所占分量、各种内容拟采用的题型、各类试题应占

的比重、能力要求的层次及比例、分数比例等，在具体组卷时可以作为参考。但在具体内容方面，有关知识点的划分还显得过于粗糙。如在“选择恰当工具软件处理多媒体信息、呈现主题和表达创意”和“运用文字处理工具加工信息”等内容上还需要进一步细分和界定，以增加组卷时的可操作性。另外，对时间的分配也未作具体说明。

试卷规划是命题工作的一个重要环节，双向细目表可以使命题工作具有计划性而避免盲目性；使命题者明确测验的目标，把握试题的比例与分量，提高命题的效率和质量。同时，它对于审查试题的效度也有重要的指导意义。影响试卷质量的重要因素之一是知识点的覆盖面，认真制订双向细目表，并严格按照双向细目表来组卷，有助于保证试卷对新课程三维目标的覆盖面达到预期要求。

三、选择题型

（一）根据内容表现的需要选择题型

本书前面几章分别对客观题、半客观题、微型主观题和大型主观题四类试题作了详细的探讨，从中可见各类题型都具有其优点与缺陷。

客观题、半客观题、微型主观题和大型主观题是按照客观—主观维度进行划分的，而试卷中常见的试题类型则包括判断题、选择题、填空题、简答题等。

海南省信息技术考试中的试题类型与功能定位就很明确。试题的分类可从两个角度考虑，对考生答题而言，卷中试题清楚地分为单项选择题、填空题和简答题；对命题者而言，根据试卷中不同试题的内容布局、性质地位、作用价值和与考试目标的对应关系，试题可划分为客观题、半客观题和微型主观题。命题的出发点希望实现两者之间的如下对应关系：“单项选择题”对应“客观题”、“填空题”对应“半客观题”或“微型主观题”、“简述题”对应“微型主观题”，如此一来，各类试题在全卷中的作用与定位则是清晰可见。

单项选择题：有利于较大面积地覆盖考试的内容目标，提高试卷效度，增加评卷信度和把握试卷难度。

填空题：所设计的真实情境下的操作题、分析归纳题等填空题，有利于在一定范围内为学生提供个性化答题的空间，增加试卷的灵活性。

简述题：指向模块中的重要内容和核心内容，综合考核考生利用信息技术解决问题的能力、技术的应用能力和迁移能力，在一定程度上区别考生的能力差异，适当体现试卷的区分度。

（二）题型分布控制

在信息技术课程总结性评价试卷中，需要确定每项要考查的能力和内容占试卷总体的比例，包括数量比例以及分数比例。试卷考查的能力是指信息技术能力水平，如识记、理解、运用与评价等。考查的内容应该指明每一种能力表现所属的内容领域，一般来说，考查内容分为知识性目标、技能性目标和情感性目标三大部分。命题时应该明确每部分知识要点有哪些，对每项知识点充分取样，且能对试题答案作出合理解释。为了获得有代表性的样本，应该慎重地确定测验题目的数量、分布与分值。在设计双向细目表时，就应该考虑这些要素，比如从考查内容的角度来说，知识、技能和情感各占多少比例，要有一个大致的规定；从考查要求的角度来说，识记、理解、运用与评价等在整份试卷中所占的比例也要有一个大致的规定。

海南省2006届普通高中基础会考信息技术科目模拟测试卷题型与分值分布如表6－3所示。

表6－3　题型与分值分布

题号、题型	知识点	目标程度（了解、理解、应用、综合）	题　分
1 选择题	信息的基本特征	理解	2
2 选择题	使用工具表达主题	应用	2
3 选择题	选择信息、信息获取方法	理解、应用	2
4 选择题	人工智能应用	了解	2
5 选择题	信息检索策略	理解、应用	2
6 选择题	数据库应用	了解	2

续表

题号、题型	知识点	目标程度（了解、理解、应用、综合）	题　分
7 选择题	信息保护	理解、应用	2
8 填空题	信息管理、下载工具、病毒防范	了解、应用	3
9 填空题	信息资源、网络媒体使用	了解、应用	3
10 简述题	选择工具表达思想	应用、综合	5

在组卷过程中还要考虑时限结构。试卷的时限结构是指一份试卷的限定测试时间和各道试题的解题时间，以及各类试题解题时间在整个测试时间中的比例关系。时限结构的优化，要综合考虑考试的特点、目的要求、试卷题型、题量、难度、施测方式、考生的身心特征等因素。

海南省 2007 届普通高中信息技术学科基础会考试卷中，全卷的考核内容占《考试说明》所要求内容的 89%。信息技术学科考试时间仅有 45 分钟，为有效解决考试时间短与《考试说明》的考试内容多的矛盾，在试卷中适当加大了客观题的比例，卷Ⅰ选择题与卷Ⅱ非选择题的分值比例分别为 56%、44%。

现分别以“信息技术基础”必修模块和“网络技术应用”选修模块为例，观察题型、题量、考核内容与《考试说明》指向内容的关系。

“信息技术基础”模块对应的卷Ⅰ选择题共 7 道 14 分、卷Ⅱ非选择题共 2 道 11 分，试题涉及内容占《考试说明》内容要求的 85.7%。

“网络技术应用”模块对应的卷Ⅰ选择题共 7 道 14 分、卷Ⅱ非选择题共 2 道 11 分，试题涉及内容占《考试说明》内容要求的 93.3%。

四、难度、信度、效度和区分度及其控制

信息技术课程总结性评价是教学过程中的重要环节，是检测教学质

量、衡量教学效果的重要手段，也是检验和评定学生对知识掌握情况的重要方法。考试成绩的定量分析是教学过程中的一个不可忽视的环节，是评价考试质量的重要有效的方法。利用试卷中包含的信息对考试进行分析，可以发现学生错误的集中点，帮助教师改进今后的教学，改进考试设计，减少考试设计中的主观随意性，对今后的命题具有指导意义。通过定量分析，获取有关试题质量的各项指标，以判断考试的有效性，发现教学过程中的薄弱环节及存在的问题，并有针对性地改进，对教师教学质量的提高是非常重要的。特别是在全面推行学分制管理，提倡教考分离的今天，试卷分析具有更重要的意义。

考试质量评价指标包括对考试整体进行量化分析的指标（如成绩分布的正态性检验、考试的信度分析、考试的效度分析等）和对考试题目的质量分析。

按照评价功能，测验可以分为标准参照测验和常模参照测验两类。

标准参照测验是一种资格测验，它以事先确定的具体目标为标准，目的是检测学生达标的程度而忽略个体之间的差异。听写、课堂测验、阶段考试以及毕业会考都应该属于标准参照测验，衡量标准参照测验的重要参数是通过率。

我国现行教学大纲和新的课程标准都将教学目标或知识技能目标分为了解、理解、掌握和灵活运用四个层次，后一层次的目标包含前一层次的目标。在编制标准参照测验试卷时，应该按照课程标准对各知识点的目标要求，填写并不断调整“双向细目表”，使之符合预定的目标。表中的知识点应达到课程标准规定的对知识和能力的要求，原则上其比例由课程标准中规定的课时比例来确定。通过测验，教师就可以根据学生达标情况，调整教学安排，改进教学方法，采用补缺补差、个别辅导等方式让未达标的学生再达标；而学生也能根据考后分析，知道自己存在的问题，有针对性地进行复习。

常模参照测验注重个体之间的比较，它具有选拔功能，高考、中考就是常模参照测验。常模参照测验成绩的重要参数是平均分和标准差，试卷的主要指标是难度和区分度。从考试成绩分布图（图 6 – 1 是高中毕业会考成绩分布，图 6 – 2 是高考考试成绩分布）可以很明显地看出标准参照测验和常模参照测验之间的差异。从图 6 – 1 中高中毕业会考英语考试成绩分布来看，学生成绩集中在75～85分之间，说明这些学生对知识和能力达到了毕业要求——这是一个界限，由于是毕业会考，所以对这部分学生没有必要进一步区分。而高考则不一样，高考要求对不同分数段的学生都要有很好的区分度，以便于不同类别的学校或系科分别予以录取。

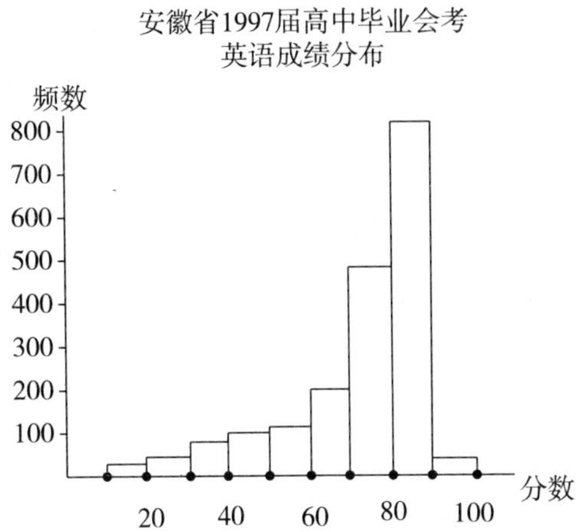

图6－1　高中毕业会考成绩分布

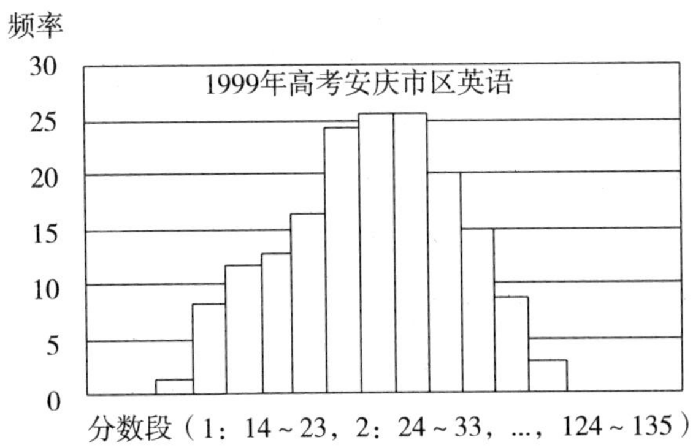

图6－2　高考考试成绩分布

下面就影响试卷质量的重要指标——难度、信度、效度和区分度分别进行解析。

（一）难度及其控制

试题的难度是评价试题质量的重要指标，在考试学中它被定义为：该题考生所得的平均分与该题总分的比值（通过率）。简单讲，难度就是指题目的难易程度，一道题目，如果大部分考生都答对，它的难度就小，反之难度就大。

试题的难度直接影响考试的及格率和优秀率，对考试的信度、效度和区分度也会产生重大影响。因此，有效控制难度是考试命题的基本要求之一。

试题的难度一般以正确回答试题人数与参加测试的总人数之比作为指标，其公式为：P = R/N。其中，P 表示测试题的难度，R 为答对该测试题的人数，N 为参加测试的总人数。也可将此计算结果乘以 100 % ，用计算出的试题通过率来作为难度指标。通过这种方法进行计算后，P 值越大，其难度越小，反之，P 值越小，其难度越大。这种计算方法适用于客观性试题难度的计算。但若是在考试人数很多的情况下，逐题统计答对试题的人数，不仅工作量大，还易出错，所以有时采用极端分组法来计算试题的难度，其公式为：$P=\frac{P_H+P_L}{2}$。其中，P 为难度，P_H 为高分组答对试题人数的比例，P_L 为低分组答对试题人数的比例。具体做法为：将被试者按分数从高到低选取 25% ~33% 作为高分组，再从倒数第一依次向上选取 25% ~33% 作为低分组，然后分别计算出高分组和低分组答对试题的比例，得到 P_H、P_L，代入上面的公式进行计算。

对于主观性试题的难度计算，通常用被试者回答某题所得分数的平均分数与该题可能得到的最高分的比值来计算。其公式为：$P=\frac{\overline{X}}{W}$。其中，P 表示难度，$\overline{X}$ 表示所有被试者回答某题的平均分，W 表示该题可能得到的最高分数。当参加测试人数较多时，为了简便易行，可运用极端分组法来计算试题的难度，其公式为：$P=\frac{X_H+X_L-(2NL)}{2N(H-L)}$。其中，P 表示难度，$X_H$ 为高分组得分总数，X_L 为低分组得分总数，N 为被试总人数的 25% ~33% ，H 表示试题的最高得分，L 表示该题的最低得分。其具体做法与客观性试题采用极端分组法的做法相同。

试题难度对测试分数的分布状态、测试成绩的离散程度（表示一组数据变异程度大小的数据）、测试的鉴别能力都有影响。为了保证测试质量，测试题的难度必须适宜。一般认为，测试中各试题的难度和测试中所有试题的平均难度都应保持在 0.50 为宜，期中、期末考试的试卷难度可以设定在 0.70 以上。

一个题目难度的大小，除了与测试内容本身的难易程度有关以外，还和试题的编制技术、被试者的知识经验有着密切关系。因此，试题的难度具有相对性，在每次命题时，都应对试题进行试测，通过实践来对难度作出检验。还可将试测的不同难度的试题，标明难度值，分类存入题库，以便根据不同要求准确地使用。

学生的个体发展存在着一定的差异，认知水平也不是整齐划一的，这主要是由于学生学习和生活经验存在着多样性，所以测试题过难或过易都不能准确地检测出学生的真实成绩。为此，命题时在试题的编制上应充分考虑到学生学习的差异性和多样性，尽可能体现试题的可选择性，分层次设计难易不同的测试题，让不同层次的学生根据自己的需要进行选择。例如，分别设计基础性测试题和提高性测试题供学生选择，让每一个层次的学生在完成基础性测试题的基础上还能有所提高。这种方法比较适合在学校或班级等小范围的信息技术课程总结性评价中使用。

影响试题难度的因素很多，主要有以下四个方面。

（1）学生对试题的熟悉程度。一是对题型的熟悉程度，二是对题目内容的熟悉程度。一般来说，常见常练的题型和直接从教材中取材的题目，学生接触比较多，难度就小；反之难度就大。

（2）题目包含信息量的多少。学生答题，需要先阅读题目的内容，如果题目信息量太多，或者文字不简洁、条理不清晰，或者图表等指向不明确，就会影响学生读题，使题目的难度增加。

（3）题目结构的复杂程度。包括题目的类型、知识的综合程度和知识间联系的复杂程度等，都会对题目的难度产生影响。比如，选择题中的多选题，如果全部选对才给分，则它的难度显然会比单选题大。

（4）题目的变化动态。题目的迷惑性、干扰性，题目设置的灵活程度，题目隐含的已知条件等，都会对题目的难度产生影响。

优化试卷难度的目的是使全卷难度的分布状态和不同层次难度试题的比例恰当，以符合考试目的的要求。优化难度结构，既要考虑考试的目的、性质，也要考虑应考主体解题的心理特点。试题难度应当合理分布，以使之具有良好的鉴别力。鉴于中考的（水平考试、选拔考试）两种功能，且要考虑信息技术学科的特殊性，试卷的总体难度应在0.65～0.75，以体现既面向全体学生，又具有较好的选拔功能。易、中、难题目的比例，以3∶5∶2为宜，也可选择6∶2∶2或5∶3∶2，在高分段适当增加区分度，并注意由易而难的梯度。

海南省对信息技术科目基础会考的两个效度期望是：第一，将试卷难度调整到贴近学生学习的实际状况，体现基础会考性质；第二，体现信息技术新课程提高学生信息素养的目标。

这两个效度指标看似相互独立，实则互为关联、互为制约，要同时实现这两个效度且不相悖，对于命题工作而言相当困难。难的是要在指定的低难度下体现新课程的总结性评价理念、考查考生信息技术的应用能力。在命题时我们要理清思路，破除“低难度试题等于低效度试题”“低难度试题等于记忆类试题”的定式，采纳《信息技术课程总结性评价研究报告》中的若干观点，从多角度控制试卷难度。比如，尽可能地将主观问题客观化，使问题指向明确以方便考生答题；主观题尽量做到切入点低、预留的答题空间大；在题干表述中给出人性化提示，在试卷版式上充分关照学生的阅读习惯，对题中的重要提示词汇如“不正确”“错误”“最适合”等加粗显示，不使学生在读题审题或软件名称记忆等非信息技术应用能力的表现环节上失分；分解微型主观题的设问的分值，化大分值为小分值以方便学生得分等。

在海南省2007届普通高中信息技术学科基础会考试卷中，适当加大了客观题的比例，卷Ⅰ选择题与卷Ⅱ非选择题的分值比例分别为56%、44%。[①]

海南省教研室在信息技术课程总结性评价方面，特别是针对基础会考的特殊情况，在试卷的难度控制上作了许多有益的尝试，经实践证明是行

---

① 段青. 回归应用　考查能力——海南省2007届普通高中信息技术科基础会考试卷分析（一）[J]. 中小学信息技术教育，2006（10）：27－29.

之有效的。

（二）信度、效度及其控制

1. 信度及其控制

考试的信度是指考试结果的可靠程度。所谓可靠，是指考试的结果与其他等价考试结果的一致性。也就是说，如果对同一组考生进行多次考试，他们的成绩是十分稳定的，这个具有一致性且稳定的成绩，就是衡量考试质量高低的重要指标，这个指标就是考试的信度。

在各类考试中，都要减少测量误差，提高信度。因此，要采取有效方法，诸如增加试题数量、扩大试题覆盖面、提高评卷质量、消除测试干扰、减少误差等，以增加考试的客观性和准确性。

计算信息技术课程总结性评价考试信度的方法多种多样，目前常见的且被人们接受的方法大体有两种。一种方法是编制出形式相同、题目可以互换，但具体题目不同的两套试题分两次测试，然后通过比较求出考试信度，这样测出的信度叫等值信度，这是比较容易理解的测试考试信度的方法，但编题、操作都为两次，比较麻烦。另一种方法是将一次考试分半进行，分别使用两套试题测试，对所得分数进行比较，求得相关系数，这样测出的信度叫分半信度。后者没有第一种方法求得的信度可靠，但简便易行，因此被人们广泛采用。

为了保证总结性评价试卷的信度，一般可以采取以下措施。

（1）合理安排试卷的结构。根据考试范围和要求，合理划分考查内容，形成梯度结构和科学、完整的编排系列。例如，信息技术课程总结性评价试卷可分为多种题型，合理安排题量和配分。

（2）合理采用不同的题型。题型包括选择题、问答题、填充题、计算题、连线题、论述题等，主观题和客观题的比例要恰如其分。是非判断题由于受猜测因素影响太大，在选拔性考试中一般不宜采用。

（3）科学设置答题要点和评分细则。命题者对主观题给出具体的答题要点，并合理配分，尽可能使主观题的答案客观化、标准化，以减少评分者主观因素及外界不稳定因素的影响。可以尝试设置一些开放性试题，言之有理即可给分。

（4）严格挑选、培训评卷人员，安排多个阅卷者评分。评卷人员的挑选要依照程序进行，评卷前要进行集中培训。一些比较复杂的主观题（如论述题）要经过试评，并且由多个阅卷者评分；当多个阅卷者之间的评分出现矛盾时，可以通过讨论来减少分歧。

2. 效度及其控制

考试的效度是指反映一次考试或一次测验能够实际测出其既定目标的成功程度的指标，它是反映考试质量的重要指标之一。首先，考试的效度是针对一定的考试目标而言的，它同考试的信度一样，也是一个相对的概念。其次，考试的效度是针对考试结果而言的。也就是说，任何一种考试，只有当它的结果真实，并正确地反映了所要测试的功能和特征，才能认为这种考试是有效的或效度值较高。

要检验考试的效度，必须要找到能代表考试目标的外在标准，将待评价的考试与这个标准相比较，由两者相一致的程度来评价考试的效度。这个外在的标准与考试目标是相关的，必须能代表考试目标的要求，它不属于待评价考试的同类考试，它是待评价考试的部分考生参加的一次或几次考试。

考试的效度一般可分为内容效度、结构效度和效标关联效度。

内容效度是指测验题目所要测验的内容和行为反映测定的有效程度，主要解决一次测验的试题在全部试题中取样时，从质上看是否确切，从量上看是否适当的问题。试卷要具备较好的内容效度，必须满足以下两个条件。

（1）要有确定的内容范围，并使全部题目都落在这一范围之内。

（2）试卷题目应是已界定的内容范围的代表性样本（即题目能代表所测的内容范围的主要方面），且各部分题目所占比例恰当。

结构效度是指测验的结果对理论上的概念特征所能正确反映的程度是指实验与理论之间的一致性，即实验是否真正测量到假设的理论。

效标关联效度关注的是测验结果与特定标准之间关系的密切程度，强调的是效标的行为以及对这些行为测量的结果。效标关联效度就是考查试卷得分与学生的平时表现是否相符，从而确定试卷的有效程度。例如，中考试卷效度的测量，主要以学生在初中阶段的成绩为参照。假如平时成绩好的学生，考试成绩也好；成绩差的学生，考试成绩也差，则说明这份试卷的效度高。试卷效度的预测，必须在具有信度的前提下进行；而它的真实效度，要在评卷结束后，通过与收集的学生的平时表现进行比较后才能得出。

如何提高信息技术课程总结性评价考试的效度呢？提高效度是考试的基本要求，一般应做到以下几点：恰当地规定考试目标，使考试目标与考试功能有更高的关联；科学地确定考试内容，使考试内容与考试目标有更高的相关性；合理地选择命题方法，使考试方法最适宜表现考试内容；科学地组织考试实施，使考试过程中少受干扰，做到准确客观。

（三）区分度及其控制

区分度是指测试题目对所测试的属性的鉴别力。区分度是衡量题目质量的主要指标之一，也是筛选题目的依据，如果测试的区分度高，则该测试的信度必然理想，因此提高区分度是提高测试信度的方法之一。试题的区分度和难度关系也很密切，太难或太易的题目，区分度都不太好，只有难度适当的题目，才有较好的区分度。

计算试题区分度的方法很多，最常用的一种方法是用每个试题与试卷总分的相关系数来表示。一个试题的区分度的估计是基于这样的假设：能力强的学生（以考试的总成绩表示）应该比能力差的学生答对该题的可能性要大。因此某一试题得分和总分之间的相关性越高，说明区分度越大。

通过对题目区分度的分析可知，区分度有助于进行以下判断。

（1）题目是否能有效地测量所要了解的特性或状态。

（2）一个题目能否与其他题目一致地分辨被试者，即被试者在该题上获得了高分，在其他题目上能否同样获得高分。

（3）被试者在某一题上的得分与整体测试的总分数间是否具有一致性，即总分数高的被试者在该题上是否得分也高。

可以针对客观性试题或主观性试题采用不同方法来计算区分度。计算客观性试题的区分度，一般采用被试者中高分组在该题上的通过率和低分组在该题上的通过率的差来表示，公式为：$D = P_H - P_L$。其中，D 为区分度，P_H 为高分组在该题上的通过率，P_L 为低分组在该题上的通过率。其计算方法是：将全体被试者按测试总分由高到低依次排列，再从高分往下取总人数比例的 25% ~33% 为高分组，从低分往上取总人数比例的 25% ~33% 为低分组，然后分别计算高分组和低分组在该题上的通过率，最后按上式计算出该题的区分度。一般区分度的值大于 0.40 即为好题目。计算主观性试题的区分度，一般用测试的高分组与低分组在某题上的分别得分总和，和该题最高分与最低分的差为依据来计算，公式为：$D=\frac{X_H - X_L}{N\ (H-L)}$。其中，D 为区分度，$X_H$ 为高分组得分总和，X_L 为低分组得分总和，N 为全部被试者的 25% ~33%，H 为该题的最高得分，L 为该题的最低得分。其计算方法是：将全体被试者按测试总分由高到低依次排列，再从高分往下取总人数比例的 25% ~33% 为高分组，从低分往上取总人数比例的 25% ~33% 为低分组，然后分别计算该题高分组和低分组的得分总和，最后计算该题最高得分与最低得分之差，将计算结果代入上式计算，便可得到该题的区分度。

题目的区分度可以用以下两个指标来表示。

（1）相关系数，即计算题目通过率与试卷总分的相关系数。计算的方法有点二列相关、二列相关、积差相关等。相关系数高于 0.20 的题目一般可以保留，如果接近于零或负数时，应作重大修改或删除。

（2）鉴别力指数，即通过比较试卷总分高低的两组考生在题目上的通过率，得到差值，从而鉴别题目测量效标的有效性。

试题的区分度在考试之后才能确定，命题时只能通过命题者的分析去把握，所以命题者的经验十分重要。有时可以通过小范围样本试验取得经验，这对于大型考试尤其重要。例如，海南省 2006 年进行综合基础考试时，就是先做了小范围小样本实验，取得经验后再大面积推广。

试卷的区分度是试卷对不同学生的知识、能力水平的鉴别程度，试题区分度决定了试卷的区分度。试卷的区分度在常模参照测验中显得很重要，因为一份试卷的区分度小了，它就失去了选拔作用，而对于标准参照测验来说，试卷的区分度并不是组卷的关键参数。

一份试卷的不同部分，内容不同、目标不同、命题方法不同，很可能会导致试题的区分度不同。例如，对于情感态度与价值观的考查比较适合采用主观题的形式，虽然主观题很难形成清晰的区分度，但因为情感态度与价值观的试题设置是试卷必要的一部分，所以我们就必须接受这个区分度不清的现实，同时通过其他部分的试题去实现整份试卷的区分度。也就是说，对要求有区分度的测验来说，部分题目的区分度不够清晰是可以接受的，但整份试卷的区分度必须是清晰的。

五、典型案例分析

海南省2007届普通高中信息技术学科基础会考中，技术考试科目试卷由信息技术与通用技术合卷而成，满分100分，其中信息技术与通用技术各占50分。信息技术科目试卷的结构、题量与分值如表6－4所示。

表6－4 信息技术科目试卷的结构

卷别 \ 题号及分值 \ 模块	必做模块	选做模块（考生选做其中一个模块的试题）			
	信息技术基础模块	算法与程序设计	多媒体技术应用	网络技术应用	数据管理技术
卷Ⅰ选择题（共28分）	第1～7题（14分）	第8～14题（14分）	第8～14题（14分）	第8～14题（14分）	第8～14题（14分）
卷Ⅱ非选择题（共22分）	第28～29题（11分）	第30～31题（11分）	第30～31题（11分）	第30～31题（11分）	第30～31题（11分）

信息技术试卷全卷共设卷Ⅰ与卷Ⅱ。其中卷Ⅰ为单项选择题，卷Ⅱ为非选择题。两卷均涉及“信息技术基础”必修模块以及“算法与程序设计”“多媒体技术应用”“网络技术应用”和“数据管理技术”4个选修模块的内容，因目前省内学校暂未开设“人工智能初步”选修模块，故此次考试中这一模块的内容暂不列入。对于必修模块的试题，考生必须全部作答，对于选修模块的试题，考生只需选做其中一个模块对应的试题，若跨模块答题，则只计算所答选修模块中排在前面的一个模块的分数。

考试后，海南省随机对这次会考试卷的答题情况进行了数据抽样和常规数据分析。答卷抽样的样本数为1064，占考生答卷总量的3%左右，为使小样本量能较客观地反映全省考生的答题状况，采取非随机抽样方式，以考场为单位在全省各市县考生的答卷中均匀抽样，不使抽样的样本过于集中在某一地区或某一特定群体。部分数据分析结果如表6－5至表6－7所示。

表6－5　卷Ⅰ答题抽样数据分析

题　号	题　分	平均分	难　度	区分度
1	2	1.92	0.96	0.14
2	2	1.84	0.92	0.30
3	2	1.87	0.94	0.23
4	2	1.09	0.54	1.00
5	2	1.93	0.96	0.14
6	2	1.36	0.68	1.00
7	2	1.84	0.92	0.29
8	2	1.72	0.86	0.52
9	2	1.50	0.75	0.93
10	2	1.69	0.84	0.58
11	2	1.20	0.60	1.00
12	2	1.40	0.70	1.00
13	2	1.53	0.77	0.86
14	2	1.35	0.67	1.00
卷Ⅰ	28	22.22	0.79	0.47

表6－6　卷Ⅱ答题数据抽样分析（一）

模　块	题　号	题　分	平均分	难　度	区分度
信息技术基础	28	6	2.90	0.48	0.67
	29	5	3.99	0.80	0.43
小计		11	6.89	0.63	0.55
算法与程序设计	30	6	3.36	0.56	0.98
	31	5	2.68	0.54	0.81
小计		11	6.05	0.55	0.76
卷Ⅱ		22	12.94	0.59	0.73

表 6－7　卷 I 、卷Ⅱ答题数据统计

<table>
<tr><td></td><td>卷　号</td><td>卷　分</td><td>平均分</td><td>难　度</td><td>区分度</td></tr>
<tr><td></td><td>卷 I</td><td>28</td><td>22. 22</td><td>0. 79</td><td>0. 47</td></tr>
<tr><td rowspan="4">卷　Ⅱ（不同模　块组合）</td><td>“信息技术基础” 模块 + “算法与程序设计” 模块</td><td>22</td><td>12. 94</td><td>0. 59</td><td>0. 73</td></tr>
<tr><td>“信息技术基础” 模块 + “多媒体技术应用” 模块</td><td>22</td><td>13. 30</td><td>0. 60</td><td>0. 62</td></tr>
<tr><td>“信息技术基础” 模块 + “网络技术应用” 模块</td><td>22</td><td>15. 35</td><td>0. 70</td><td>0. 55</td></tr>
<tr><td>“信息技术基础” 模块 + “数据管理技术” 模块</td><td>22</td><td>13. 58</td><td>0. 62</td><td>0. 79</td></tr>
<tr><td colspan="2">卷Ⅱ（平均）</td><td>22</td><td>13. 79</td><td>0. 63</td><td>0. 49</td></tr>
<tr><td colspan="2">全卷</td><td>50</td><td>36. 01</td><td>0. 72</td><td>0. 36</td></tr>
</table>

从表 6－7 中可见，卷 I 的平均得分为 22. 22 分，难度系数是 0. 79，区分度是 0. 47；卷Ⅱ的平均得分为 13. 79 分，难度系数是 0. 63，区分度是 0. 49；全卷的平均得分为 36. 01 分，难度系数是 0. 72，区分度是 0. 36。全卷的实际难度在预估难度范围（0. 70～0. 75）之内，所有试题的区分度均大于零，表明各试题均具有积极的区分作用。与信息技术科目基础会考的命题要求基本相符。

卷 I 各题的难度分布情况如图 6－3 所示。

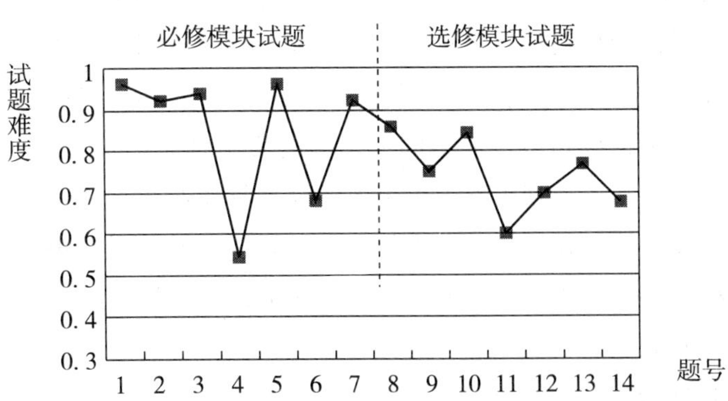

图 6－3　试题难度分布图

卷Ⅰ中，“信息技术基础”“算法与程序设计”“多媒体技术应用”“网络技术应用和数据管理技术”各7道试题。从图6－3可以看到，卷Ⅰ中各题的难度系数均控制在0.54以上，难度分布比较合理；除个别试题外，试题难度总体呈由易到难的变化趋势，相对而言，必修模块中8道试题的难度比选修模块8道试题的难度低，符合基础会考重在考查考生共同基础的命题要求；导致本卷试题难度分布曲线呈现一定幅度振荡的试题有第4、第6、第11题。

海南省2007届普通高中信息技术学科基础会考试卷考核内容涵盖面广，试题难度控制适宜，试题类型与功能定位明确。此外，试题还有以下鲜明特点。

（1）重在联系实际、解决问题。

试题注重联系生活实际，将信息技术的知识与技能、过程与方法的评价与学生生活、经验相结合，将需要解决的问题置于真实情境之中，考查学生分析问题和解决问题的能力。例如，选择搜索苏轼《水调歌头》的最为有效的关键词、制作全景图需要的设备和软件的选择、TCP/IP属性设置错误的改正、网页制作中设置图片超链接、简单的组网操作、从数据交换技术看IP电话经济实惠的原因、解释运动员与教练员之间关系图的数据模型等，解决这些问题需要靠学生对信息技术知识技能的掌握，需要靠学生运用信息技术解决问题的能力，靠死记硬背是难以奏效的。

（2）试题深浅程度把握得当。

由于教学内容上存在着必然的联系，命题时，针对同一知识技能或原理方法，在必修模块与选修模块中对试题的处理有所不同。比如，“信息检索”技术在《考试说明》的“信息技术基础”模块和“网络技术应用”模块中均已提到，该知识点在不同模块中的命题则应该根据《考试说明》的要求区分其深浅度。观察卷Ⅰ的第3题与“网络技术应用”选做模块中的第9题可知，第3题侧重于考查使用关键词进行检索的策略与技巧，第9题则深入到对搜索引擎的工作原理的理解上，两道题在深度上的递进关系和差异显而易见。

（3）试题设计趋于人性化。

试题的设计从学生常用和熟悉的信息技术应用情境出发而非从概念出

发，看似平淡却极具亲和力，考生易于产生联想并答题，如例 6－3 和 6－4。

例 6－3：社会生活中的数字产品越来越多，下列产品中使用了多媒体技术的有（　　）。

①可拍照彩屏手机　②MP3 音乐播放器　③数码摄像机　④可以发声的电子词典

A. ①②③　　B. ①③④　　C. ①②③④　　D. ②③④

例 6－4：周华自从使用 IP 电话打长途之后不再因支付昂贵的电话费而烦恼，IP 电话之所以经济实惠，从数据交换技术来看，它采用的是（　　）技术。

A. 电路交换　　B. 报文交换　　C. 分组交换　　D. 整体交换

虽然试卷具有上述诸多优点，但仍存在以下有待进一步研究和改进之处。

（1）选修模块客观试题不够等质。

作为第一次基础会考，在考务管理中首次遇到不同学生回答不同选修模块的答题卡的设计问题。为实现在若干限制条件下的便捷操作，在卷 I 答题卡的设计中，除了必修模块的 7 道选择题与题号第 1 ~ 7 题一一对应外，其他 4 个选修模块的 7 道选择题题序编号均为第 8 ~ 14 题，这种答题卡的设计，是为防止考生答题时从不同选修模块中选择同一题号中容易的试题答题。虽然命题中要求做到各选修模块之间相同题号试题的难度要尽可能相同，比如“算法与程序设计”“多媒体技术应用”“网络技术应用”“数据管理技术”模块各自对应的第 8 题的预估难度值应该一致，即“等质”，但是要做到各模块对应试题之间的完全等质是相当困难的。原因之一是不同选修模块对应着不同技术范畴，在不同技术范畴之间的试题的难易度往往难以进行细化比较；原因之二是命题者对不同选修模块试题难度的主观认识存在差异。因此，从卷 I 部分的试题来看，各个模块与对应的试题之间存在着或多或少的不等质现象。

（2）试题的过程性体现不够。

尽管命题者将“过程性”视为信息技术新课程考试试题的重要特征，然而要在每一道题中完美展现这一特点，却很难做到。试卷中的部分半客观题和微型主观题虽在一定程度上体现了过程性的原则，却多是局部的或微观的。

（3）试题的题干较长。

为实现试题的应用性、情境性、综合性和人性化等特点，无形中增加了题干的文字描述字数，自然加大了学生答题的阅读量，全卷文字数量约3000字，与以往命题要求的1500字/小时的阅读量相比，几乎超出了一倍。

相信随着新课程改革的积极推进和对信息技术课程总结性评价研究的进一步深入，以上问题会一一得到解决。

第二节

考试实施流程

一、明确考试目的

（一）考试的目的

确立教学评价的目的，应体现科学性的原则。教学过程是一个复杂的程序，这一程序是否科学，直接影响着教学工作的质量，因此必须通过评价使之不断完善。

进行教学评价应首先确立评价目的，一般来说，评价具有以下目的。

（1）通过对教学工作及教学质量进行评价，为一个区域的教育行政主管部门或学校进行教学管理决策提供信息依据，以便根据教学工作制定切实可行的教学管理措施，为进一步提高教学质量服务。

（2）通过对教学工作及教学质量进行评价，增强区域或学校教学工作适应社会发展需要的能力。

（3）通过对教学工作及教学质量进行评价，对一个区域或一所学校的教学工作进行总结，总结教学工作的经验，找出存在的问题，为教学工作的改革寻找依据。使学校明确自己的优势和不足，不断完善教学工作的各项管理。

（4）通过教学评价的导向作用，调动学校办学积极性，引导学校不断提高教学水平和教学质量，开创教学工作的新局面。

（5）通过反馈教学工作和教学质量评价的结果，向学校领导、教师、学生及其家长提供本校、本人工作和学习的实际情况，使这一群体的各类人员加强配合和合作，回答区域或社会对学校教学工作的疑问。

学校的各种考试都有明确的目的。例如，以了解教学情况为目的的调研考试；以检查某阶段内完成教学大纲规定的教学任务的期末考试及毕业考试；以选拔人才为目的的选拔考试等。由于考试的性质不同，其目的也会不同，所以命题的难易程度、各类知识的比例、试题形式就会有所不同。因此，命题前必须明确考试目的。

在评价工作的实施过程中，应按照评价方案的具体内容，充分收集各种信息资料，通过对信息资料的整理分析，得出评价结果。

对学生学业成绩的评定，是教学工作的一个重要环节，也是了解教学质量的重要手段。其目的可从以下四个方面进行理解。

（1）对学校而言，可以通过对学生学业成绩评定的过程和结果达到三个目的：一是了解学校的整体教学水平和教学质量，总结学校教学管理工作的经验，分析学校教学管理工作存在的问题，以便总结经验教训，研究、改进教学管理方法，制定提高教学质量的措施；二是了解教师教学的水平和教学质量，为强化教师管理、评价教师工作提供依据；三是了解学生的学习状态和实际水平，为加强学生管理、评价学生学习活动提供依据。

（2）对教师而言，可以通过对学生学业成绩的评定达到两个目的：一是帮助了解自身进行教学工作的得失，了解所教学科的教学效果，以总结经验教训，改进教学工作；二是了解学生的学习状况、各层次学生的分布状况，以便有针对性地对学生采取因材施教的策略。

（3）对学生而言，可以通过对学生学业成绩的评定达到两个目的：一是了解自己对各学科所学知识掌握的实际情况和能力发展情况，发现自己在学习中存在的问题，明确今后的努力方向；二是了解自己的成绩在班级中所占的位置，以便确定奋斗目标，努力奋进，培养竞争意识和拼搏精神。

（4）对学生家长而言，可以通过学校对学生学业成绩的评定结果，了解子女的学习情况，以便配合学校和教师指导、督促学生努力学习。

（二）考试的形式

随着考试性质、考试目的的不同，考试的形式也相应改变，命题的难度、考试内容的比例、试题形式也都会有所不同。在信息技术课程总结性评价考试中不仅有纸笔考试，还有口试和上机操作测试；不仅有闭卷考试，还有开卷考试等。

就目前情况而言，我国基础教育的信息技术考试环境、机试试题操作模拟环境以及机器阅卷的智能水平等诸多因素使得机试这种测试方式不宜在高利害的考试，如高考中使用。而实际上，只要把握好科学命题这一信息技术课程总结性评价的核心，使设计出的试题符合人性化、过程性和面向三大目标的命题原则，采用纸笔测试的方式是完全可以达到测试目的的。

信息技术会考长期采用机试方式是由信息技术学科比较重视考查学生实际操作能力的特点所决定的。考生通过上机操作，考试系统自动组卷、自动跟踪、自动计时、自动阅卷无缝连接，这样有利于考试管理的规范化、科学化和智能化。

在2003年教育部发布的《普通高中技术课程标准（实验）》中明确要求学生能熟练运用信息技术，通过有计划的、合理的信息加工解决实际问题、进行学科学习、创作信息作品，即利用所学的信息技术创造出一定的信息作品，并培养创造性思维。

目前的机试考试系统只是针对信息技术基础知识和基本技能进行考核，在很大程度上只考核了学生的操作能力，如Windows操作题、Excel操作题，都是由指定的任务来完成其操作。一些针对Internet的操作题，也跳不出技术考核的框框，Internet操作本身应该是一个信息获取和加工处理的过程，而在有些省区采用的会考系统中，Internet操作题是在给定任务和资料的情况下，要求学生到固定的位置下载资料或保存图片、保存文件。事实上对于以上操作题型，学生只要经过强化训练，就能取得高分，而没有很好地体现出对学生的创作能力和获取、加工及处理信息的能力的培养。

目前的部分考试系统无法调整试题的难度与内容，只能使用题库中规定的题目进行测试，组卷时因随机抽取试题而造成的难度、考查点、相关知识等分布不合理，不同学生面对的试卷难度相差较大。

直接用题库来考试有许多弊端，尤其是在当前应试教育风靡的情况下，教师会挖空心思了解题库，然后将教学转变为基于题库的解题训练。当然可以通过多种方法来解决这个弊端，比如计算机等级考试的做法等。这类考试有供学生复习参考的题库，但考试时的题目是另外设计的，或者至少是题库题目和新题目相结合，这样就可以比较好地解决题库训练式的教学。

针对以上问题，笔者提出以下完善中小学校建立简易题库的一般原则和方法。

不管是采用纸笔测试或是机试，建议考试管理部门或中小学校有条件的可建立题库，利用题库系统随机抽题，有效地保证各种考试的质量，提高考试的科学性、严密性。中小学校建立简易题库应遵循以下原则。

（1）全面性原则。建立简易题库，必须要坚持全面性原则，一是覆盖内容全，二是题型全，三是不同层次的试题全，四是覆盖各种考试需要的试题全。

（2）整体性原则。不论哪一个学科，哪一类试题，运用哪种考试形式的试题，都要把握整体性原则，即每一试题都要注明适用哪一章节或模块的内容、预测的难度、试题答案、评分意见等。

（3）多类型原则。建立题库时，应遵循新的课程标准和教学指导意见对知识掌握程度和能力形成水平的具体要求，每一个方面的知识与能力测试都应有不同类型的试题，以便选择。同时，要根据教学大纲的要求，具体分类，以便查找。

（4）高质量原则。一是指试题内容的质量要高，做到命题严密合理，用语准确明白，符合新的课程标准，适合各种考试使用；二是试题编排形式的质量要高，做到分类编号，归类存放。

（5）实用性原则。一是题量要适用于各种考试，如测试同一内容的题，应有不同形式的表述，每种形式应最少有 5 ~ 10 道题，尤其是简答类题，更应准备足量的试题，这样才能有效地避免考试押题的现象；二是题型要适用于各种考试，学科要求考查的教学内容都应有多种类型的试题。

建立简易题库的基本流程如下。

（1）研究、分析教学大纲，确定教学目标和测试目标。

（2）积累试题。可组织水平较高的教师编制试题，可收集教育专业杂志、刊物刊登的试题，但必须要经过测试，根据试题难度进行归类，并标明难度系数。

（3）对试题进行质与量的分析，明确哪一道题适用于哪一类考试，每一道题要多长时间才能做完，还要将这些数据随题入库。

（4）编号登卡入库。试题卡最少应包括以下内容：①试题所属学科及年级；②试题编号；③试题测试用途及适用的教学内容；④试题难度；⑤试题区分度；⑥题型；⑦题目；⑧答案及评分标准；⑨编制人与审定人；⑩编制时间。

（5）注重不断补充，并根据有关部门的要求不断更新。

二、组织准备

考试的组织准备十分重要，尤其是大型考试的组织和管理，其关系到能否保证顺利完成考试。在信息技术课程总结性评价中专家命题人员统一认识十分重要，它关系到整个命题的成败，在具体命题中应明确体现信息技术学科的工具性与人文性统一的特点，体现人文思想和人文关怀。而充满鼓励、期待的语言，有助于拉近学生与试卷的距离，消除学生对考试的紧张与恐惧，使学生感到考试就是愉快的自我检查和练习。

《江苏省普通高中学业水平测试方案组织与管理》的内容如下。

1. 全省高中生学业水平测试工作由省教育厅统一领导，省考试院统一组织和管理。各市、县（市、区）招生办公室在教育行政部门的领导下，负责实施和管理本地区学业水平测试的具体工作。

2. 学业水平测试单科进行，由省考试院统一命题、统一阅卷和统一计分，各市具体实施报名、测试工作。技术科目中的通用技术由学校组织测试，省、市抽查认可。

3. 学业水平测试按照考试的要求，切实加强质量管理、过程管理和目标管理，以提高测试的效度和信度。

4. 省考试院向社会公布“学业水平测试说明”，规定测试内容、试卷构成、试题形式、计分体制等。“学业水平测试”保持相对稳定。

5. 加强对学业水平测试命题计划、命题、试测项目、审题、统计分析、试卷评价等环节的管理，保证各科试卷都能满足预定的质量要求。

6. 客观性试题采用机器阅卷，主观性试题采用网上阅卷。加强质量控制，保证评分具有较好的一致性。评卷按学科成立评卷组，负责本学科评卷的组织、管理工作。

7. 测试成绩只记载等级，不记载原始分。考试成绩只通知考生本人，不公布，不查卷。

8. 全省按统一标准和要求设置考点、考场。测试考场的条件、测试指令、考场管理等每一环节均实行统一规范的管理。考点按考生及考场数量配备足够数量的监考员和其他工作人员，每个考场配监考员两名（体育类、艺术类单独编排考场的，应配备三名监考员）。同一考场中的监考员应来自两个不同的中学。

根据《江苏省普通高中学业水平测试方案组织与管理》，我们可以了解到考试的组织与管理涉及的各个方面的工作。

考虑阅卷问题，对大规模组织的考试来说，必须考虑阅卷的工作量问题。高考是社会重视程度很高的考试，其阅卷每年就要消耗大量的人力物力，人们对满分150分的语文学科的阅卷消耗可以接受，但是对以小分值（比如5分）进入高考的信息技术课程来说，能否接受就十分值得怀疑。因此，当前信息技术课程的命题与组卷设计中，必须考虑阅卷开销问题，以便最大限度地降低社会的认识阻力，从而有效地推动信息技术课程的健康发展。能够自动化地完成全部阅卷最好，比如使用基于网络的阅卷系统，或者使用读卡机，但是，假设有主观题设计在内，阅卷开销就是一个必须接受又必须适当控制的因素。

三、编制试卷

（一）双向细目表的指导作用

双向细目表对命题、组卷具有指导作用，但在实际的试卷命制过程中，可以根据实际情况，对双向细目表作适当的局部调整。双向细目表中的最终分配结果应该体现出教学的重点，比较重要的教学目标应该包含更多的题目。

（二）编制试卷内容

编制试题要依据命题原则，紧扣命题内容，围绕命题双向细目表的要求，严格选择试题材料，进行排列组合。在编制试题的过程中，所编试题的数量应超过试卷的实际需要量，以供精选。同时，要在编制试题的过程中同步写出每一道试题的答案，以便发现问题并及时纠正。

例 6－5：海南省 2007 年普通高中基础会考试卷信息技术和通用技术科的部分内容如下。

说明：本试卷分为第一卷（单项选择题）和第二卷（非选择题），全卷共 12 页，满分 100 分。考试时间 90 分钟。

第一卷　单项选择题（54 分）

注意事项：

1. 答第一卷前，考生务必将自己的姓名、准考证号、考试科目、模块序号涂写在答题卡上。

2. 每题选出答案后，用铅笔把答题卡上对应题目和答案标号涂黑，不能答在试卷上。如需改动，用橡皮擦干净后，再改涂其他答案。

3. 第一卷全部为单项选择题，共 27 道题，分为信息技术科和通用技术科两部分。1～14 题为信息技术科试题；15～27 题为通用技术科试题。

第一部分　信息技术科

本部分共 14 道题，每题 2 分，共 28 分。其中 1～7 题所有考生必答；8～14 题，考生只能选答其中一个模块对应的 7 道题。

“信息技术基础”模块（必答）

1. 吴为想要买到一张北京 2008 奥运会开幕式的门票，他所需要的信息是（　　）。

A. 开幕式举行多长时间

B. 在什么时间什么地点卖开幕式门票

C. 开幕式上用怎么样的点火方式

D. 开幕式上有多少个国家运动队参加

2. 在很多全文搜索引擎中常用逻辑关系符“NOT”连接多个关键词，使得搜索结果中去掉“NOT”后面与关键词相关的信息。现使用关键词“海南 NOT 椰子 ”搜索，得到的结果是（　　）。

A. 海南和椰子的相关信息

B. 除了“椰子”的与“海南”相关的信息

C. 除了“海南”的与“椰子”相关的信息

D. 海南尤其是椰子的相关信息

3. 孙霞编辑了一封如图 6－4 所示的电子邮件，可是发送邮件失败，其原因是（　　）。

A. 主题错误　　　　B. 没有附件

C. 收件人地址错误　　　　D. 邮件正文太少

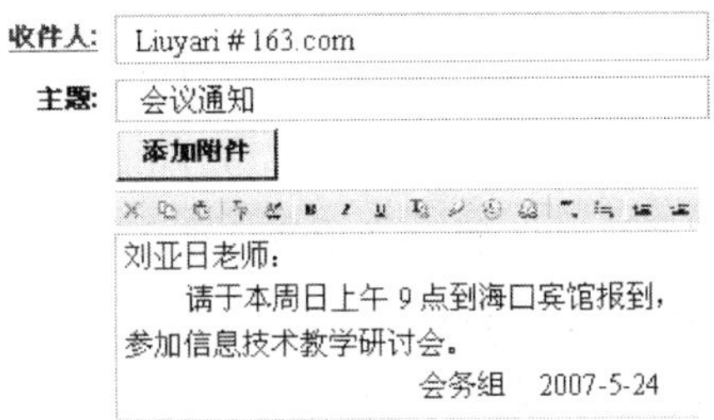

图 6－4

4. 图 6－5 所示的是某同学计算机中的文件夹的部分文件，从图中可以看出属于网页类型的文件是（　　）。

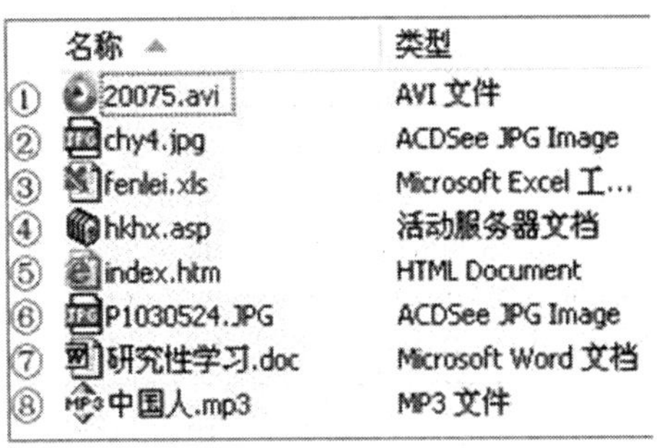

图 6－5

A. ①⑧　　B. ②③　　C. ⑥⑦　　D. ④⑤

5. 气象台及时通过报纸、广播、电视、互联网等媒体，发布了台风“珍珠”将要登陆的消息，使得台风造成的损失降到了最低。这体现了信息的（　　）。

①时效性　　②载体依附性　　③价值性

A. ①②③　　B. ①③　　C. ②③　　D. ①②

6. 在超市，收银员用扫描器直接扫描商品的条形码，商品的价格信息就直接呈现出来了，这种技术是属于人工智能中的（　　）。

A. 语音识别技术　　B. 指纹识别技术

C. 手写识别技术　　D. 条码识别技术

7. 下面的操作有利于预防计算机病毒侵入的是（　　）。

①对下载的文件马上杀毒 ②及时安装操作系统补丁 ③及时升级杀毒软件和病毒防火墙 ④打开 QQ 上陌生人信息中的链接 ⑤随意打开来历不明的邮件

A. ①②③　　B. ①②④

C. ②③⑤　　D. ③④⑤

（一）“算法与程序设计”模块（选择适合自己的程序设计语言答题）

8. 下面关于算法的描述，错误的是（　　）。

A. 表示算法的语言可以是自然语言

B. 表示算法的语言可以是流程图

C. 同一种算法只能用一种程序语言来实现

D. 同一种算法可以用不同的程序语言来实现

9. 图 6－6 是小明在设计程序的时候编写的声明变量的部分代码，其中错误的是（　　）。

A. ①

B. ②

C. ③

D. ④

Rem VB 代码:		//JAVA 代码	
Dim if As Integer	①	Int if;	①
Dim a As Integer	②	Int a;	②
Dim y As String	③	String y;	③
Dim X As Double	④	Double X;	④

图 6－6

10. 程序的基本结构通常可以用流程图来表示，图 6－7 所示的流程图表示的程序结构是（　　）。

A. 顺序结构　　B. 分支结构

C. 循环结构　　D. 赋值结构

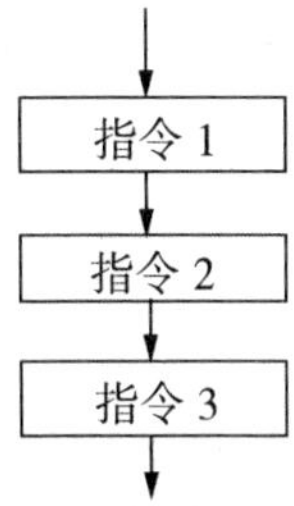

图 6 –7

11. 表 6 –8 是某公司智能水位控制系统中算法的部分描述，目的是始终保持水塔的水位在某一设定高度，当水位低于设定的高度时，表 6 –8 第⑤行代码执行后，应该执行的行数是（　　）。

A. 第①行
B. 第②行
C. 第③行
D. 第④行

表 6 –8

第①行	设定水位高度 H =40
第②行	获取即时水位高度 H1，直到程序被中断
第③行	将 H1 与 H 进行比较
第④行	如果 H1 大于 H，自动放水，转至第②行
第⑤行	如果 H1 小于 H，自动加水，转至
第⑥行	转至②

12. 阅读图 6 – 8 所示的程序代码，程序执行后，b 输出的结果是(　　)。

A. 8
B. 7
C. 78
D. 15

Rem VB 代码：	// JAVA 代码：

Dim a ,b,c As Integer
a = 7: b = 8
c = a: a = b: b = c
Print b
	public class atob{
	public static void main(string args[ ]){
	int a =7; int b =8;int c;
	c =a;a =b;b =c;
	system. out. println(b);}}

图 6 –8

13. 在 VB 或 Java 程序编写环境中，有时需要用关系运算符来比较两个不同的量，表示“a 大于等于 b”的表达式是（　　）。

A. a > b and a = b　　B. a≥b　　C. a > = b　　D. a < b or a = b

14. 图 6－9 所示的程序的作用是输出 10 以内的奇数，程序中空白处的代码应该是（　　）。

Rem VB 代码
Private Sub Command1_ Click ( )
　Dim i As Integer
　For i = 1 To 10
　　If ________ Then Print i
　Next i
End Sub
	//JAVA 代码
	public class OutOdd {
	public static void main (string [ ] args) {
	int i;
	for (i = 1; i < = 10; i + +)
	if (________)
	system. out. println (i); } }

A. i / 2 < > 0　　B. 2 Mod i < > 0 C. i Mod 2 < > 0　　D. 2 / i < > 0	A. i / 2! = 0　　B. 2% i! = 0 C. i%2! = 0　　D. 2/i! = 0

图 6－9

四、试卷的审查和制定评分标准

（一）审查修改筛选

拟好试题后要逐题进行审查、修改，并进行筛选，使其达到答案科学、准确、合理。审题的教师一般应由另一批人构成。

（二）试答全部试题

命题结束后，命题者必须对试题进行试答，并记录答题时间。一般情况下，用于实际考试的时间为命题者试答试卷时间的 2～2.5 倍。另外，还要根据试答试题的情况，对试题内容进行适当调整。

（三）制定评分标准

评分标准要包括三项内容：参考答案、给分尺度、评分标准。

试卷的评分标准由与命题相关的教师制定，并请命题组专家进行讨论，阐明命题思路，以便阅卷教师能更好地把握评分标准，同时，实施细则根据不同答题情况细化。

五、考试的实施

考试是为验证学生通过某一阶段的学习是否达到教学要求而进行的评价方式。总结性评价考试按范畴可分为阶段总结性考试、学段总结性考试和学科总结性考试。阶段总结性考试是指学生在经过一个阶段的学习之后进行的考试，如每学期的期末考试、每学年的升级考试，它既属于学段中的形成性考试，又属于学年段（学期段）的总结性考试。学段总结性考试是指学生在经过一个学段的学习之后进行的考试，如毕业考试、升学考试等。学科总结性考试是指学生在一个学段内还没有完成全部学业任务，而部分学科教学工作已进行完毕后进行的考试，如初高中的结业会考。总结性考试是用以对学生的学习情况、所获取的知识、所形成的技能进行全面的综合评价和成绩评定而采用的考试形式。

进行总结性评价，一般根据考试的性质和目的，以区域为单位采用统一命题、统一制卷、统一时间、统一评卷的形式实施，这个区域可以是一个省、一个市、一个县，也可以是一所学校。近年来，随着实施素质教育工作的不断深入，总结性考试的组织形式也在不断变化。一般情况下，高中信息技术课程的会考由省级教育行政部门组织，初中结业会考和毕业考试由市级或县级教育行政部门组织进行，小学毕业考试多由中心校组织进行。这样，既减轻了考试管理的压力，又能使总结性考试发挥其特有的评价功能。

（一）会考的实施

当前，全国各省（自治区、直辖市）中，很多已经或者即将出台信息技术会考的相关政策，有一些已经开始了信息技术会考。首先，会考是总结性评价的一种实践形式，它是对高中学生信息素养的一次考核，借以评价学生是否具备了一个合格毕业生的基本素质；其次，会考是在高中阶段课程结束时进行的测试，是对学生信息素养的总结性把握，不同于信息技术教育过程中的期中考试、期末考试这样一些小步子的总结性评价形式，操作难度比较大。

会考是一个时间意义上的特定概念，我国基础教育界于 1983 年开始对高中生实施与高考互补的会考，建立这一制度的目的是为了防止学生偏科，全面提高学生的文化素质，促使每一个高中生能够成为合格的毕业生。“信息技术会考”还是一个具有鲜明地域特色的概念，它是大陆地区对以高中阶段学生信息技术基本能力为考核目标的信息技术课程总结性评价的通用称谓，在香港特别行政区则采用类似“资讯科技考试”的称呼。最初，在我国高中会考科目里并没有信息技术，近几年随着信息技术的重要性为越来越多的人所认识，信息素养逐渐成为每一个合格高中毕业生的基本素养，因此开展信息技术会考日渐重要。

有人提议将信息技术会考以等级考试的方式来组织和实施，笔者认为该观点欠合理。通常意义上，对技术深度和广度拓宽程度的考核往往用等级考试的方式来完成，这是社会上经常出现的一种考试形式，也是许多思考和实施信息技术会考的同行往往会自动沿袭的思路，而问题在于我国基础教育领域的教学现状决定了拓宽的程度有限，即课程本身提供的技术深度有限，无法像社会上的信息技术相关考试一样分出清晰的“等级”。再者，从整体上说，我国基础教育阶段的培养目标之一是打造人生发展的基石，为学生的未来发展提供一个最基本的条件，并不将专业人才的培养作为目标，也不以专业技能的培养作为主要任务。再就信息技术课程及其设定的有限课时来说，并不期望也不可能把所有的学生培养成计算机专家、程序设计人员或者其他方面的信息技术专家，也就更不需要从技术等级上对其进行划分。更进一步说，倘若基础教育阶段的信息技术课程中设计了可观的技术纵深，可以形成“等级”，一方面这个等级必然会和社会上的同类等级考试重复，另一方面基础教育界煞费苦心操作的“等级考试”也未必能够为社会所认可。

一般来说，要取得为社会所认可的“等级”，有两种可能：一是直接参与社会上的各类等级考试，如香港中六、中七的大学预科课程，实际上是在修习可以为大学认可的大学科目，课程导致的结果是学生可以直接参加社会上各种序列的考试；另一种情况就是与行业主管或者社会学术团体合作，共同建构并推荐某种“证书”，而就我国大陆地区的基础教育的目标、内容体系来说，这又是非常难以实现的。

（二）高考的实施

随着海南省 2007 年信息技术高考方案的发布，信息技术课程总结性评价的研究已炙手可热。从各方面收集的信息来看，教师和学生最关注的是，实施新课改后，信息技术课程的考试将采用什么形式，试题又是怎样设计的。为此，信息技术课程总结性评价研究小组对国外和中国香港地区信息技术课程总结性评价的现状进行了调研，随后在《信息技术课程总结性评价研究报告》中得出了结论：采用什么方式进行考试并不是影响总结性评价的关键因素。在海南省前期组织的调研考试也说明了同样的事实——高质量的纸笔考试同样能反映出学生的信息素养，低质量的机试同样会妨碍学生真实水平的发挥。那么，在纸笔考试的环境下，如何科学命题以真实反映学生的信息素养便成为众人瞩目的另一个焦点。

基础教育阶段其他学科的部分内容，如物理、化学实验与信息技术课程存在诸多共性，而这些内容在高考中就采用纸笔考试的方式，其积累的经验值得信息技术学科借鉴。

下面以物理学科为例进行说明。表6－9是近三年高考物理实验考试内容的统计情况。

表6－9　近三年高考物理实验考试内容统计

年　份	试卷、题号	考查内容	考查要求
2004	全国理综卷Ⅰ 第22题	1. 长度的测量 2. 电压表改装成电流表	螺旋测微器的读数；理解实验原理，设计实验方案
2004	全国理综卷Ⅱ 第22题	1. 电阻的测量	正确使用实验仪器，理解实验原理，设计实验方案
	全国理综卷Ⅲ 第22题	1. 长度的测量 2. 测量电源的电动势和内电阻	游标卡尺的读数；理解实验原理，设计实验步骤，推导相应的公式
	全国理综卷Ⅳ 第22题	1. 长度的测量 2. 用描迹法画出电场中平面上的等势线	螺旋测微器的读数；理解实验原理，掌握实验方法，制定实验方案

续表

年　份	试卷、题号	考查内容	考查要求
2005	全国理综卷Ⅰ第22题	1. 验证力的平行四边形定则 2. 测量电源的电动势和内电阻	正确理解力的平行四边形定则；正确设计测量电源的电动势和内电阻的实验方案，并对实验结果进行正确的数据处理
	全国理综卷Ⅱ第22题	1. 长度的测量 2. 测量电流表的内电阻	正确使用游标卡尺；理解测量电流表的内电阻的实验原理，设计实验方案，并对实验结果进行正确的数据处理
	全国理综卷Ⅲ第22题	1. 长度的测量 2. 测量电压表的内电阻	正确使用螺旋测微器；理解测量电压表的内电阻的实验原理，设计实验方案，并对实验结果进行正确的数据处理
2006	全国理综卷Ⅰ第22题	1. 用双缝干涉测光的波长 2. 测量电压表的内电阻	理解双缝干涉测光的波长的原理；理解测量电压表的内电阻的实验原理，设计实验方案，并对实验结果进行正确的数据处理
2006	全国理综卷Ⅱ第22题	1. 描绘小灯泡的伏安特性曲线 2. 测定玻璃的折射率	根据题目要求选择描绘小灯泡的伏安特性曲线的实验仪器和实验方案；理解测定玻璃的折射率的实验步骤和对实验结果进行正确的数据处理

高考物理实验命题具有以下特点。

（1）考查的题型结构趋势为“一分二”，即一道大题中包含两个小题，其中第1小题考查的是基本实验仪器的读数或课本上要求的基本实验的实验原理、实验步骤的理解和实验数据的处理；第2小题则是对学生实验迁移能力的考查，常以设计型实验来体现，内容主要在电学实验方面。

（2）高考实验命题素材主要来自于教材中的学生实验，这正体现了高考命题的大趋势，不脱离教材而又不拘泥于教材。

（3）加重对近年新增的“练习使用示波器”“用多用表探索黑箱内的电学元件”“传感器的应用”“用双缝干涉测光的波长”等几个实验的考查，如2006年全国理综卷Ⅰ第1小题的“双缝干涉测光的波长”考查的就是新增的实验。

物理教学强调重视学生实验实际操作能力的训练，除了要学生掌握基本实验仪器的使用外，还应当重视实验实际操作的训练。动手操作是实验的主体，没有操作过程便没有实验，所以考前应开放实验室，保证学生能够有充足的时间走进实验室做实验，要让学生亲自动手做实验，而不是只站在旁边看实验，在实验操作过程中提高实验能力。由于现在的高考还不能让学生在考场上动手操作实验，而只能通过卷面来体现，画电路图、实物图、电路连线题等就属于考查学生实际操作能力的实验题，所以在训练学生实际动手操作能力的同时，还应当训练学生如何把已经获取的实际操作能力在试卷上、纸面上表达出来，2005年全国理综卷Ⅱ第22题第2小题考的就是根据测量电流表的内电阻的电路图在实物图上连线。

物理实验纸笔考试的过程与信息技术课程总结性评价中强调的过程性原则有异曲同工之妙。既关注了学生已有的操作经历，考查了学生的能力，又避免了机考中死机等非人为因素对学生成绩的影响，这在高考等大型考试中非常重要。

六、阅卷和试卷评估报告

通过对试卷中试题及学生成绩情况的分析，一方面可以得到教学情况和学生学习情况的反馈；另一方面，通过对分析结果作客观、详细和真实的分析、记载，可以使试卷试题具有较高的信度，从而使教学考核和教学质量越来越高。

（一）阅卷和试卷评估分析

考试经过设计、命题、施考、评卷等多个环节，要知道考试结果的质量如何，就必须要进行考试质量的分析。它的意义在于通过进行考试质量的分析，如实地评价考试质量的好坏，以便总结经验、发现问题，为改进教学工作提供依据，并同时通过发现考试中的问题，积累成功经验，为提高今后考试工作的质量奠定基础。

通常情况下，进行考试质量分析应该按以下步骤进行。

（1）试卷抽样。进行试卷抽样，应采取随机抽取的方法进行。一般情况下，应按考生分数划分若干分数段，统计出各分数段的试卷数量，计算出各分数段的试卷所占的比例，并按确定的样本容量，计算出各段应抽取试卷数，并随机从各段试卷中抽出。

（2）记录并整理样本分数。

（3）计算样本试卷的平均分、标准差。

（4）进行考试分数的统计分析。

（5）计算考试的信度、效度、难度和区分度。

（6）运用定性和定量结合的办法分析试卷。

如果采用机试或用计算机进行成绩管理之后，数据都是现成的，则可以对全部数据进行分析。

（二）试卷评估分析报告的主要内容

评价报告是在评价过程结束之后，根据对评价材料的充分整理、分析，对评价结果形成的文字总结。

一份试卷分析报告一般包括以下四个方面的内容。

（1）对试卷内容的分析。包括试题质量的高低、试题是否适宜，覆盖的知识面是否到位等。

（2）对学生答题情况的分析。包括数据分析和实例分析。数据分析中应包括各题的得分情况以及得分比例；实例分析中应包括每一试题答题的具体实例。

（3）得失分原因分析。包括分析得分高的原因以及得分低的原因。通过分析得失原因，可以总结教与学两个方面的经验，并找出存在的问题及剖析产生这些问题的原因。

（4）建议及措施。根据以上三方面的分析，提出改进命题工作的建议和解决存在问题的措施。

海南省2007届普通高中基础会考结束后，海南省教科院对试卷对教学的启示进行了以下分析。①

1. 客观应对，夯实基础

基础知识与基本技能是信息技术教学的基本要求，没有牢固的“双基”，难以促进学生信息技术应用水平的提高。可以预期，我省高中学生信息技术课程的基础起点不一，给学生的学习水平和学习能力造成初始落差的现象仍将存在数年，故要求教师对此要有客观、冷静、理性的认识和符合本学校实际的应对策略，引导学生克服零散、急躁的做法，落实好基础模块内容的教与学，夯实共同基础，缩小零起点带来的影响。

2. 超越工具，归纳方法

从试卷分析中发现，考生对信息技术方法的总结与归纳欠缺。如试卷Ⅰ的第6题如下：

信息资源管理包括人工管理、计算机文件管理和数据库管理，属于数据库管理的是（　　）。

A. 用Word表格统计一个学校的高考成绩

B. 用笔和纸统计一个班级的高考成绩

C. 纸质个人高考成绩通知单

D. 海南省高考成绩查询系统

该题答题情况不理想，究其原因，学生使用Word、Excel、Access等单一软件工具也许问题不大，但是纵览这些工具，看信息资源管理的几种方式在实际问题解决中的应用与比较却显得力不从心。

高中信息技术课程不排斥工具使用和教学，但在教学中更为重要的是要跳出工具软件的局限，注重工具的共同属性的提炼，使用功能和应用规律的综合、归纳和总结，使学生把技能经验上升为理性认识，培养他们应对日新月异的未来技术发展的能力。

3. 基于问题，突出应用

信息技术的价值体现在应用之中，离开了基于解决问题的应用，信息

---

① 段青. 回归应用　考查能力——海南省2007届普通高中信息技术科基础会考试卷分析（二）[J]. 中小学信息技术教育，2006（1）：32－34.

技术就失去了准星。分析试卷时我们发现学生有将学习信息技术与应用信息技术相隔离的倾向，这提示我们，教师在教学中时时需要从学生的实际出发，既要基于课本又不拘泥于课本，遴选生活生产中丰富的技术应用实例，呈现、发现和挖掘技术的知识原理与技术的实际运用之间的联系，将学生学习的视野更多地引向广阔的技术应用领域。

4. 亲历过程，提高能力

试卷分析中还看到，有关体现技术过程的试题的答题状况同样不够理想，如卷Ⅱ中“信息技术基础”模块的第28题、“多媒体技术应用”模块的第31题，得分率分别仅为0.48、0.46，这一事实或者表明在学生大脑中缺少使用工具解决相对完整、类似问题的过程性经验，或者表明学生不能将已有的过程性经验迁移至试题的答题中来。

尤其在选修模块的教学中，教师一要通过设计合理的教学程序，改变课堂教学的结构关系，摒弃教学中以讲为主或以练代讲的两种极端做法；二要注重促使学生体验信息的获取、加工、管理、表达与交流的全过程的设计，针对不同的教学内容指导学生对过程中的不同环节进行有所侧重的反思、比较和评判，提高综合利用信息技术工具分析和解决实际问题的能力。

5. 严谨细致，端正态度

答题中的审题不严，书写潦草、凌乱，使不该失分之处成为失分点，同样是答卷分析中发现的值得重视的问题。教学中教师一要引导学生端正和重视信息技术课程的学习，主动参与信息技术活动，形成严谨务实的学风；二要严谨从教，发挥自身的榜样作用；三要重视学生表达能力的培养，使学生形成良好的习惯。

撰写试卷分析报告应该做到以下几点。一是目标明确，即要围绕考试的目的进行。因此分析的内容要有针对性。二是真实具体，即所列数据应是抽样的准确数据，该数据要和整体数据大体吻合，所举实例要典型具体，应体现大部分学生答题的情况。三是突出重点，即对试卷内容和试卷中出现的问题的原因，应抓住重点，突出关键所在；提出解决问题的措施，应从实际出发，抓住共性，突出重点。四要注重实效。进行试卷分析，其目的之一是为了查找教学中的问题，因此应该从教学的实际出发，对查找出的问题以积极的态度进行解决。

参考文献

[1] Robert L. Linn, Norman E. Gronlund. 教学中的测验与评价［M］. 国家基础教育课程改革“促进教师发展与学生成长的评价研究”项目组，译 . 北京：中国轻工业出版社，2003.

[2] 陈玉琨等 . 课程改革与课程评价［M］. 北京：教育科学出版社，2001.

[3] 刘振山 . 教研手册［M］. 北京：华夏出版社，2003.

[4] 丁婧，李艺 . 信息技术新课程总结性评价试题设计研究［J］. 中国电化教育，2006（4）.

[5] 冯伯虎，李艺 . 科学命题：信息技术课程总结性评价研究的核心［J］. 中小学信息技术教育，2006（6）.

[6] 课程发展议会与香港考试及评核局 . 电脑与资讯科技课程及评估指引（中四至中五）［M］. 香港：政府印务局，2003.

[7] 课程发展议会与香港考试及评核局 . 资讯及通讯科技［M］. 香港：教育统筹局，2009.

[8] 香港考试及评核局 . 2005 香港中学会考考试报告及试题专辑（电脑与资讯科技）卷一乙部 .

[9] 香港考试及评核局 . 2006 香港中学会考考试报告及试题专辑（电脑与资讯科技）.

[10] 香港考试及评核局 . 2005 香港中学会考考试报告及试题专辑（电脑与资讯科技）卷一甲部 .

[11] ETS ® ICT Literacy Assessment［EB/OL］. http：//www. ets. org/Media/Products/ICT_ Literacy/demo/index. html.

[12] 信息技术课程网［EB/OL］. http：//www. ictedu. cn，2009 - 08 - 12.

责任编辑　贾立杰
版式设计　沈晓萌
责任校对　曲凤玲
责任印制　曲凤玲

图书在版编目（CIP）数据

高中信息技术课程总结性评价／朱彩兰，李艺著．—北京：教育科学出版社，2011.1
ISBN 978-7-5041-5454-5

Ⅰ．①高…　Ⅱ．①朱…　②李…　Ⅲ．①计算机课—教学评议—高中　Ⅳ．①G633.672

中国版本图书馆 CIP 数据核字（2010）第 248278 号

出版发行	教育科学出版社		
社　址	北京·朝阳区安慧北里安园甲 9 号	市场部电话	010-64989009
邮　编	100101	编辑部电话	010-64989637
传　真	010-64891796	网　址	http://www.esph.com.cn
经　销	各地新华书店		
制　作	北京金奥都图文制作中心		
印　刷	北京中科印刷有限公司		
开　本	169 毫米×239 毫米　16 开	版　次	2011 年 1 月第 1 版
印　张	15.75	印　次	2011 年 1 月第 1 次印刷
字　数	243 千	定　价	33.00 元
